SELECTIVIDAD

FÍSICA

PRUEBAS DE 2006

María Luz García Álvarez
María Paz Platero Muñoz

ANAYA

PRÓLOGO

Querido alumno o alumna:

Probablemente, has terminado el Bachillerato y te preparas para la Selectividad. El objetivo de este libro es ayudarte en esa tarea.

Nuestro primer consejo es que no te dejes llevar por el temor al examen; si has aprobado el curso, sin duda estarás suficientemente preparado.

Si no has hecho esquemas de cada tema, este es el momento apropiado. Un esquema debe ser sencillo y contener solo las leyes y los teoremas expresados mediante las fórmulas fundamentales, pero no deben aparecer las fórmulas derivadas.

Al resolver cada cuestión o problema, intenta hacerlo con las leyes y las fórmulas que tienes en tu esquema. En Física hay diversas formas de resolver los problemas; es probable que la mejor sea la que has pensado tú, porque es la que mejor entiendes. Una vez resuelto el problema, comprueba los resultados e intenta comprender nuestro planteamiento; se trata de que sigas aprendiendo.

Nosotras hemos intentado aplicar los mismos consejos que te damos: usamos en todo momento las leyes fundamentales de la Física y justificamos los resultados que obtenemos.

Aunque tus esquemas no sean completos, creemos que el libro te puede ayudar a repasar el temario, pues al resolver los problemas y las cuestiones tratamos de explicar los conceptos físicos que debes saber. Encontrarás que nos repetimos bastante..., lo mismo que las pruebas.

Solo nos queda desearte «BUENA SUERTE».

Las autoras

SELECTIVIDAD
FÍSICA

PRUEBAS DE 2006

ANDALUCÍA

1

PRUEBA DE SELECTIVIDAD

ACLARACIONES PREVIAS

Duración: 1 hora y 30 minutos.

Debes desarrollar las cuestiones y problemas de una de las dos opciones.

Puedes utilizar calculadora no programable.

Cada cuestión o problema se calificará entre 0 y 2,5 puntos (1,25 puntos cada uno de sus apartados).

Opción A

1 Sean dos conductores rectilíneos paralelos por los que circulan corrientes eléctricas de igual intensidad y sentido.

a) Explica qué fuerzas se ejercen entre sí ambos conductores.

b) Representa gráficamente la situación en la que las fuerzas son repulsivas, dibujando el campo magnético y la fuerza sobre cada conductor.

2 a) Explica los fenómenos de reflexión y refracción de la luz con ayuda de un esquema.

b) Un haz de luz pasa del aire al agua. Razona cómo cambian su frecuencia, longitud de onda y velocidad de propagación.

3 Un bloque de 2 kg está situado en el extremo de un muelle, de constante elástica 500 N $\cdot$ m^{-1}, comprimido 20 cm. Al liberar el muelle el bloque se desplaza por un plano horizontal y, tras recorrer una distancia de 1 m, asciende por un plano inclinado 30° con la horizontal. Calcule la distancia recorrida por el bloque sobre el plano inclinado.

a) Supuesto nulo el rozamiento.

b) Si el coeficiente de rozamiento entre el cuerpo y los planos es 0,1.

Dato: $g = 10$ m $\cdot$ s^{-2}.

4 El período de semidesintegración del ^{226}Ra es de 1 620 años.

a) Explica qué es la actividad y determina su valor para 1 g de ^{226}Ra.

b) Calcula el tiempo necesario para que la actividad de una muestra de ^{226}Ra quede reducida a un dieciseisavo de su valor original.

Dato: $N_A = 6{,}02 \cdot 10^{23}$ mol^{-1}.

Opción B

1 Razona si son verdaderas o falsas las afirmaciones siguientes:

a) La fuerza que ejerce la Tierra sobre un cuerpo es directamente proporcional a la masa de este. Sin embargo, dos cuerpos de diferente masa que se sueltan desde la misma altura llegan al suelo simultáneamente.

b) El trabajo realizado por una fuerza conservativa en el desplazamiento de una partícula entre dos puntos es menor si la trayectoria seguida es el segmento que une dichos puntos.

2 a) Demuestra que en un oscilador armónico simple la aceleración es proporcional al desplazamiento pero de sentido contrario.

b) Una partícula realiza un movimiento armónico simple sobre el eje *OX* y en el instante inicial pasa por la posición de equilibrio. Escribe la ecuación del movimiento y razona cuándo es máxima la aceleración.

3 Una carga de 2 μC está en reposo en el punto (0, 0). Se aplica un campo eléctrico uniforme de 500 N · C^{-1} en el sentido positivo del eje *OY*.

a) Describe el movimiento seguido por la partícula y la transformación de energía que tiene lugar a lo largo del mismo.

b) Calcula la diferencia de potencial entre los puntos (0, 0) y (0, 2) m y el trabajo realizado para desplazar la partícula entre dichos puntos.

4 Al iluminar la superficie de un metal con luz de longitud de onda 280 nm, la emisión de fotoelectrones cesa para un potencial de frenado de 1,3 V.

a) Determina la función trabajo del metal y la frecuencia umbral de emisión fotoeléctrica.

b) Cuando la superficie del metal se ha oxidado, el potencial de frenado para la misma luz incidente es de 0,7 V. Razona cómo cambian, debido a la oxidación del metal: I) la energía cinética máxima de los fotoelectrones, II) la frecuencia umbral de emisión; III) la función trabajo.

Datos: $c = 3 \cdot 10^8$ m · s^{-1}; $h = 6{,}6 \cdot 10^{-34}$ J · s; $e = 1{,}6 \cdot 10^{-19}$ C.

Andalucía. Junio, 2006.

SOLUCIÓN DE LA PRUEBA

Opción A

1 **Esta cuestión pertenece al tema de electromagnetismo e inducción electromagnética.**

a) Para averiguar la fuerza que un conductor hace sobre otro, se determina el campo magnético creado por el primer conductor a la distancia en la que se encuentra el segundo conductor:

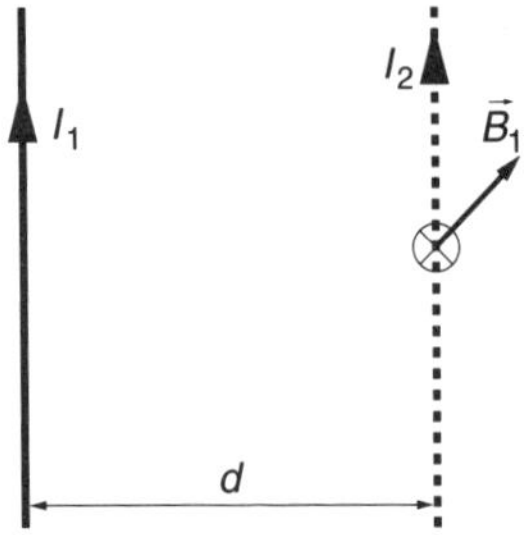

$$B_1 = \frac{\mu_0 \cdot I_1}{2 \cdot \pi \cdot d}$$

A continuación, se determina la fuerza que experimenta el segundo conductor al estar actuando sobre él el campo magnético anterior:

$$\vec{F}_{1,2} = I_2 \cdot (\vec{l}_2 \times \vec{B}_1)$$

$$|\vec{F}_{1,2}| = I_2 \cdot l_2 \cdot B_1 \cdot sen\ (\vec{l}_2, \vec{B}_1)$$

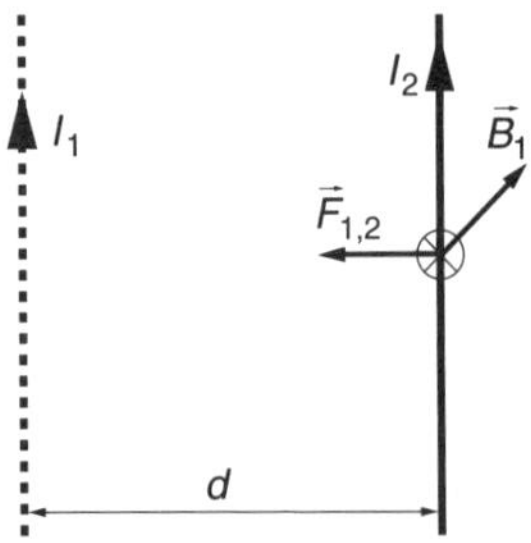

Como se puede observar en la figura anterior, F es perpendicular al plano formado por l_2 y B_1, y su sentido es el de avance del sacacorchos cuando va de l_2 a B_1 por el camino más corto.

El resultado sería el mismo si calculásemos el campo magnético creado por el conductor atravesado por la intensidad I_2 en los puntos donde está el otro y, a continuación, la fuerza experimentada por el conductor I_1:

$$\vec{F}_{2,1} = I_1 \cdot (\vec{l}_1 \times \vec{B}_2)$$

$$\vec{F}_{2,1} = -\vec{F}_{1,2}$$

Se observa que las fuerzas tienden a acercar los dos conductores, ya que corrientes paralelas del mismo sentido se atraen.

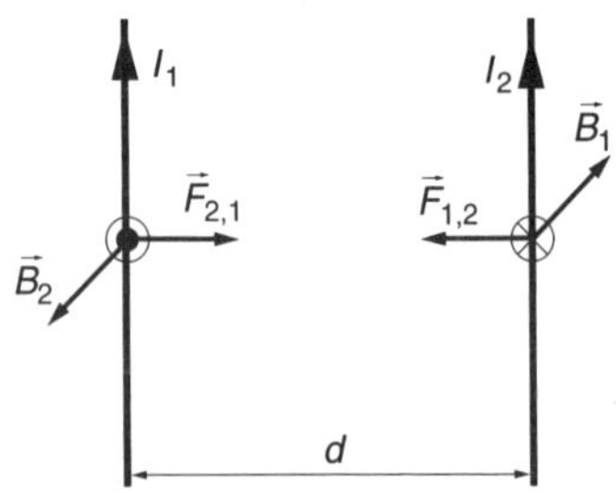

b) Si las fuerzas entre dos corrientes rectilíneas son repulsivas, teniendo en cuenta el apartado anterior, dichas corrientes deben tener la misma dirección y sentidos contrarios.

La representación gráfica de los vectores $\vec{F}$ y $\vec{B}$ sobre cada corriente, en este caso, es:

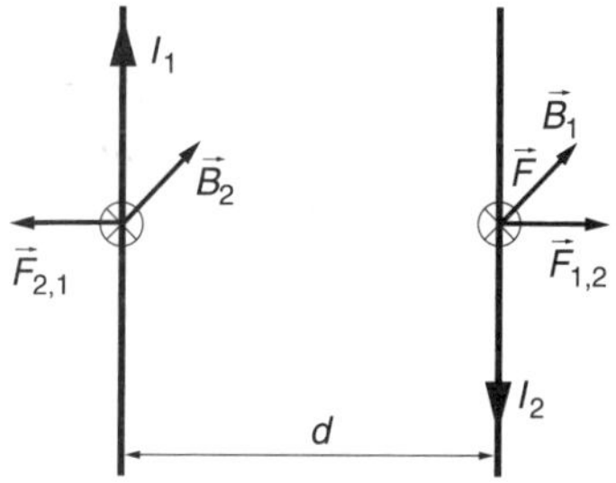

2 **Esta cuestión pertenece al tema de la luz y sus propiedades.**

a) Cuando un rayo de luz alcanza la superficie de separación entre dos medios, una parte del rayo se refleja y otra parte se refracta, cumpliendo las leyes de Snell de la reflexión y de la refracción:

- Reflexión:
  - El rayo incidente, la normal y el rayo reflejado están en el mismo plano.
  - El ángulo de incidencia es igual al de reflexión.

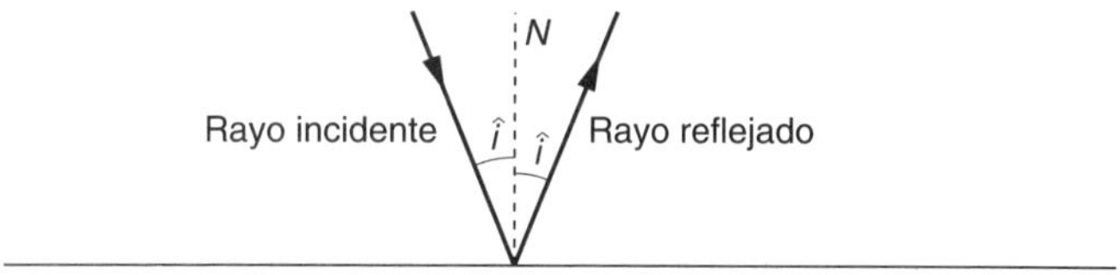

- Refracción:
  - El rayo incidente, la normal y el rayo refractado están en el mismo plano.
  - Se cumple la relación siguiente:

$$n_1 \cdot sen\,\hat{i} = n_2 \cdot sen\,\hat{r}$$

Si pasamos de un medio menos refringente (menor índice de refracción) a otro más refringente (mayor índice de refracción), el rayo refractado se acerca a la normal. En caso contrario, el rayo refractado se aleja de la normal.

La siguiente figura representa el caso en que el rayo de luz pasa de un medio a otro más refringente:

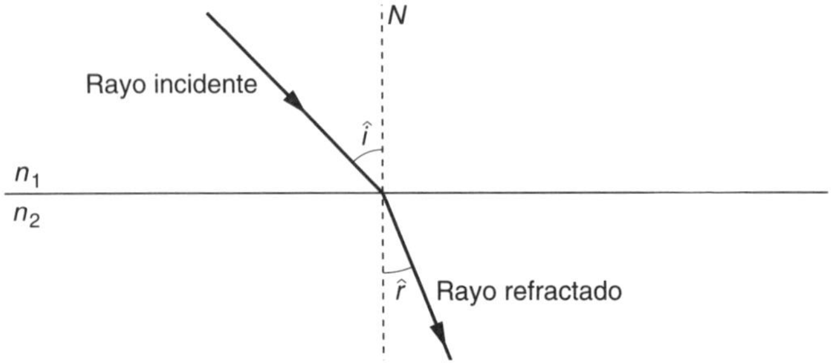

b) La velocidad de la luz no es siempre la misma, ya que depende del medio transparente en el que se propague, y en cualquier medio es menor que en el vacío. La velocidad de la luz viene dada por:

$$v = \lambda \cdot f$$

Donde λ es la longitud de onda, y f, la frecuencia.

Cuando la luz se propaga en un medio material la frecuencia no varía, se mantiene constante. La frecuencia de una onda luminosa viene determinada por su fuente y no es afectada por el medio. Por tanto, como $v = \lambda \cdot f$, si cambia la velocidad es porque varía la longitud de onda.

3 Este problema pertenece al tema de fuerzas conservativas y no conservativas.

a) En este caso, la energía mecánica se conserva, puesto que solo actúan fuerzas conservativas (fuerza elástica y peso). Por tanto, se cumple:

$$\Delta E_p + \Delta E_c = 0 \quad \rightarrow \quad \Delta E_m = 0 \quad \rightarrow \quad E_{m_i} = E_{m_f}$$

Aplicamos el teorema de la conservación de la energía mecánica a los puntos A y B del siguiente esquema gráfico:

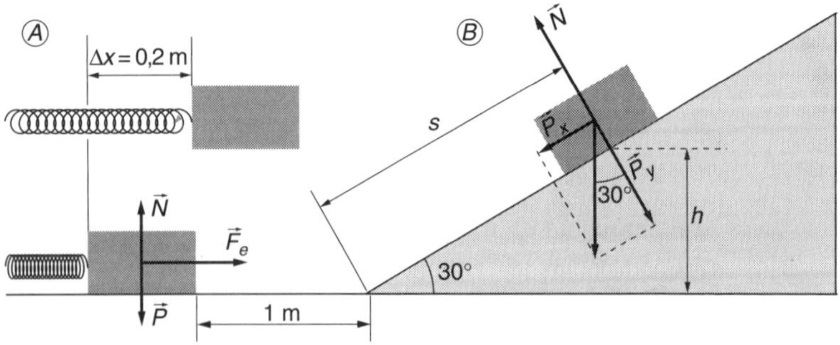

En el punto *A,* el bloque solo posee energía potencial elástica debido a que el muelle está comprimido:

$$E_{p_e}(A) = \frac{1}{2} \cdot k \cdot \Delta x^2 \rightarrow E_{p_e}(A) = \frac{1}{2} \cdot 500 \cdot 0{,}2^2 = 10 \text{ J} \qquad [1]$$

En el punto *B,* el bloque posee energía potencial gravitatoria debido a que ha alcanzado una altura *h* al ascender a lo largo del plano inclinado:

$$E_{p_g}(B) = m \cdot g \cdot h$$

Según se observa en el gráfico, $h = s \cdot sen\ 30°$, siendo *s* la distancia recorrida por el bloque sobre el plano inclinado. Por tanto:

$$E_{p_g}(B) = m \cdot g \cdot h = m \cdot g \cdot s \cdot sen\ 30°$$

$$E_{p_g}(B) = 2 \cdot 10 \cdot s \cdot 0{,}5 = 10 \cdot s \qquad [2]$$

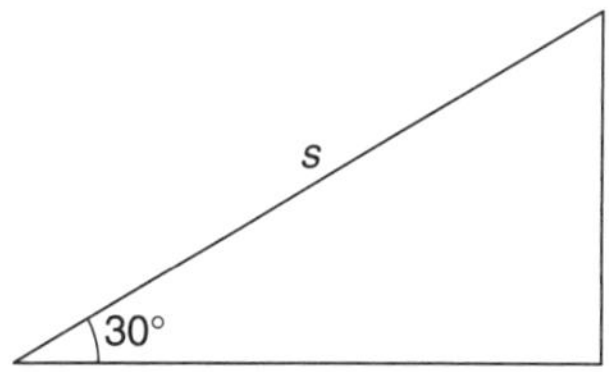

Igualando las expresiones [1] y [2] y despejando, obtenemos el valor de *s:*

$$E_{p_e}(A) = E_{p_g}(B) \quad \rightarrow \quad 10 = 10 \cdot s \quad \rightarrow \quad s = 1 \text{ m}$$

b) En este apartado actúan simultáneamente fuerzas conservativas (peso y fuerza elástica) y fuerzas no conservativas (fuerza de rozamiento).

Como intervienen fuerzas no conservativas, la energía mecánica ya no se mantiene constante, sino que varía en una cantidad igual al trabajo realizado por la fuerza no conservativa:

$$W_{roz} = \Delta E_m = E_{m_f} - E_{m_i} \qquad [3]$$

donde W_{roz} es el trabajo realizado por la fuerza de rozamiento a lo largo de la superficie horizontal y en el plano inclinado, como se indica en la figura:

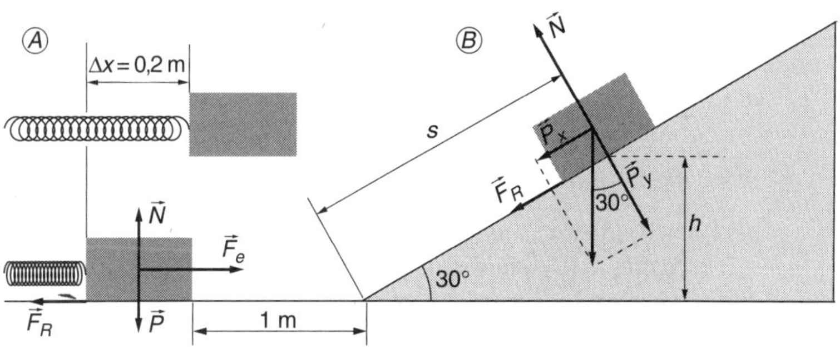

En el punto *A*, la energía que posee el bloque es potencial elástica, debido a que el muelle se ha comprimido:

$$E_{p_e}(A) = \frac{1}{2} \cdot k \cdot \Delta x^2 = \frac{1}{2} \cdot 500 \cdot 0{,}2^2 = 10 \text{ J}$$

En el punto *B*, la energía que posee es potencial gravitatoria debido a la altura que ha alcanzado el bloque al ascender por el plano inclinado:

$$E_{p_g}(B) = m \cdot g \cdot h = m \cdot g \cdot s \cdot sen\ 30° = 2 \cdot 10 \cdot s \cdot 0{,}5 = 10 \cdot s \text{ J}$$

Por otra parte, el trabajo realizado por la fuerza de rozamiento es igual a la suma del trabajo de rozamiento a lo largo de la superficie horizontal y el trabajo de rozamiento a lo largo del plano inclinado.

El trabajo de la fuerza de rozamiento en la superficie horizontal es:

$$F_R = \mu \cdot N = \mu \cdot m \cdot g$$

$$W_{roz_1} = F_R \cdot s \cdot cos\ 180° = -F_R \cdot s =$$

$$= -\mu \cdot m \cdot g \cdot 1 = -0{,}1 \cdot 2 \cdot 10$$

$$W_{roz_1} = -2 \text{ J}$$

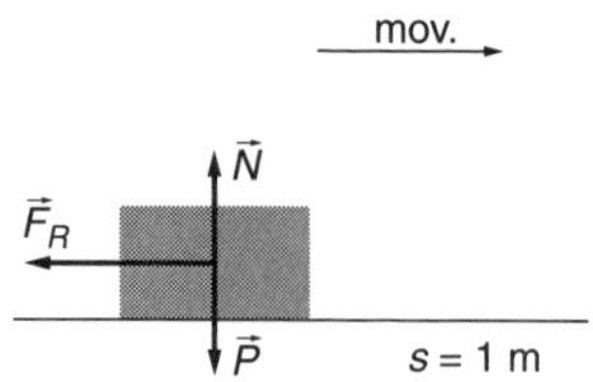

Y en el plano inclinado vale:

$$F_R = \mu \cdot N = \mu \cdot m \cdot g \cdot cos\ 30°$$

$$W_{roz_1} = F_R \cdot s = -\mu \cdot m \cdot g \cdot cos\ 30° \cdot s$$

$$= -0{,}1 \cdot 2 \cdot 10 \cdot cos\ 30° \cdot s \text{ J}$$

$$W_{roz_2} = -1{,}73 \cdot s \text{ J}$$

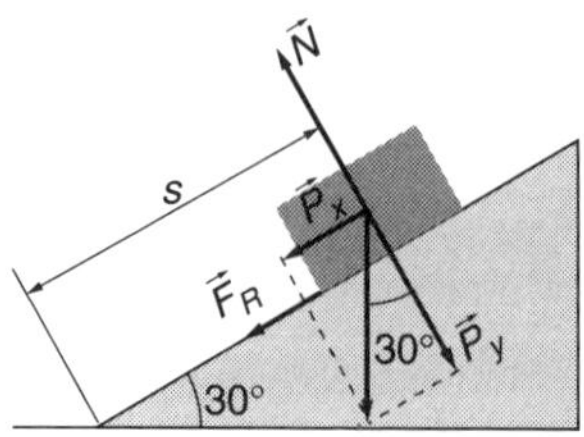

Sustituyendo en la expresión [3] y despejando, obtenemos:

$$W_{roz} = E_{m_f} - E_{m_i} \quad \rightarrow \quad W_{roz_1} + W_{roz_2} = E_{m_B} - E_{m_A}$$

$$-2 - 1{,}73 \cdot s = 10 \cdot s - 10 \quad \rightarrow \quad s = \frac{8}{11{,}73} = 0{,}68 \text{ m}$$

4 Este problema pertenece al tema de física atómica y nuclear.

a) La actividad de una sustancia radiactiva es el número de núcleos que se desintegran por unidad de tiempo. Se obtiene mediante la expresión:

$$A = \lambda \cdot N$$

En ella, N es el número de núcleos existentes en un determinado instante, y λ es la constante radiactiva. A partir del dato del período de semidesintegración, podemos calcular el valor de λ:

$$\lambda = \frac{ln\,2}{T_{1/2}} = \frac{0{,}693}{1\,620 \text{ años}} = \frac{0{,}693}{1\,620 \cdot 365 \cdot 24 \cdot 3\,600} = 1{,}36 \cdot 10^{-11} \text{ s}^{-1}$$

La masa atómica del radio es $M = 226$ g/mol. Por tanto, como en un mol de átomos de este elemento hay tantos átomos como indica la constante de Avogadro, N_A, en $m = 1$ g hay:

$$N = \frac{m}{M} \cdot N_A = \frac{1 \text{ g}}{226 \text{ g/mol}} \cdot 6{,}02 \cdot 10^{23} \frac{\text{átomos}}{\text{mol}} = 2{,}66 \cdot 10^{21} \text{ átomos}$$

Por tanto, la actividad de la muestra es:

$$A = \lambda \cdot N = 1{,}36 \cdot 10^{-11} \cdot 2{,}66 \cdot 10^{21} = 3{,}62 \cdot 10^{10} \text{ Bq}$$

b) El tiempo que ha de transcurrir para que la actividad de la muestra se reduzca a un dieciseisavo de su valor original se obtiene a partir de la ecuación fundamental de las desintegraciones radiactivas:

$$A = A_0 \cdot e^{-\lambda \cdot t} \quad \rightarrow \quad \frac{A_0}{16} = A_0 \cdot e^{-1{,}36 \cdot 10^{-11} \cdot t}$$

Tomando logaritmos neperianos y despejando el tiempo, t, resulta:

$$ln\,\frac{1}{16} = -1{,}36 \cdot 10^{-11} \cdot t \quad \rightarrow \quad t = \frac{-2{,}77}{-1{,}36 \cdot 10^{-11}} = 2{,}04 \cdot 10^{11} \text{ s}$$

$$t = 6\,468{,}8 \text{ años}$$

Opción B

1 Esta cuestión pertenece al tema de fuerzas conservativas y no conservativas.

a) Verdadera. La fuerza con que se atraen dos cuerpos es directamente proporcional al producto de sus masas e inversamente proporcional al cuadrado de la distancia que los separa, según la ley de gravitación universal:

$$\vec{F} = -\frac{G \cdot M \cdot m}{r^2} \cdot \vec{u}_r$$

donde G es la constante de proporcionalidad.

La fuerza que ejerce la Tierra sobre un cuerpo de mayor masa, $m' > m$, es mayor, pero la aceleración producida es la misma:

$$\frac{F'}{m'} = \frac{F}{m} = g$$

Además, dos cuerpos de diferente masa que se sueltan desde la misma altura llegan al suelo simultáneamente y con la misma velocidad porque el tiempo y la velocidad con la que llegan no dependen de la masa de los cuerpos, sino de la altura a la que se sueltan.

Para comprobarlo, supongamos dos cuerpos de masas m y m' que se encuentran a una altura h respecto al suelo y que los dejamos caer.

Para hallar el tiempo que tardan en llegar al suelo las masas, tenemos en cuenta que el movimiento al que están sometidas es uniformemente acelerado, de aceleración g.

El espacio recorrido en un movimiento uniformemente acelerado viene dado por la expresión:

$$h = \frac{1}{2} \cdot g \cdot t^2$$

Despejando el tiempo, vemos que no depende de las masas de los cuerpos, sino de la altura a la que se sueltan:

$$t = \sqrt{\frac{2 \cdot h}{g}}$$

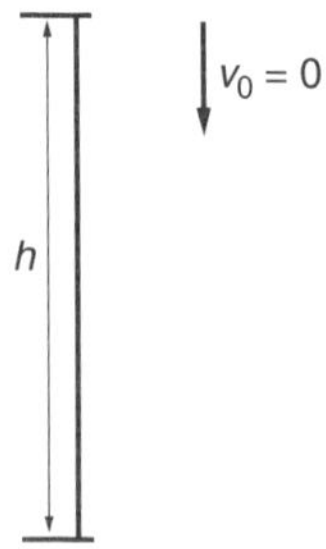

b) Falsa. El trabajo realizado por una fuerza conservativa solamente depende de las posiciones inicial y final y nunca de la trayectoria descrita.

2 Esta cuestión pertenece al tema de movimiento armónico simple.

a) La ecuación de un movimiento armónico simple es:

$$x = A \cdot cos\,(\omega \cdot t + \varphi_0)$$

donde:

$$\omega = \frac{2 \cdot \pi}{T}$$

Derivando dos veces respecto al tiempo la ecuación del movimiento, se obtiene la ecuación de la aceleración del sistema:

$$v = \frac{dx}{dt} = -A \cdot \omega \cdot sen\,(\omega \cdot t + \varphi_0)$$

$$a = \frac{dv}{dt} = -A \cdot \omega^2 \cdot cos\,(\omega \cdot t + \varphi_0) = -\omega^2 \cdot x$$

b) En la ecuación general de un movimiento armónico simple, vista en el apartado anterior, A es la amplitud; ω, la pulsación o frecuencia angular, y φ_0, la fase inicial.

Para determinar la fase inicial, tendremos en cuenta las condiciones iniciales del problema (en el instante inicial, $t = 0$, la partícula pasa por la posición de equilibrio, $x = 0$):

$$\left.\begin{matrix} t = 0 \\ x = 0 \end{matrix}\right\} \rightarrow \quad 0 = A \cdot cos\,(0 + \varphi_0) \quad \rightarrow \quad cos\,\varphi_0 = 0 \quad \rightarrow \quad \varphi_0 = \frac{\pi}{2}$$

Sustituyendo, la ecuación del m.a.s. es:

$$x = A \cdot cos\left(\omega \cdot t + \frac{\pi}{2}\right)$$

La expresión general de la ecuación de la aceleración es:

$$a = -A \cdot \omega^2 \cdot cos\left(\omega \cdot t + \frac{\pi}{2}\right)$$

La aceleración máxima se alcanza cuando $cos\,(\omega \cdot t + \pi/2) = -1$ y su expresión es:

$$a_{máx} = A \cdot \omega^2$$

3 **Este problema pertenece al tema de campo eléctrico.**

a) Si la partícula se encuentra en una región del espacio en la que existe un campo eléctrico uniforme, estará sometida a una fuerza eléctrica, que vendrá dada por la expresión:

$$\vec{F_e} = q \cdot \vec{E}$$

Como la carga es positiva, F tiene la misma dirección y sentido que E, como se aprecia en la figura inferior, y su valor es:

$$\vec{F_e} = 2 \cdot 10^{-6} \cdot 500 \cdot \vec{j} = 10^{-3} \cdot \vec{j}\ \text{N}$$

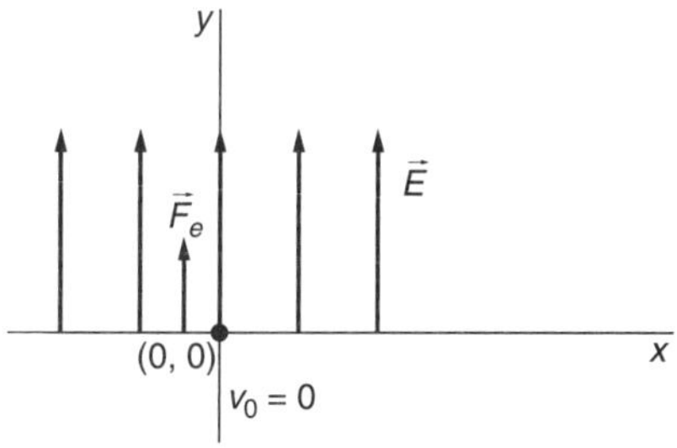

La partícula estará sometida a un movimiento uniformemente acelerado a lo largo del eje Y, y la aceleración a la que estará sometida se obtiene aplicando la ecuación fundamental de la dinámica:

$$F = m \cdot a \quad \rightarrow \quad F_e = m \cdot a \quad \rightarrow \quad 10^{-3} = m \cdot a \quad \rightarrow \quad a = \frac{10^{-3}}{m}\ \text{m/s}^2$$

Para analizar la transformación de la energía a lo largo del movimiento de la partícula, tendremos en cuenta que como el campo eléctrico es conservativo, la energía mecánica permanecerá constante:

$$\Delta E_c + \Delta E_p = 0 \quad \rightarrow \quad \Delta E_m = 0$$

A medida que transcurre el tiempo, la partícula aumenta su velocidad y, por tanto, su energía cinética, según la expresión:

$$E_c = \frac{1}{2} \cdot m \cdot v^2$$

Si aumenta su energía cinética a lo largo del tiempo, disminuirá su energía potencial en la misma cantidad.

b) En un campo eléctrico uniforme, la diferencia de potencial varía linealmente con la distancia, decreciendo en el sentido del campo:

$$\Delta V = -E \cdot d$$

La diferencia de potencial entre dos puntos situados en una línea paralela a la dirección del campo, se obtiene sustituyendo valores en la expresión anterior:

$$\Delta V_{AB} = -E \cdot d = -500 \cdot 2 = -1\,000 \text{ V}$$

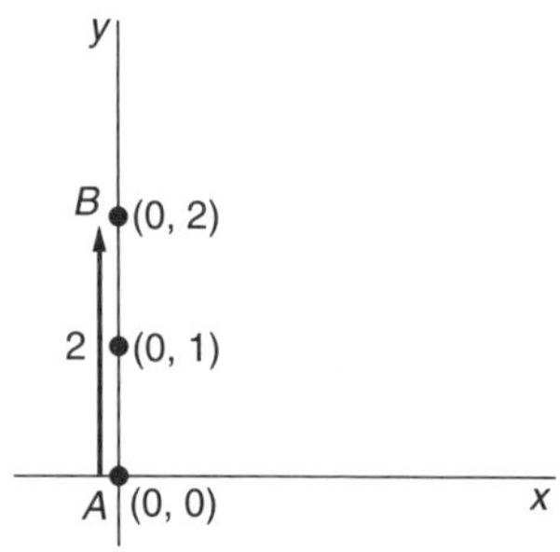

El trabajo que realizamos al trasladar la carga viene dado por la expresión:

$$W_{AB} = -\Delta E_{p_{AB}} = -q \cdot \Delta V_{AB}$$

Sustituyendo valores:

$$W_{AB} = -2 \cdot 10^{-6} \cdot (-1\,000) = 2 \cdot 10^{-3} \text{ J}$$

Según el resultado obtenido, la energía potencial de la partícula disminuye a medida que es acelerada por la fuerza que actúa en el mismo sentido que el campo, y aumenta su energía cinética.

4 Este problema pertenece al tema de física cuántica.

a) El potencial de frenado, V_0, representa la diferencia de potencial necesaria para evitar la aparición del efecto fotoeléctrico, es decir, para frenar los electrones más rápidos, de máxima energía cinética. Se cumple:

$$E_{c_{máx}} = e \cdot V_0 = 1,6 \cdot 10^{-19} \cdot 1,3 = 2,08 \cdot 10^{-19} \text{ J}$$

La ecuación de Einstein del efecto fotoeléctrico es:

$$h \cdot f = W_{ext} + E_{c_{máx}} \quad \rightarrow \quad h \cdot \frac{c}{\lambda} = W_{ext} + E_{c_{máx}}$$

Despejando W_{ext} y sustituyendo valores, obtenemos la función trabajo:

$$W_{ext} = h \cdot \frac{c}{\lambda} - E_{c_{máx}} = 6,6 \cdot 10^{-34} \cdot \frac{3 \cdot 10^8}{280 \cdot 10^{-9}} - 2,08 \cdot 10^{-19}$$

$$W_{ext} = 4,99 \cdot 10^{-19} \text{ J}$$

La frecuencia umbral se calcula a partir del trabajo de extracción. El trabajo de extracción es la energía mínima que el electrón necesita para escapar de la superficie del metal. Se cumple:

$$W_{ext} = h \cdot f_0$$

Despejando y sustituyendo, la frecuencia umbral resulta:

$$f_0 = \frac{W_{ext}}{h} = \frac{4,99 \cdot 10^{-19}}{6,6 \cdot 10^{-34}} = 7,56 \cdot 10^{14} \text{ s}^{-1}$$

b) Si disminuye el potencial de frenado debido a la oxidación de la superficie metálica y la luz incidente es la misma, la energía cinética máxima de los fotoelectrones disminuye, ya que ambas magnitudes están relacionadas a través de la expresión:

$$E_{c_{máx}} = e \cdot V_0$$

Vemos que si V_0 disminuye, $E_{c_{máx}}$ disminuye.

Si disminuye la energía cinética de los electrones que saltan de la superficie metálica y la luz incidente es la misma, se deberá a que habrá aumentado el trabajo de extracción y, con él, la frecuencia umbral:

$$W_{ext} = h \cdot \frac{c}{\lambda} - E_{c_{máx}} \quad ; \quad W_{ext} = h \cdot f_0$$

Si $E_{c_{máx}}$ disminuye, W_{ext} aumenta y f_0 aumenta.

ARAGÓN

2

PRUEBA DE SELECTIVIDAD

ACLARACIONES PREVIAS

Desarrolla la Opción A o la Opción B.

Se valorará el uso de vocabulario y la notación científica.

Los errores ortográficos, el desorden, la falta de limpieza en la presentación y la mala redacción podrán suponer una disminución de hasta un punto en la calificación, e incluso más en casos extremos.

Tiempo disponible para la prueba: 1 hora y 30 minutos.

Puntuación que se otorgará a este ejercicio: véanse las distintas partes del examen.

Opción A

1 Una partícula de masa m, que solo puede moverse a lo largo del eje OX, se sitúa inicialmente ($t = 0$) en la posición $x = x_0$ y se libera con velocidad nula. Sobre ella actúa una fuerza, dirigida según el eje OX, $F = -k \cdot x$, donde k es una constante positiva.

a) ¿Qué tipo de movimiento realiza la partícula? Describe analítica y gráficamente cómo dependen del tiempo su posición, $x(t)$, y su velocidad, $v(t)$. (1,5 puntos)

b) Para $m = 0{,}1$ kg, $k = 30$ N/m y $x_0 = 5$ cm, calcula las energías cinética y potencial de la partícula cuando pasa por $x = 0$. (1 punto)

2 Desde la superficie de un planeta esférico sin atmósfera, de radio $R = 2{,}3 \cdot 10^6$ m y masa $M = 8{,}6 \cdot 10^{23}$ kg, se dispara un proyectil con velocidad v_0 horizontal, es decir, en dirección tangente a la superficie.

a) Calcula el valor de v_0 para que el proyectil describa una órbita circular rasante a la superficie del planeta. ¿Cuál es el período de esta órbita? (1,5 puntos)

b) Si el proyectil se dispara con una velocidad doble de la anterior, ¿escapará de la atracción gravitatoria del planeta? Justifica tu respuesta. (1 punto)

Dato: $G = 6{,}67 \cdot 10^{-11}$ N · m^2 · kg^{-2}.

3 a) Explica el concepto de potencial eléctrico. ¿Qué potencial eléctrico crea en su entorno una partícula con carga q? Dibuja sus superficies equipotenciales. (1,5 puntos)

b) Las tres partículas de la figura, con cargas $q_1 = q_2 = 1$ μC y $q_3 = -1$ μC, están fijas en tres vértices de un cuadrado de lado $L = 0{,}9$ m. Determina el potencial eléctrico en el punto P, vértice vacante del cuadrado. (1 punto)

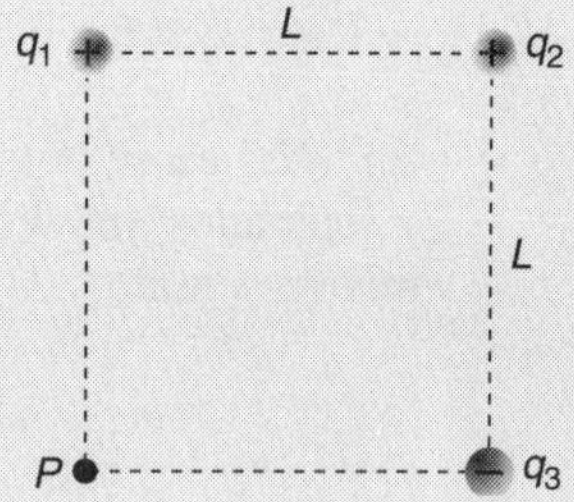

Dato: $K = 1/(4 \cdot \pi \cdot \varepsilon_0) = 9 \cdot 10^9$ N · m^2 · C^{-2}.

4 Un ojo miope necesita una lente correctora de –2 dioptrías de potencia para poder ver nítidamente objetos muy alejados.

a) Sin lente correctora, ¿cuál es la distancia máxima a la que se puede ver nítidamente con este ojo? (1 punto)

b) Se sitúa un objeto de altura $y = 0{,}3$ m en la posición $a = -1$ m respecto a esta lente. Calcula la posición y tamaño de la imagen. Comprueba tus resultados mediante un trazado de rayos. (1,5 puntos)

Opción B

1 a) Enuncia el principio de Huygens y, a partir de él, demuestra las leyes de la reflexión y la refracción para una onda que incide sobre la superficie plana de separación entre dos medios, en los que la onda se propaga con velocidades diferentes v_1 y v_2. (1,5 puntos)

b) Una onda que viaja por un medio con velocidad $v_1 = 10$ m/s incide sobre la frontera con otro medio diferente con ángulo de incidencia $\varepsilon_1 = 30°$. La velocidad de propagación de la onda en el segundo medio es $v_2 = 17$ m/s. Calcula el ángulo de transmisión, ε_2. Si la frecuencia de la onda es $f = 10$ Hz, calcula su longitud de onda en cada medio. (1 punto)

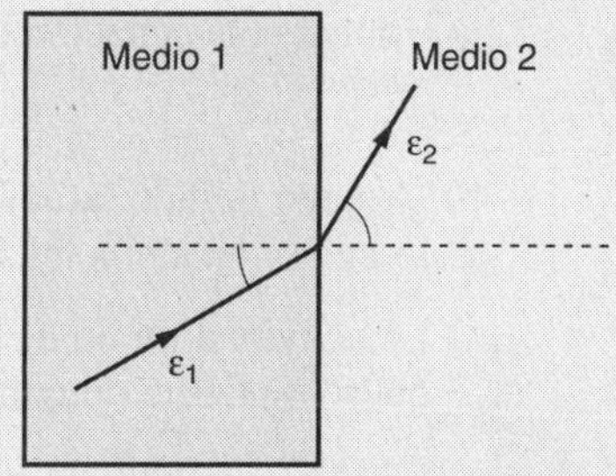

2 a) Explica el concepto de energía potencial gravitatoria. ¿Qué energía potencial gravitatoria tiene una partícula de masa m situada a una distancia r de otra partícula de masa M? (1,5 puntos)

b) Un meteorito se dirige hacia la Luna, de masa $M_L = 7{,}34 \cdot 10^{22}$ kg y radio $R_L = 1{,}74 \cdot 10^6$ m. A una altura $h = 3 \cdot R_L$ sobre la superficie de la Luna, la velocidad del meteorito es $v_0 = 500$ m/s. Calcula su velocidad cuando choca con la superficie. (1 punto)

Dato: $G = 6{,}67 \cdot 10^{-11}$ N · m^2 · kg^{-2}.

3 En la figura se representan dos largos conductores rectilíneos, paralelos y separados una distancia d, por los que circulan corrientes I_1 e I_2 en el mismo sentido:

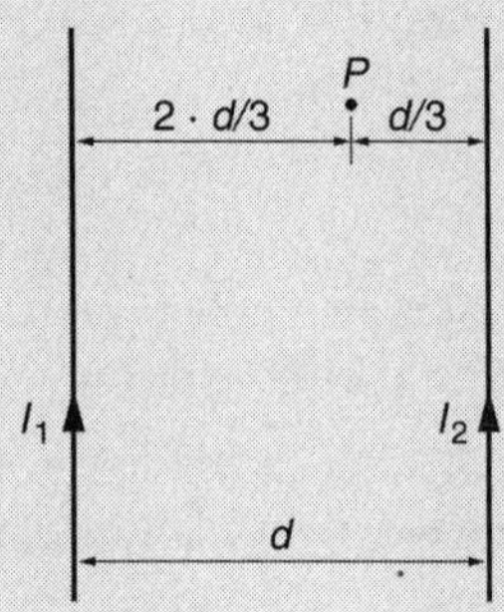

a) Si $I_1 = 2$ A, calcula el valor de I_2 para que se anule el campo magnético total en el punto P, situado entre los dos conductores como se indica en la figura. (1,5 puntos)

b) Para $d = 2$ cm, $I_1 = 2$ A e $I_2 = 1$ A, determina las fuerzas de interacción (módulo, dirección y sentido) que actúan sobre una longitud $L = 0{,}5$ m de cada conductor. (1 punto)

Dato: $\mu_0 = 4 \cdot \pi \cdot 10^{-7}$ m · kg · C^{-2}.

4 El ^{14}C es un isótopo del carbono emisor de partículas β^-, con una vida media $\tau = 5{,}73 \cdot 10^3$ años. Como sabrás, la actividad de este isótopo en una muestra orgánica suele emplearse para su datación arqueológica.

a) Completa la ecuación de desintegración del ^{14}C. (1 punto)

$$^{14}_{6}\text{C} \rightarrow {}^{?}_{?}\text{N} + ?$$

b) ¿Cuánto tiempo tarda la actividad de una muestra con ^{14}C en reducirse a la mitad de la inicial? (0,5 puntos)

c) La actividad de un hueso prehistórico es 16 veces inferior a la de un hueso moderno de igual masa. Calcula su antigüedad. (1 punto)

Aragón. Junio, 2006.

SOLUCIÓN DE LA PRUEBA

Opción A

1 Este problema pertenece al tema de movimiento armónico simple.

a) La fuerza es proporcional a la elongación, *x,* y de sentido contrario a ella; es decir, cuando la partícula está a la derecha del origen de coordenadas, la fuerza es hacia la izquierda, y cuando la partícula está a la izquierda, la fuerza es hacia la derecha. En suma, la fuerza está dirigida siempre hacia el mismo punto, el origen de coordenadas; es una fuerza central.

La fuerza es mayor cuanto más alejada está la partícula del origen y es cero cuando pasa por el origen.

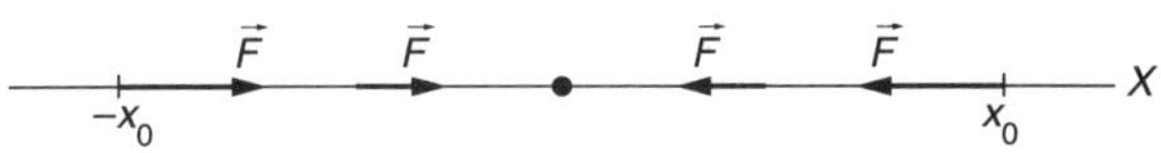

$F = -k \cdot x$

Las partículas sometidas a fuerzas de ese tipo, de Hooke, realizan un movimiento armónico simple a ambos lados de la posición de equilibrio.

La ecuación de la posición del movimiento será:

$$x = x_0 \cdot cos\ (\omega \cdot t) = x_0 \cdot cos \left(\frac{2 \cdot \pi}{T} \cdot t \right)$$

Para obtener la ecuación de la velocidad se deriva respecto al tiempo la ecuación de la posición:

$$v = -x_0 \cdot \frac{2 \cdot \pi}{T} \cdot sen \left(\frac{2 \cdot \pi}{T} \cdot t \right)$$

La representación de la posición frente al tiempo será:

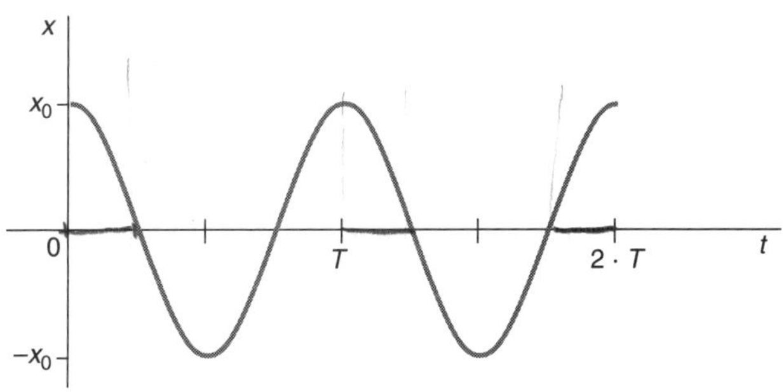

La representación frente al tiempo de la velocidad será:

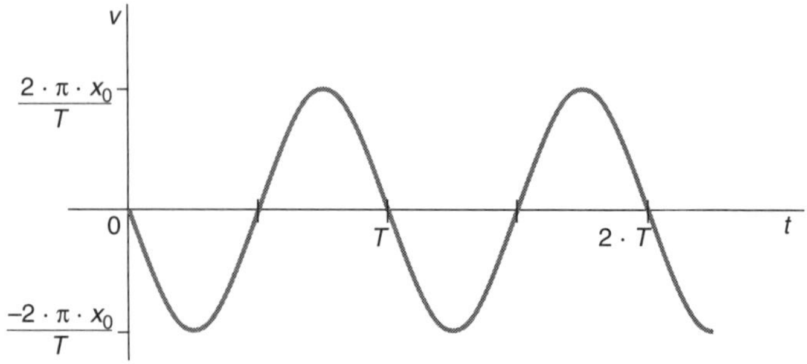

El movimiento se repite cada período, *T*, que es el tiempo que tarda la partícula en hacer una oscilación completa.

b) La energía potencial de un movimiento armónico simple es:

$$E_p = \frac{1}{2} \cdot k \cdot x^2$$

En los extremos del movimiento, donde la elongación es la elongación máxima o amplitud, la velocidad de la partícula se hace cero y toda su energía mecánica es potencial:

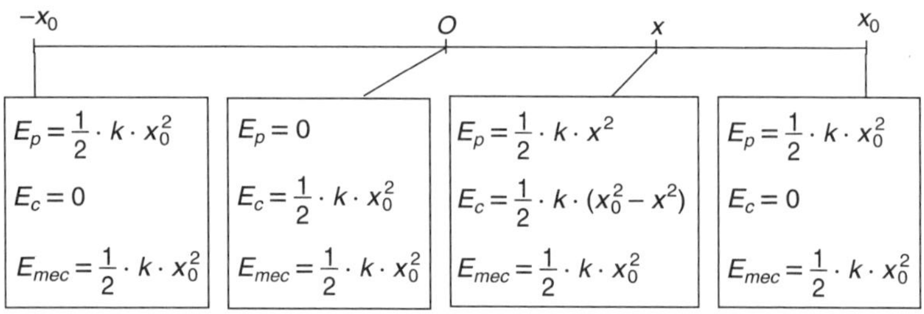

Cuando pasa por el punto de equilibrio, $x = 0$, su energía potencial es cero y toda la energía mecánica es cinética. Su valor será:

$$E_c = \frac{1}{2} \cdot k \cdot x_0^2 = \frac{1}{2} \cdot 30 \cdot (5 \cdot 10^{-2})^2 = 3{,}75 \cdot 10^{-2}\ \text{J}$$

$$E_p = 0$$

2 Este problema pertenece al tema de campo gravitatorio.

a) Si la órbita es rasante a la superficie del planeta, el radio de la órbita es el radio del planeta.

La fuerza gravitatoria que hace el planeta sobre el proyectil actúa sobre él como una fuerza perpendicular o normal a su velocidad.

Aplicando el segundo principio de la dinámica:

$$F_n = m \cdot a_n$$

$$\frac{G \cdot M \cdot m}{R^2} = m \cdot \frac{v_{orb}^2}{R} \rightarrow v_{orb} = \sqrt{\frac{G \cdot M}{R}} \qquad [1]$$

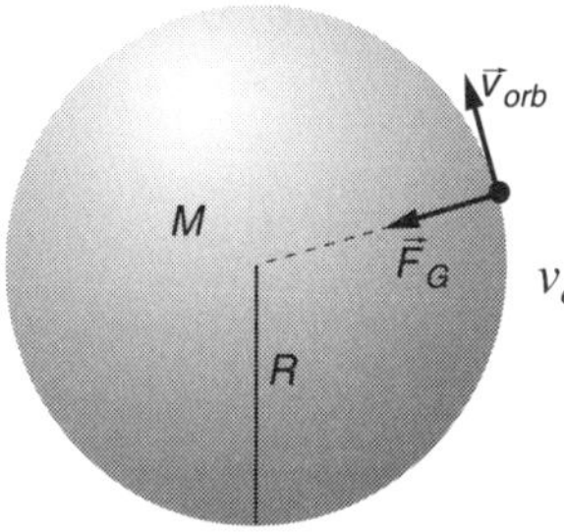

$$v_{orb} = \sqrt{\frac{6{,}67 \cdot 10^{-11} \cdot 8{,}6 \cdot 10^{23}}{2{,}3 \cdot 10^6}} = 4\,994 \text{ m/s}$$

El período es el tiempo que tarda el proyectil en dar una vuelta completa alrededor del planeta y será igual a la longitud del camino divida por la velocidad que lleva:

$$T = \frac{2 \cdot \pi \cdot R}{v} = \frac{2 \cdot \pi \cdot 2{,}3 \cdot 10^6}{4\,994} = 2\,893{,}74 \text{ s} = 48{,}2 \text{ min}$$

b) Para que el proyectil escape de la atracción gravitatoria del planeta debe adquirir la suficiente energía cinética para que las energías mecánicas en la superficie del planeta y en el infinito sean iguales:

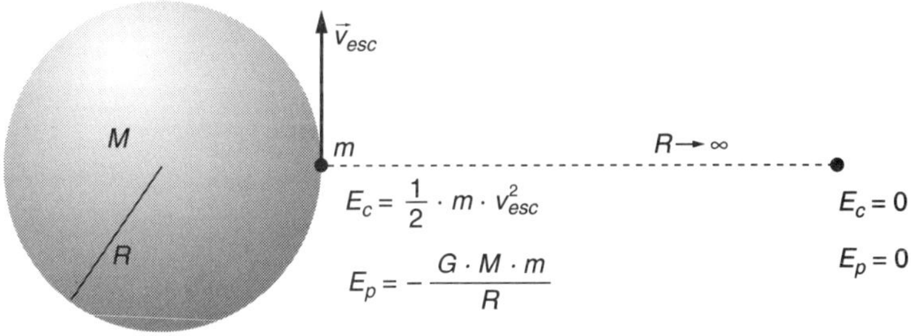

$$(E_{mec})_{superficie} = (E_{mec})_{\infty}$$

$$-\frac{G \cdot M \cdot m}{R} + \frac{1}{2} \cdot m \cdot v_{esc}^2 = 0$$

Despejando la velocidad de escape:

$$v_{esc} = \sqrt{\frac{2 \cdot G \cdot M}{R}}$$

Esa velocidad de escape es, teniendo en cuenta la expresión [1]:

$$v_{esc} = \sqrt{2} \cdot v_{orb}$$

Para escapar es necesaria una velocidad igual a la que tiene en la órbita multiplicada por $\sqrt{2}$. Si la velocidad está multiplicada por 2, no solo se escapará, sino que llegará fuera del campo gravitatorio del planeta todavía con energía cinética.

3 Este problema pertenece al tema de campo eléctrico.

a) Consulta tu libro de texto. Las superficies equipotenciales son superficies esféricas concéntricas con la carga.

b) El potencial eléctrico en el punto P es la suma de los potenciales eléctricos creados en P por cada una de las tres cargas (principio de superposición):

$$V = \sum V_i = \frac{K \cdot q_1}{d_1} + \frac{K \cdot q_2}{d_2} + \frac{K \cdot q_3}{d_3}$$

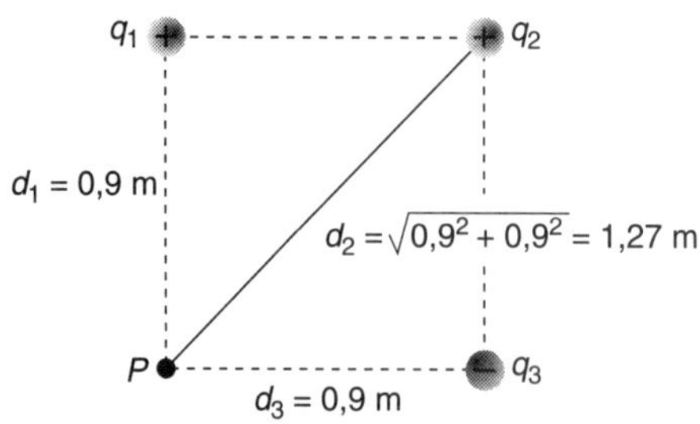

El potencial creado por la carga q_1 será:

$$V_1 = \frac{K \cdot q_1}{d_1} \rightarrow V_1 = 9 \cdot 10^9 \cdot \frac{1 \cdot 10^{-6}}{0,9} = 1 \cdot 10^4 \text{ V}$$

El potencial creado por la carga q_2 será:

$$V_2 = \frac{K \cdot q_2}{d_2} \rightarrow V_2 = 9 \cdot 10^9 \cdot \frac{1 \cdot 10^{-6}}{1,27} = 7,09 \cdot 10^3 \text{ V}$$

El potencial creado por la carga q_3 será:

$$V_3 = \frac{K \cdot q_3}{d_3} \rightarrow V_3 = 9 \cdot 10^9 \cdot \frac{-1 \cdot 10^{-6}}{0,9} = -1 \cdot 10^4 \text{ V}$$

El potencial total en P será la suma de los tres escalares:

$$V_{total} = 1 \cdot 10^4 + 7,09 \cdot 10^3 - 1 \cdot 10^4 = 7,09 \cdot 10^3 \text{ V}$$

4 Este problema pertenece al tema de óptica geométrica.

a) La potencia de una lente es la inversa de la distancia focal imagen expresada en metros:

$$P = \frac{1}{f'}$$

Despejando la distancia focal imagen, f', y sustituyendo valores:

$$f' = \frac{1}{P} = \frac{1}{-2} = -0{,}5 \text{ m}$$

La distancia focal imagen es negativa, como corresponde a lentes divergentes que son las lentes correctoras para ojos miopes:

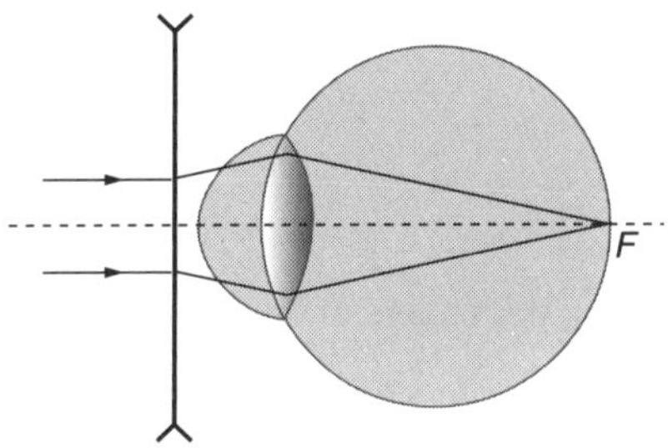

b) Para calcular la posición de la imagen se aplica la ecuación de las lentes delgadas:

$$\frac{1}{s'} - \frac{1}{s} = \frac{1}{f'}$$

Sustituyendo valores y despejando s':

$$\frac{1}{s'} - \frac{1}{-1} = \frac{1}{-0{,}5} \quad \rightarrow \quad \frac{1}{s'} + 1 = -2$$

$$\frac{1}{s'} = -3 \quad \rightarrow \quad s' = -\frac{1}{3} = -0{,}33 \text{ m}$$

Como vemos, s' es negativa, lo que significa que sale del mismo lado del objeto; la imagen es virtual.

Para calcular el tamaño de la imagen se aplica la ecuación del aumento lateral:

$$\frac{y'}{y} = \frac{s'}{s}$$

Sustituyendo valores y despejando y':

$$\frac{y'}{0,3} = \frac{-0,33}{-1} \quad \rightarrow \quad y' = 0,3 \cdot 0,33 = 0,1 \text{ m}$$

Al ser y' positiva, como el objeto, la imagen es derecha y menor que este. La construcción geométrica de la imagen es la siguiente:

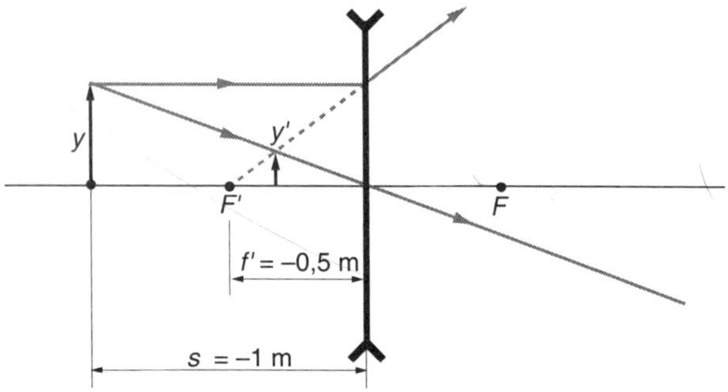

Opción B

1 Este problema pertenece al tema de la luz y sus propiedades.

a) Consulta tu libro de texto para responder a este apartado.

b) Las ondas se propagan con movimiento uniforme ($s = v \cdot t$); si se toma como espacio una longitud de onda, λ, el tiempo empleado en recorrerla es un período, T; la relación entre las magnitudes características de las ondas será:

$$\lambda = v \cdot T = \frac{v}{f} \qquad [1]$$

La frecuencia de la onda no varía al cambiar de medio, lo que cambian son la velocidad de propagación y la longitud de onda:

$$f = \frac{v_1}{\lambda_1} \quad ; \quad f = \frac{v_2}{\lambda_2}$$

El índice de refracción de uno de los medios respecto al otro, $n_{1,2}$, será:

$$n_{1,2} = \frac{n_1}{n_2}$$

siendo n_1 el cociente entre la velocidad en el aire, v_0, y la velocidad en el medio 1, v_1:

$$n_1 = \frac{v_0}{v_1}$$

y n_2, el cociente entre la velocidad en el aire, v_0, y la velocidad en el medio 2, v_2:

$$n_2 = \frac{v_0}{v_2}$$

Por tanto, $n_{1,2}$ será:

$$n_{1,2} = \frac{n_1}{n_2} = \frac{v_0/v_1}{v_0/v_2} = \frac{v_2}{v_1}$$

La ley de Snell de la refracción es:

$$n_1 \cdot sen\ \varepsilon_1 = n_2 \cdot sen\ \varepsilon_2$$

Si se escribe:

$$\frac{n_1}{n_2} \cdot sen\ \varepsilon_1 = sen\ \varepsilon_2$$

Se puede sustituir n_1/n_2:

$$\frac{v_2}{v_1} \cdot sen\ \varepsilon_1 = sen\ \varepsilon_2 \ \rightarrow \ \frac{17}{10} \cdot sen\ 30° = sen\ \varepsilon_2$$

Despejando ε_2:

$$\varepsilon_2 = arcsen\ (1{,}7 \cdot 0{,}5) = 58{,}2°$$

Ese es el ángulo de refracción en el medio 2.

La longitud de la onda en cada medio se calcula a partir de la ecuación [1]:

$$\lambda_1 = \frac{10}{10} = 1 \text{ m} \quad ; \quad \lambda_2 = \frac{17}{10} = 1{,}7 \text{ m}$$

2 Este problema pertenece al tema de campo gravitatorio.

a) Consulta tu libro de texto para responder a este apartado.

La energía potencial gravitatoria de la partícula de masa m situada a una distancia r de otra partícula de masa M será:

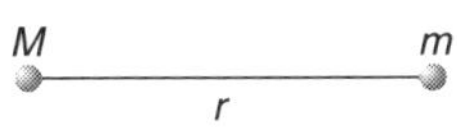

$$E_p = -\frac{G \cdot M \cdot m}{r}$$

El campo gravitatorio es conservativo; por tanto, la energía mecánica se conserva. El meteorito tiene la misma energía mecánica cuando está a una altura igual a tres veces el radio de la Luna que cuando llega a la superficie lunar, así como en cualquier otro punto intermedio:

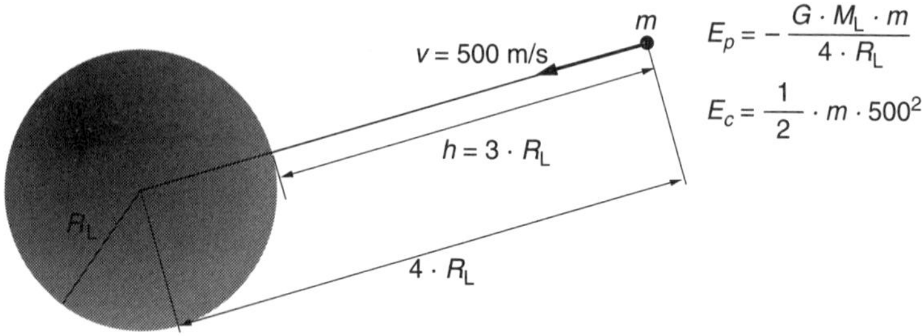

La energía mecánica a una altura $h = 3 \cdot R_L$ será:

$$E_{mec} = -\frac{G \cdot M_L \cdot m}{4 \cdot R_L} + \frac{1}{2} \cdot m \cdot 500^2$$

Cuando choca con la superficie será:

$$E_{mec} = -\frac{G \cdot M_L \cdot m}{R_L} + \frac{1}{2} \cdot m \cdot v^2$$

Como [1] y [2] han de ser iguales, se puede despejar la velocidad que tiene el meteorito cuando choca con la Luna:

$$-\frac{G \cdot M_L \cdot m}{4 \cdot R_L} + \frac{1}{2} \cdot m \cdot 500^2 = -\frac{G \cdot M_L \cdot m}{R_L} + \frac{1}{2} \cdot m \cdot v^2$$

$$\frac{G \cdot M_L}{R_L} \cdot \left(1 - \frac{1}{4}\right) + \frac{1}{2} \cdot 500^2 = \frac{1}{2} \cdot v^2$$

$$\frac{2 \cdot G \cdot M_L}{R_L} \cdot 0{,}75 + 500^2 = v^2$$

$$v^2 = \sqrt{\frac{1{,}5 \cdot 6{,}67 \cdot 10^{-11} \cdot 7{,}34 \cdot 10^{22} + 500^2}{1{,}74 \cdot 10^6}} = 2\,114{,}4 \text{ m/s}$$

3 Este problema pertenece al tema de campo electromagnético.

El módulo del campo magnético o inducción magnética, B, creado por una corriente rectilínea en un punto P es:

$$B = \frac{\mu_0 \cdot I}{2 \cdot \pi \cdot d}$$

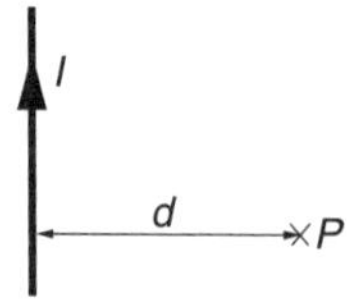

Su dirección y su sentido son los del giro de los dedos de la mano derecha cuando la corriente circula en el sentido señalado por el pulgar:

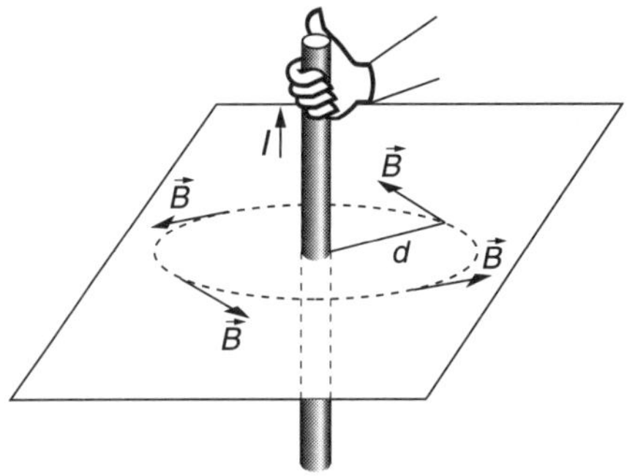

a) El campo magnético $\vec{B}_1$ creado por la corriente I_1 en el punto P tiene de módulo:

$$B_1 = \frac{\mu_0 \cdot I_1}{2 \cdot \pi \cdot (2/3) \cdot d} = \frac{3 \cdot \mu_0 \cdot 1}{2 \cdot \pi \cdot d}$$

Su dirección será perpendicular al papel, y su sentido, entrante. El campo magnético $\vec{B}_2$ creado por la corriente I_2 en el punto P tiene de módulo:

$$B_2 = \frac{\mu_0 \cdot I_2}{2 \cdot \pi \cdot d/3} = \frac{3 \cdot \mu_0 \cdot I_2}{2 \cdot \pi \cdot d}$$

Su dirección será perpendicular al papel y su sentido, saliente:

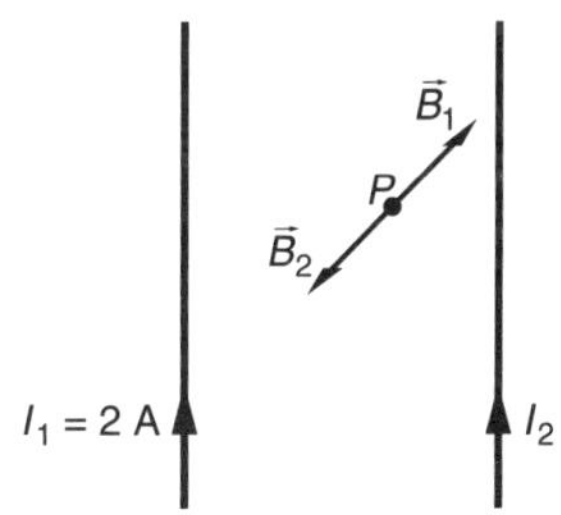

Ya que ambos campos tienen sentidos diferentes, el campo magnético total será cero cuando los dos módulos sean iguales. Se cumplirá:

$$\frac{3 \cdot \mu_0}{2 \cdot \pi \cdot d} = \frac{3 \cdot \mu_0 \cdot I_2}{2 \cdot \pi \cdot d} \quad \rightarrow \quad I_2 = 1 \text{ A}$$

b) Para calcular la fuerza que el conductor 1 hace sobre el 2 debemos calcular el campo magnético $\vec{B}_1$ creado por el conductor 1 en 2:

$$B_1 = \frac{\mu_0 \cdot I_1}{2 \cdot \pi \cdot d} = \frac{4 \cdot \pi \cdot 10^{-7} \cdot 2}{2 \cdot \pi \cdot 2 \cdot 10^{-2}} = 2 \cdot 10^{-5} \text{ T}$$

Su dirección es perpendicular al papel y su sentido, hacia dentro, como se indica en la figura:

La fuerza que experimenta el conductor 2 debido al campo $\vec{B}_1$ viene dada por la expresión:

$$\vec{F} = I \cdot \vec{l} \times \vec{B}$$

La fuerza experimentada por 0,5 m de la corriente I_2 tendrá de módulo:

$$\vec{F}_2 = I_2 \cdot \vec{l}_2 \times \vec{B}_1 \rightarrow |\vec{F}_2| = 1 \cdot 0{,}5 \cdot 2 \cdot 10^{-5} \cdot sen\, 90° = 10^{-5}\ \text{N}$$

Para hallar su dirección y sentido se aplican las reglas del producto vectorial; la dirección de la fuerza será la de la línea que una los conductores y el sentido, hacia el conductor 1, como se indica en la figura:

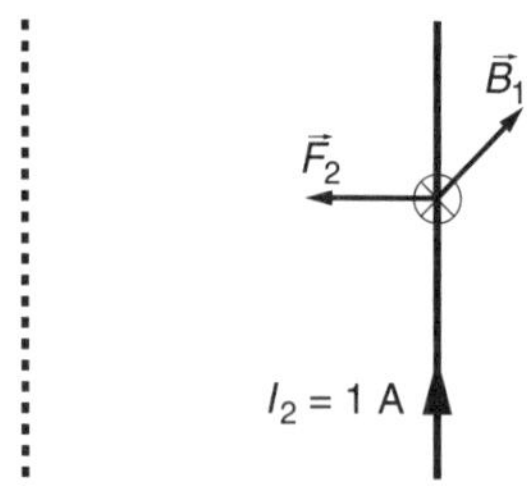

Si se quiere ahora calcular la fuerza que el conductor 2 hace sobre el 1 debemos calcular el campo magnético $\vec{B}_2$ creado por 2 en 1:

$$B_2 = \frac{\mu_0 \cdot I_2}{2 \cdot \pi \cdot d} = \frac{4 \cdot \pi \cdot 10^{-7} \cdot 1}{2 \cdot \pi \cdot 2 \cdot 10^{-2}} = 10^{-5}\ \text{T}$$

Su dirección será perpendicular al papel hacia fuera, como se indica en la figura:

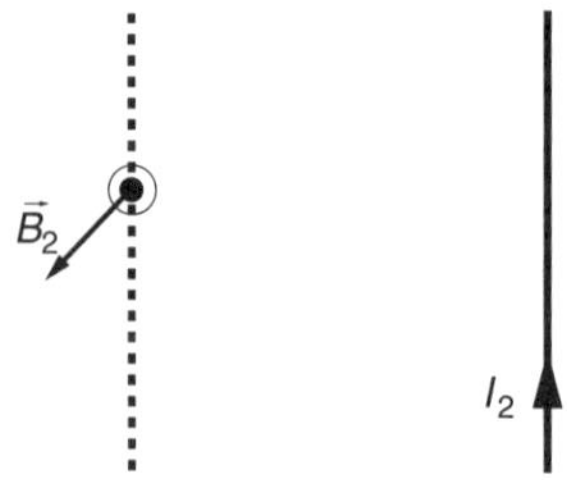

La fuerza experimentada por 0,5 m de la corriente I_1 tendrá de módulo:

$$\vec{F}_1 = I_1 \cdot \vec{l}_1 \times \vec{B}_2 \rightarrow |\vec{F}_1| = 2 \cdot 0{,}5 \cdot 2 \cdot 10^{-5} \cdot sen\, 90° = 10^{-5}\ \mathrm{N}$$

La dirección de la fuerza será la de la línea que une los conductores y el sentido, hacia el conductor 2, como se indica en la figura:

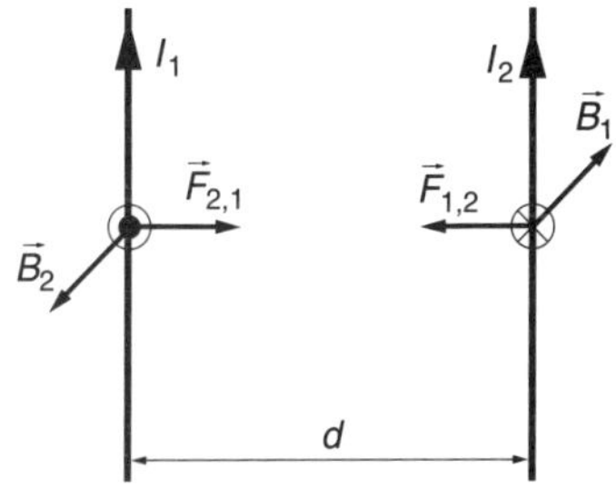

Como vemos, las corrientes paralelas del mismo sentido se atraen.

4 Este problema pertenece al tema de física nuclear.

a) La emisión β es una emisión de electrones. Como en el núcleo no hay electrones, previamente debe haber una transformación de un neutrón en un protón más un electrón:

$$n \rightarrow p^+ + e^-$$

Así, cuando un núcleo emite un electrón se transforma en otro núcleo con una unidad más de número atómico y el mismo número másico:

$$^{14}_{6}\mathrm{C} \rightarrow {}^{14}_{7}\mathrm{N} + {}^{0}_{-1}e$$

b) La actividad de una muestra es igual a la constante de desintegración, λ, por el número de núcleos radiactivos:

$$A = \lambda \cdot N$$

La actividad será la mitad de la inicial cuando los núcleos radiactivos sean la mitad de los iniciales. Esto sucederá cuando haya transcurrido un período de semidesintegración, $T_{1/2}$. El período de semidesintegración está relacionado con la constante radiactiva, λ, según:

$$T_{1/2} = \frac{ln\ 2}{\lambda}$$

El problema da la vida media, τ. Aunque a veces se llama vida media al período de semidesintegración, $T_{1/2}$, es más correcto identificado como la inversa de la constante de desintegración, λ:

$$\tau = \frac{1}{\lambda} \quad ; \quad \lambda = \frac{1}{\tau}$$

La relación entre el período de semidesintegración y la vida media será, por tanto:

$$T_{1/2} = \frac{\ln 2}{\lambda} = \ln 2 \cdot \tau$$

Según esto, la actividad de la muestra se habrá reducido a la mitad cuando haya transcurrido un tiempo:

$$T_{1/2} = 0{,}693 \cdot 5{,}73 \cdot 10^3 = 3\,971 \text{ años}$$

c) Si la actividad de la muestra es 16 veces menor es que tiene la dieciseisava parte de núcleos radiactivos que el hueso moderno. Sustituyendo en la ecuación de desintegración radiactiva:

$$N = N_0 \cdot e^{-\lambda \cdot t} = N_0 \cdot e^{-t/\tau}$$

$$\frac{N_0}{16} = N_0 \cdot e^{-t/5{,}73 \cdot 10^3}$$

$$\frac{1}{16} = e^{-t/5{,}73 \cdot 10^3}$$

Tomando logaritmos neperianos y despejando t:

$$-2{,}77 = -\frac{t}{5{,}73 \cdot 10^3} \quad \rightarrow \quad t = 2{,}77 \cdot 5{,}73 \cdot 10^3 = 15\,872 \text{ años}$$

La antigüedad del hueso es de 15 872 años.

3

ASTURIAS

PRUEBA DE SELECTIVIDAD

ACLARACIONES PREVIAS

*El alumno elegirá **cuatro** de las seis opciones propuestas.*

Opción 1

1 Deduce la expresión correspondiente a la velocidad mínima con la que tiene que lanzarse verticalmente un cuerpo desde la superficie de un planeta para que escape de su atracción gravitatoria. (1,2 puntos)

2 Supongamos conocidas las siguientes magnitudes referentes a la Tierra: masa de la Tierra: $5{,}98 \cdot 10^{24}$ kg; radio de la Tierra: $6{,}37 \cdot 10^{6}$ m; distancia Tierra-Sol: $1{,}5 \cdot 10^{11}$ m; período de la órbita terrestre: $3{,}15 \cdot 10^{7}$ s; $g = 9{,}8$ m/s^2.

Con estos datos, calcula la masa del Sol.

Nota: Supón circular la trayectoria de la Tierra alrededor del Sol. (1,3 puntos)

Opción 2

1 ¿Qué se entiende por ondas estacionarias? Da ejemplos. (1,2 puntos)

2 Sea una onda armónica transversal propagándose a lo largo de una cuerda, descrita (en el S. I.) mediante la expresión: $y\,(x, t) = sen\,(62{,}8 \cdot x + 314 \cdot t)$.

a) ¿En qué dirección viaja la onda? ¿Cuál es su velocidad?

b) Calcula su longitud de onda, su frecuencia y el desplazamiento máximo de cualquier elemento de la cuerda. (1,3 puntos)

Opción 3

1 Describe el defecto ocular conocido como *miopía* y comenta el método usualmente utilizado para su corrección. (1,2 puntos)

2 Un haz de luz roja, que se propaga en el vacío, tiene una longitud de onda de $650 \cdot 10^{-9}$ m. Al incidir perpendicularmente sobre la superficie de un medio transparente, la longitud de onda del haz que se propaga en el medio pasa a ser de $500 \cdot 10^{-9}$ m:

a) Calcula el índice de refracción del medio para esa radiación.

b) Observa que un rayo de luz que se propagase en el vacío y cuya longitud de onda fuese de $500 \cdot 10^{-9}$ m sería de color verde. ¿Quiere esto decir que la luz que se propaga en el medio transparente pasa a ser de ese color?

Dato: $c = 3 \cdot 10^8$ m/s. (1,3 puntos)

Opción 4

1 Enuncia y comenta la ley de la inducción electromagnética (ley de Faraday), ayudándote con la descripción de algún experimento sencillo. Comenta sus aplicaciones prácticas. (1,2 puntos)

2 Sea una partícula de masa 1 g, cargada positivamente y que se mueve en el seno de un campo eléctrico uniforme $E = 1 \cdot 10^4$ N/C cuyas líneas de campo son perpendiculares al suelo. Inicialmente la partícula está en reposo y a una altura de 5 metros del suelo. Si se la deja libre, la partícula toca el suelo con la velocidad de 20 m/s. Determina el sentido de las líneas del campo eléctrico y la carga de la partícula.

Dato: toma $g = 10$ m/s^2. (1,3 puntos)

Opción 5

1 Describe el *efecto fotoeléctrico* comentando las magnitudes físicas involucradas. (1,2 puntos)

2 Sabiendo que el oxígeno-16 tiene 8 protones en su núcleo y su masa atómica es 15,9949 u, calcula:

a) Su defecto de masa.

b) La energía de enlace en julios.

c) La energía de enlace por nucleón también en julios.

Datos: masa del protón: 1,0073 u; masa del neutrón: 1,0087 u; $1\ u = 1{,}6606 \cdot 10^{-27}$ kg; $c = 3 \cdot 10^8$ m/s. (1,3 puntos)

Opción 6

Un estudiante dispone de un muelle y de cuatro masas (M), las cuales suspende sucesivamente del primero y realiza experimentos de pequeñas oscilaciones, midiendo en cada caso el período de oscilación (T). El estudiante representa los resultados experimentales según se muestra en la figura:

a) Determina la constante elástica del muelle. (1 punto)

b) Justifica físicamente el comportamiento observado. (1,5 puntos)

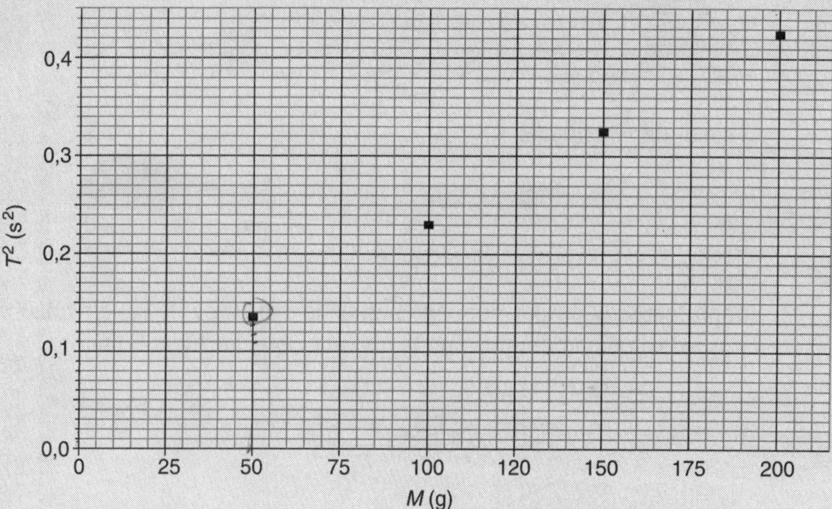

Asturias. Junio, 2006.

SOLUCIÓN DE LA PRUEBA

Opción 1

1 Esta cuestión pertenece al tema de campo gravitatorio.

La velocidad mínima con la que hay que lanzar un cuerpo sometido a la acción de un campo gravitatorio para que escape a la acción de dicho campo se denomina velocidad de escape.

En la superficie del planeta, el cuerpo tiene energía potencial. Para que pueda escapar, es necesario comunicarle una energía cinética suficiente para que la energía mecánica en la superficie del planeta sea igual a la energía mecánica en el infinito:

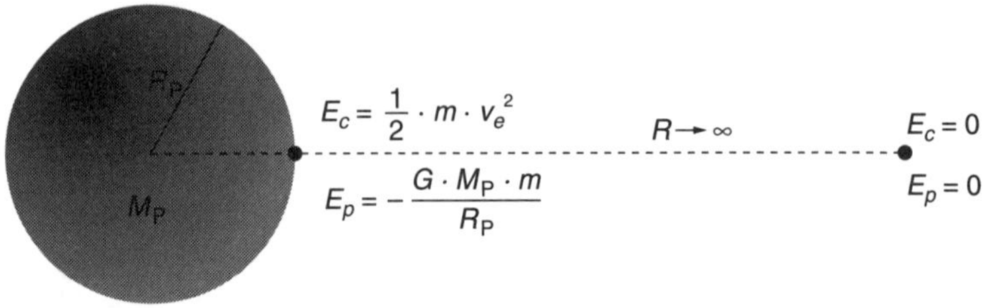

$$(E_{mec})_{sup} = (E_{mec})_{\infty} \rightarrow (E_p + E_c)_{sup} = (E_p + E_c)_{\infty} = 0$$

Al sustituir, se obtiene:

$$-\frac{G \cdot M_P \cdot m}{R_P} + \frac{1}{2} \cdot m \cdot v_e^2 = 0$$

Simplificando y despejando, obtenemos la expresión de la velocidad de escape o velocidad mínima con la que tiene que lanzarse el cuerpo:

$$v_e = \sqrt{\frac{2 \cdot G \cdot M_P}{R_P}}$$

2 Esta cuestión pertenece al tema de campo gravitatorio.

En la órbita circular, la Tierra está sometida a una fuerza centrípeta originada por la atracción gravitatoria Sol-Tierra, como se muestra en la figura.

Por tanto, de acuerdo con la segunda ley de Newton:

$$|F_g| = |F_c|$$

Esto es:

$$\frac{G \cdot M_S \cdot m_T}{R^2} = \frac{m_T \cdot v^2}{R}$$

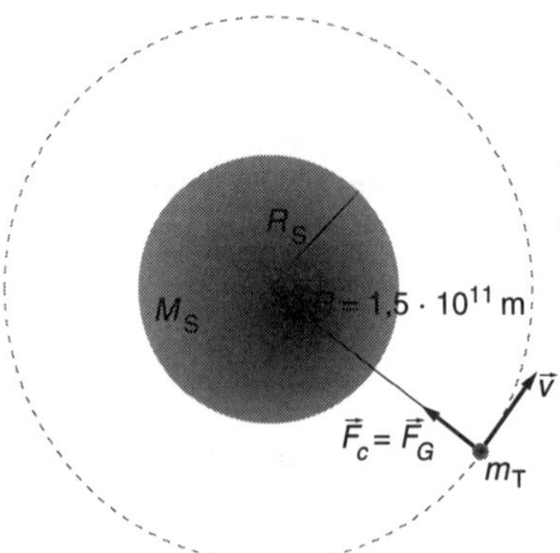

Despejando la masa del Sol en la expresión anterior, se obtiene:

$$M_s = \frac{R \cdot v^2}{G} \qquad [1]$$

Como no se conoce el valor de la constante de gravitación universal, G, lo calculamos a partir de g_0:

$$g_0 = \frac{G \cdot m_T}{R_T^2} \quad \rightarrow \quad G = \frac{g_0 \cdot R_T^2}{m_T} = \frac{9{,}8 \cdot (6{,}37 \cdot 10^6)^2}{5{,}98 \cdot 10^{24}} =$$

$$= 6{,}65 \cdot 10^{-11}\ \text{N} \cdot \text{m}^2 \cdot \text{kg}^{-2}$$

Como no se conoce la velocidad, se calcula a partir de la expresión del período, que es el tiempo que tarda la Tierra en recorrer la órbita circular:

$$T = \frac{2 \cdot \pi \cdot R}{v} \quad \rightarrow \quad v = \frac{2 \cdot \pi \cdot R}{T} = \frac{2 \cdot \pi \cdot 1{,}5 \cdot 10^{11}}{3{,}15 \cdot 10^7} = 29\,919{,}93\ \text{m/s}$$

Sustituyendo estos datos en la expresión [1], hallamos el valor de la masa del Sol:

$$M_S = \frac{R \cdot v^2}{G} = \frac{1{,}5 \cdot 10^{11} \cdot (29\,919{,}93)^2}{6{,}65 \cdot 10^{-11}} = 2{,}02 \cdot 10^{30}\ \text{kg}$$

Opción 2

1 Esta cuestión pertenece al tema de movimiento ondulatorio.

Las ondas estacionarias se originan cuando en un medio elástico interfieren dos ondas armónicas de la misma frecuencia, amplitud, velocidad y naturaleza, que se propagan en la misma dirección y en sentidos opuestos.

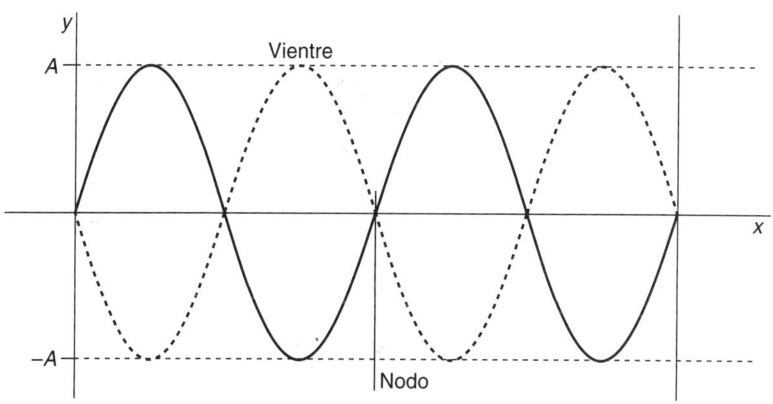

Estas ondas reciben el nombre de estacionarias porque el perfil de la onda no se desplaza, debido a que existen unos puntos fijos, o nodos, para los cuales la amplitud es cero, y otros, llamados vientres, para los cuales es máxima.

Algunos ejemplos de estas ondas son las que se generan en los instrumentos de cuerda, en los tubos sonoros y en una flauta.

Consulta tu libro de texto o tus apuntes para ampliar la respuesta.

2 Esta cuestión pertenece al tema de movimiento ondulatorio.

a) El signo positivo en la expresión $sen\ (62{,}8 \cdot x + 314 \cdot t)$ indica que la onda se propaga en sentido negativo del eje *OX* (el valor de la velocidad lo calcularemos en el siguiente apartado).

b) Para calcular la longitud de onda y la frecuencia, comparamos la ecuación de la onda del enunciado con la expresión de la ecuación general de una onda armónica transversal:

$$y\ (x, t) = A \cdot sen\ (k \cdot x + \omega \cdot t) \quad ; \quad y\ (x, t) = sen\ (62{,}8 \cdot x + 314 \cdot t)$$

Por tanto:

$$A = 1 \text{ m}$$

$$k = 62{,}8 = \frac{2 \cdot \pi}{\lambda} \quad \rightarrow \quad \lambda = \frac{2 \cdot \pi}{62{,}8} = 0{,}1 \text{ m}$$

$$\omega = 314 = 2 \cdot \pi \cdot f \quad \rightarrow \quad f = \frac{314}{2\,\pi} = 49{,}97 \text{ s}^{-1}$$

$$v = \lambda \cdot f = 0{,}1 \cdot 49{,}97 = 4{,}997 \text{ m/s} \simeq 5 \text{ m/s}$$

El desplazamiento será máximo cuando $sen\ (62{,}8 \cdot x + 314 \cdot t) = +1$. En ese caso:

$$y_{máx} = 1 \text{ m}$$

Opción 3

1 Esta cuestión pertenece al tema de óptica geométrica.

La miopía puede corregirse empleando una lente divergente, que refracta los rayos y los aleja del eje principal, lo que permite que el cristalino los enfoque en la retina, ya que una persona que tiene miopía puede enfocar los objetos cercanos pero no ve claramente los lejanos. Esto se debe a que las superficies refringentes del ojo son demasiado convergentes o a que es excesiva la longitud del globo ocular, por lo que las imágenes, cuando el ojo está relajado, no se forman sobre la retina sino delante de ella.

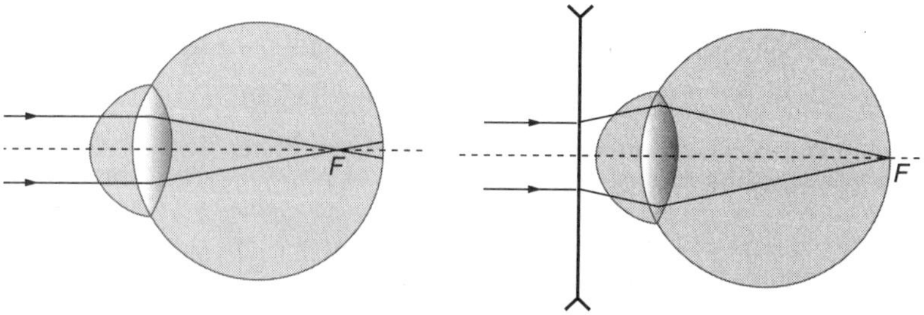

2 Esta cuestión pertenece al tema de óptica geométrica.

a) Se denomina índice de refracción absoluto de un medio material a la relación entre la velocidad de la luz en el vacío y la velocidad en dicho medio, v:

$$n = \frac{c}{v}$$

La velocidad de la luz roja en el vacío es:

$$c = \lambda_0 \cdot f$$

donde λ_0 es la longitud de onda de la radiación luminosa en el vacío y f es la frecuencia de la luz roja.

La velocidad de la luz roja en un medio transparente es:

$$v = \lambda \cdot f$$

donde λ es la longitud de onda de la radiación en el medio transparente y f es la frecuencia de la luz roja.

Por tanto, el índice de refracción del medio es:

$$n = \frac{c}{v} = \frac{\lambda_0 \cdot f}{\lambda \cdot f} = \frac{\lambda_0}{\lambda} = \frac{650 \cdot 10^{-9}}{500 \cdot 10^{-9}} = 1{,}3$$

b) Cuando una luz pasa de un medio material a otro varía su velocidad y, por tanto, su longitud de onda, pero su frecuencia se mantiene constante.

El color de la luz depende de su frecuencia, pero como esta se mantiene constante, la luz no cambiará su color cuando se propague en otro medio material.

Opción 4

1 **Esta cuestión pertenece al tema de electromagnetismo e inducción electromagnética.**

La inducción electromagnética se funda en dos principios fundamentales:

1. Toda variación de flujo que atraviesa un circuito cerrado produce en este una corriente inducida.

2. La corriente inducida es una corriente instantánea, pues solo existe mientras dura la variación de flujo.

La ley de Faraday-Lenz nos permite calcular el valor de la corriente inducida. Según ella, la corriente inducida es producida por una f.e.m. inducida que es directamente proporcional a la rapidez con que varía el flujo y al número de espiras del inducido.

La expresión de la f.e.m. instantánea es:

$$\varepsilon = -N \cdot \frac{d\Phi}{dt} = -N \cdot \frac{d\,[B \cdot S \cdot cos\,(\omega \cdot t)]}{dt}$$

El signo negativo viene dado por la ley de Lenz, según la cual, la corriente se induce en un sentido tal, que los efectos que genera tienden a oponerse al cambio de flujo que la origina.

Una de las principales aplicaciones de la inducción electromagnética es la obtención de corriente eléctrica.

Un generador de corriente alterna básico consta de una espira que gira en un campo magnético uniforme. A medida que la espira gira, el flujo magnético a través de ella cambia con el tiempo, induciéndose una f.e.m.:

$$\varepsilon = -\frac{d\Phi}{dt}$$

Si la espira gira con una velocidad angular, ω, constante, y α es el ángulo que forma el campo magnético, $\vec{B}$, con el vector superficie, $\vec{S}$, el flujo magnético, Φ, vale:

$$\Phi = B \cdot S \cdot cos\,\alpha = B \cdot S \cdot cos\,(\omega \cdot t)$$

Y, según la ley de Faraday-Lenz, la f.e.m. inducida en la espira será:

$$\varepsilon = -\frac{d\Phi}{dt} = B \cdot S \cdot sen\,(\omega \cdot t)$$

Consulta tu libro de texto o tus apuntes para completar la respuesta.

2 Esta cuestión pertenece al tema de campo eléctrico.

Como sobre la partícula cargada solamente actúan fuerzas conservativas (el peso y la fuerza eléctrica), podemos aplicar el principio de conservación de la energía mecánica: $\Delta E_c + \Delta E_p = 0$.

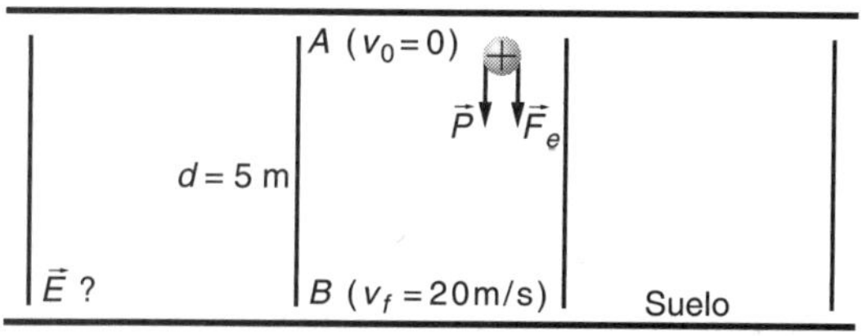

La disminución de la energía potencial debe ser igual al aumento de la energía cinética:

$$\Delta E_c = -\Delta E_p \qquad [1]$$

La variación de la energía potencial es igual a la suma de la variación de la energía potencial gravitatoria:

$$\Delta E_{pg} = m \cdot g \cdot \Delta h$$

y la variación de la energía potencial eléctrica, que, en un campo eléctrico uniforme, viene dada por la siguiente expresión:

$$\Delta E_{pe} = q \cdot \Delta V$$

En ella, ΔV es la diferencia de potencial que ha experimentado la partícula en el desplazamiento indicado, y su valor se obtiene a partir de la expresión:

$$\Delta V = V_B - V_A = -E \cdot d$$

El potencial de la partícula disminuye al desplazarse del punto *A* hasta *B*. Esta disminución viene determinada por el signo menos del resultado. Sustituyendo datos se obtiene:

$$\Delta V = V_B - V_A = -10^4 \cdot 5 = -5 \cdot 10^4 \text{ V}$$

Por tanto, la variación de la energía potencial vale:

$$\Delta E_p = \Delta E_{pg} + \Delta E_{pe} = m \cdot g \cdot \Delta h + q \cdot \Delta V$$

$$\Delta E_p = 10^{-3} \cdot 10 \cdot (-5) + q \cdot (-5 \cdot 10^4) = -5 \cdot 10^{-2} - 5 \cdot 10^4 \cdot q \text{ J}$$

Como el resultado es negativo, la partícula positiva se mueve en el sentido del campo, siendo acelerada por este, disminuyendo su energía potencial para aumentar la energía cinética de forma que se conserve la energía mecánica.

Sustituyendo valores en la expresión [1] y despejando, obtenemos el valor de la carga de la partícula:

$$\frac{1}{2} \cdot m \cdot \Delta v^2 = 5 \cdot 10^{-2} + 5 \cdot 10^4 \cdot q \quad \rightarrow$$

$$\rightarrow \frac{1}{2} \cdot 10^{-3} \cdot 20^2 = 5 \cdot 10^{-2} + 5 \cdot 10^4 \cdot q$$

$$q = \frac{0{,}2 - 5 \cdot 10^{-2}}{5 \cdot 10^{+4}} = 3 \cdot 10^{-6}\ \text{C}$$

Como la carga es positiva, la dirección y el sentido de $\vec{E}$ coinciden con la dirección y el sentido de la fuerza eléctrica.

Por tanto, el campo eléctrico tiene dirección vertical y su sentido es el del semieje *Y* negativo, como se muestra en la figura:

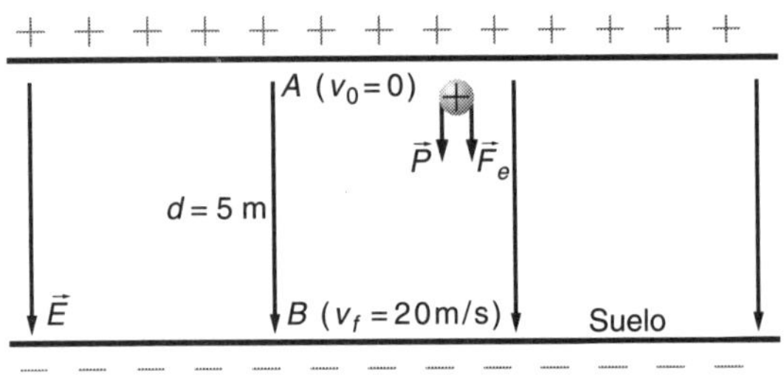

Opción 5

1 Esta cuestión pertenece al tema de física cuántica.

La ecuación de Einstein del efecto fotoeléctrico es:

$$E_{fotón} = W_{ext} + E_c$$

En esta expresión, $E_{fotón}$ es la energía del fotón incidente:

$$E_{fotón} = h \cdot f$$

donde *h* es la constante de Planck, y *f*, la frecuencia de la luz.

El trabajo de extracción o energía necesaria para arrancar un electrón a un metal determinado es:

$$W_{ext} = h \cdot f_0$$

donde f_0 es la frecuencia umbral, o frecuencia mínima, necesaria para arrancar el electrón.

Si la energía del fotón es mayor que el trabajo de extracción, el electrón escapa del metal con una determinada velocidad, con una energía cinética determinada:

$$E_{fotón} > W_{ext} \quad \rightarrow \quad E_c = E_{fotón} - W_{ext} = h \cdot f - h \cdot f_0 = h \cdot (f - f_0)$$

Consulta tu libro de texto o apuntes para completar la respuesta.

2 Esta cuestión pertenece al tema de física atómica y nuclear.

a) La masa de un núcleo es siempre inferior a la suma de las masas de los protones y neutrones que lo forman. Esta diferencia se denomina defecto de masa y se calcula mediante la expresión:

$$\Delta m = Z \cdot m_p + (A - Z) \cdot m_n - M$$

Siendo m_p, la masa del protón; m_n, la masa del neutrón, y M, la masa del núcleo.

Sustituyendo valores en la expresión anterior, obtenemos:

$$\Delta m = 8 \cdot 1{,}0073 + (16 - 8) \cdot 1{,}0087 - 15{,}9949$$

$$\Delta m = 8{,}0584 + 8{,}0696 - 15{,}9949 = 0{,}1331 \text{ u}$$

b) La energía equivalente a este defecto de masa o energía de enlace se calcula mediante la ecuación de Einstein:

$$E = \Delta m \cdot c^2 \qquad [1]$$

donde Δm es el defecto de masa, y c, la velocidad de la luz en el vacío.

Para expresar la energía de enlace en julios, hemos de expresar el defecto de masa en kilogramos:

$$\Delta m = 0{,}1331 \text{ u} \cdot \frac{1{,}6606 \cdot 10^{-27} \text{ kg}}{1 \text{ u}} = 2{,}21 \cdot 10^{-28} \text{ kg}$$

Sustituyendo valores en la ecuación [1], obtenemos:

$$E = 2{,}21 \cdot 10^{-28} \cdot (3 \cdot 10^8)^2 = 1{,}99 \cdot 10^{-11} \text{ J}$$

c) Como el oxígeno está formado por 16 nucleones, la energía de enlace por nucleón es:

$$E_{nucleón} = \frac{E}{N^o\ nucleones} = \frac{1{,}99 \cdot 10^{-11} \text{ J}}{16 \text{ nucleones}} = 1{,}24 \cdot 10^{-12} \text{ J/nucleón}$$

Opción 6

1 Esta cuestión pertenece al tema de movimiento armónico simple.

a) El período de las oscilaciones de una masa, M, que pende de un muelle vertical de constante elástica, k, viene dado por:

$$T = 2 \cdot \pi \cdot \sqrt{\frac{M}{k}}$$

donde no se tiene en cuenta la fricción con el aire ni la masa del muelle.

Elevando al cuadrado la expresión anterior, obtenemos:

$$T^2 = \frac{4 \cdot \pi^2 \cdot M}{k}$$

De la gráfica T^2 frente a M se puede determinar, a través de la pendiente, la constante elástica del muelle:

$$pendiente = \frac{4 \cdot \pi^2}{k} \quad \rightarrow \quad k = \frac{4 \cdot \pi^2}{pendiente}$$

$$pendiente = \frac{ordenada}{abscisa} = \frac{0{,}325 - 0{,}23}{(150 - 100) \cdot 10^{-3}} = 1{,}9 \rightarrow k = 20{,}78 \text{ N/m}$$

b) Al representar gráficamente T^2 frente a M, se obtiene una recta, puesto que $4 \cdot \pi^2/k$ es una constante (recuerda que k es la constante elástica del muelle, que es un valor característico de cada resorte que en el S. I. se expresa en N/m).

4

BALEARES

PRUEBA DE SELECTIVIDAD

ACLARACIONES PREVIAS

Escoge una de las dos opciones.

Tiempo: 1 hora y 30 minutos.

Cada cuestión vale 1 punto, y cada problema, 3 puntos (1 punto por apartado).

Se penalizará con 0,25 puntos:

1) No usar el símbolo de vector donde corresponda (una vez por cuestión o problema).

2) Usar el símbolo de vector para una magnitud escalar (una vez por cuestión o problema).

3) No poner unidades o ponerlas mal, cuando corresponda, en los resultados finales (tantas veces como resultados pedidos).

Opción A

Q1 ¿Qué es la intensidad de un movimiento ondulatorio y cómo depende de la amplitud?

Q2 Considera dos puntos separados por una distancia de 2 m que se encuentran en una región donde hay un campo eléctrico uniforme de intensidad $|\vec{E}| = 10$ N/C en la dirección de la recta que une los dos puntos. ¿Cuál es la diferencia de potencial entre estos dos puntos?

Q3 Una corriente eléctrica que circula por un hilo crea un campo magnético. ¿En qué condiciones un campo magnético crea una corriente eléctrica en un hilo que lo atraviesa? Razona la respuesta.

Q4 ¿Dónde se puede colocar el objeto respecto a una lente convergente de distancia focal *f* para que esta forme una imagen real?

P1 Considera un satélite artificial que orbita la Tierra con un período de 1 día.

a) Determina el radio de la órbita considerando que esta es circular.

b) Si la masa del satélite es *m*, ¿cuál es la fuerza de atracción de la Tierra sobre el satélite?

c) Describe la órbita dando su posición relativa al eje de rotación de la Tierra y el sentido con que la recorre el satélite, para que se trate de un satélite geoestacionario, es decir, en reposo respecto a la superficie terrestre.

Aceleración de la gravedad: $g = 9{,}81\ m/s^2$; radio de la Tierra: $R_T = 6\,370$ km.

P2 Considera una muestra de 80 g de ^{60}Co, que tiene una constante de desintegración de $2 \cdot 10^{-6}\ s^{-1}$.

a) Determina el período de semidesintegración de este núclido.

b) Determina el tiempo que ha de transcurrir para que esta muestra quede reducida a 60 g.

c) Determina la actividad inicial de la muestra.

Datos: $N_A = 6{,}023 \cdot 10^{23}$; $m_{Co} = 59{,}93$ u.

Opción B

Q1 ¿Qué es la velocidad de escape? ¿Varía esta según sea su dirección? Razona la respuesta.

Q2 Una partícula cargada entra en una región donde hay un campo eléctrico uniforme y perpendicular a la trayectoria inicial de la partícula. Describe la trayectoria que seguirá la partícula dentro del campo eléctrico y cómo va cambiando su energía.

Q3 ¿De qué tipo son las ondas sonoras? ¿Se puede transmitir el sonido dentro del agua? Razona las respuestas.

Q4 ¿Qué entendemos por actividad radiactiva de una muestra? ¿Con qué unidades se mide?

P1 Una partícula de masa 5 g y carga –2 μC se deja libre y en reposo a 0,5 m de dos cargas fijas de 5 μC separadas 0,6 m. Suponiendo que solo intervienen las fuerzas eléctricas, determina:

a) El campo eléctrico en el punto en que hemos dejado la partícula.

b) El potencial en este punto.

c) La velocidad que tendrá la partícula cuando llegue al punto medio de las dos cargas.

P2 Queremos utilizar una lente convergente como lupa con una distancia focal $f = 10$ cm para observar una flor de unos 2 cm. Encuentra la posición, naturaleza (real o virtual) y el tamaño de la imagen si:

a) La flor está a 6 cm de la lente.

b) La flor está a 12 cm de la lente.

c) Razona a qué distancia de la lente deberíamos poner la flor para tener la visión más adecuada. ¿Cuál es entonces el aumento angular?

Baleares. Junio, 2006.

SOLUCIÓN DE LA PRUEBA

Opción A

Q1 Esta cuestión pertenece al tema de movimiento ondulatorio.

Se llama intensidad de un movimiento ondulatorio en un punto a la cantidad de energía que atraviesa perpendicularmente la unidad de superficie colocada en dicho punto en la unidad de tiempo:

$$I = \frac{E}{S \cdot t} = \frac{P}{S} \qquad [1]$$

Su unidad es el W/m^2.

La onda transmite la energía de un oscilador armónico. Si tenemos una partícula de masa m oscilando, su energía mecánica viene dada por la expresión:

$$E_0 = \frac{1}{2} \cdot k \cdot A^2$$

Como $k = m \cdot \omega^2$ y $\omega = \dfrac{2 \cdot \pi}{T} = 2 \cdot \pi \cdot f$, resulta:

$$E_0 = \frac{1}{2} \cdot m \cdot \omega^2 \cdot A^2 = \frac{1}{2} \cdot m \cdot 4 \cdot \pi^2 \cdot f^2 \cdot A^2 = 2 \cdot m \cdot \pi^2 \cdot f^2 \cdot A^2$$

Al cabo de cierto tiempo, el movimiento ondulatorio habrá alcanzado a todas las partículas que estén a una distancia $r_1 = v \cdot t_1$. Como ahora hay más partículas vibrando y la energía a repartir es la misma que la que tenía la masa *m,* tendrán que vibrar con una amplitud menor (recuerda que la frecuencia no cambia nunca):

$$E_0 = E_1 \quad ; \quad E_0 = 2 \cdot m_1 \cdot \pi^2 \cdot f^2 \cdot A_1^2$$

La masa de las partículas alcanzadas por el frente de ondas de radio r_1 se calcula suponiendo que tiene un espesor *dr:*

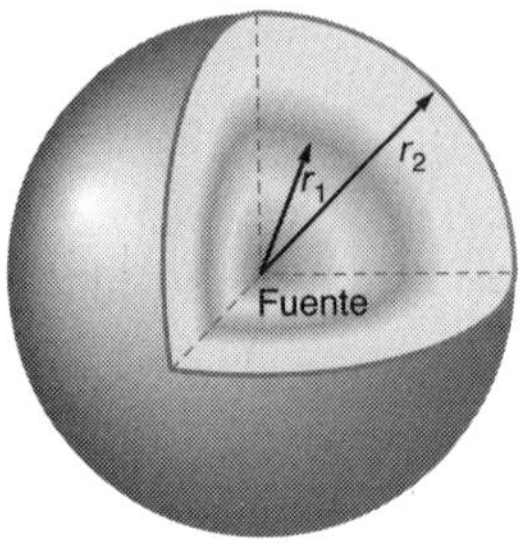

$$m_1 = V_1 \cdot \rho = S_1 \cdot dr \cdot \rho = \\ = 4 \cdot \pi \cdot r_1^2 \cdot dr \cdot \rho$$

Sustituyendo en [1]:

$$I_1 = \frac{E_1}{S_1 \cdot t} = \frac{2 \cdot m_1 \cdot \pi^2 \cdot f^2 \cdot A_1^2}{S_1 \cdot t} = \frac{2 \cdot 4 \cdot \pi \cdot r_1^2 \cdot dr \cdot \rho \cdot \pi^2 \cdot f^2 \cdot A_1^2}{4 \cdot \pi \cdot r_1^2 \cdot t} =$$

$$= \frac{2 \cdot \rho \cdot \pi^2 \cdot f^2 \cdot A_1^2 \cdot dr}{t}$$

La intensidad de la onda depende del cuadrado de la amplitud.

Cuando el movimiento alcance a las partículas situadas a $r_2 = v \cdot t_2$, serán estas las que tendrán que repartirse la energía:

$$E_0 = E_1 = E_2 \; ; \; E_2 = 2 \cdot m_2 \cdot \pi^2 \cdot f^2 \cdot A_2^2 = 2 \cdot 4 \cdot \pi \cdot r_2^2 \cdot dr \cdot \rho \cdot \pi^2 \cdot f^2 \cdot A_2^2$$

La intensidad en uno de estos puntos a distancia r_2 será:

$$I_2 = \frac{2 \cdot 4 \cdot \pi \cdot r_2^2 \cdot dr \cdot \rho \cdot \pi^2 \cdot f^2 \cdot A_2^2}{4 \cdot \pi \cdot r_2^2 \cdot t} = \frac{2 \cdot \rho \cdot \pi^2 \cdot f^2 \cdot A_2^2 \cdot dr}{t}$$

Y la relación entre ambas intensidades:

$$\frac{I_1}{I_2} = \frac{A_1^2}{A_2^2}$$

Q2 Esta cuestión pertenece al tema de campo eléctrico.

La diferencia de potencial entre dos puntos *A* y *B*, $\Delta V = V_A - V_B$, y el campo eléctrico, $\vec{E}$, están relacionados mediante la expresión:

$$\Delta V = V_A - V_B = \int_A^B \vec{E} \cdot d\vec{r}$$

Cuando el campo eléctrico $\vec{E}$ es uniforme, la relación es:

$$\Delta V = |\vec{E}| \cdot d$$

siendo *d* la distancia entre los puntos según la dirección del campo:

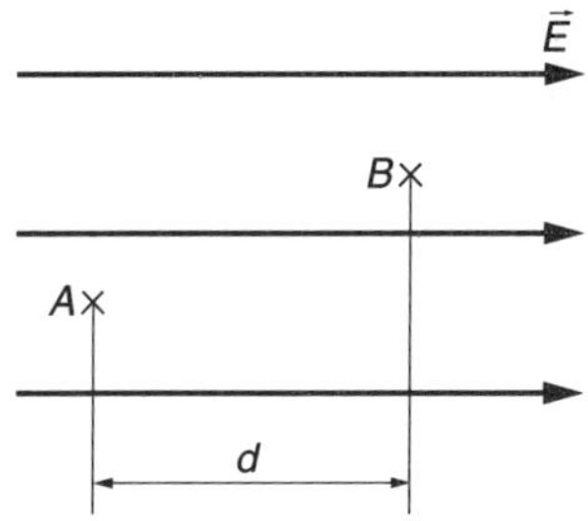

En el caso planteado por la cuestión, la diferencia de potencial entre los dos puntos será:

$$\Delta V = 10 \ \frac{\text{N}}{\text{C}} \cdot 2 \text{ m} = 20 \frac{\text{J}}{\text{C}} = 20 \text{ V}$$

Q3 Esta cuestión pertenece al tema de campo electromagnético.

En 1831, J. Henry descubrió que si un conductor de longitud *l* se mueve perpendicularmente a un campo magnético se origina una diferencia de potencial en los extremos del conductor; esa diferencia de potencial produce una corriente si el conductor forma parte de un circuito eléctrico.

Imaginemos un campo magnético uniforme $\vec{B}$ perpendicular al papel hacia dentro y un hilo conductor que se mueve con velocidad $\vec{v}$ en su seno. Los electrones del conductor quedan sometidos a una fuerza llamada fuerza de Lorentz:

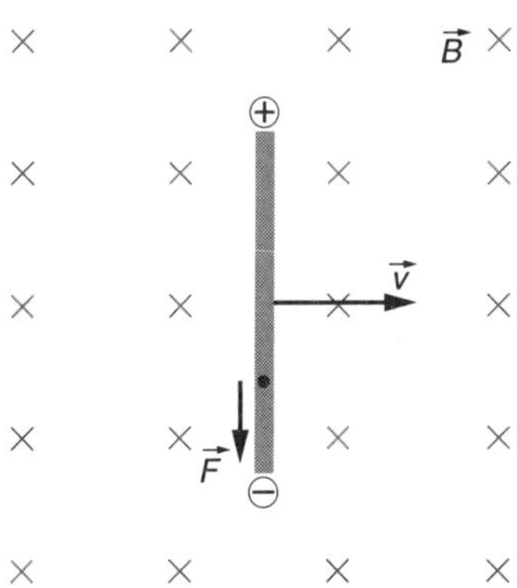

$$\vec{F} = q \cdot \vec{v} \times \vec{B}$$

Los electrones experimentan, una fuerza hacia abajo que los hace moverse hacia ese extremo del hilo, que quedará cargado negativamente, mientras el otro extremo queda cargado positivamente (defecto de electrones).

Si el hilo se moviera en la dirección del campo, la fuerza creada sobre los electrones sería perpendicular al hilo y no produciría desplazamiento de cargas hacia los extremos del hilo.

Q4 Esta cuestión pertenece al tema de óptica geométrica.

En cualquier punto más allá del foco. En el foco no se produciría imagen, y si el objeto se coloca entre el foco y la lente, esta actúa como una lupa produciendo una imagen virtual.

Repasa las construcciones geométricas correspondientes a cada caso en tu libro de texto.

P1 Este problema pertenece al tema de campo gravitatorio.

a) La fuerza gravitatoria actúa sobre el satélite como una fuerza normal, comunicándole una aceleración normal o centrípeta:

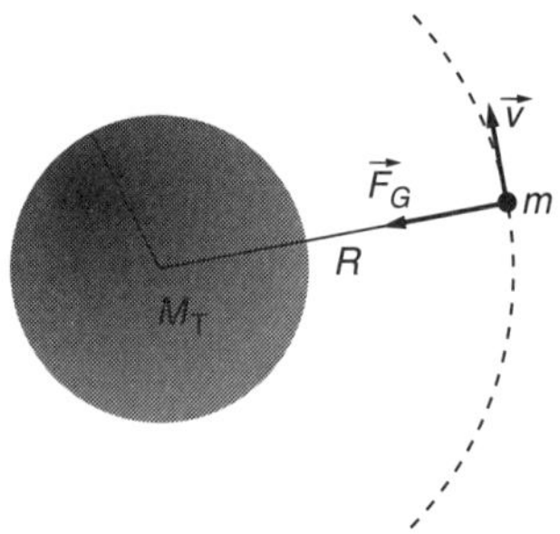

$$F_G = F_n$$

$$F_n = m \cdot a_n$$

$$\frac{G \cdot M_T \cdot m}{R^2} = m \cdot \frac{v^2}{R}$$

$$v^2 = \frac{G \cdot M_T}{R} \qquad [1]$$

Por otra parte, la velocidad es también igual a la longitud de una vuelta partida por el período o tiempo que tarda el satélite en recorrerla:

$$v = \frac{2 \cdot \pi \cdot R}{T} \quad \rightarrow \quad v^2 = \frac{4 \cdot \pi^2 \cdot R^2}{T^2} \qquad [2]$$

Igualando [1] y [2] y despejando *R:*

$$\frac{G \cdot M_T}{R} = \frac{4 \cdot \pi^2 \cdot R^2}{T^2} \quad \rightarrow \quad \frac{G \cdot M_T \cdot T^2}{4 \cdot \pi^2} = R^3$$

$$R = \sqrt[3]{\frac{G \cdot M_T \cdot T^2}{4 \cdot \pi^2}}$$

Ya que el problema no proporciona los datos de M_T y sí los de R_T y g, se puede calcular el valor del producto $G \cdot M_T$:

$$g = \frac{G \cdot M_T}{R_T^2} \quad \rightarrow \quad G \cdot M_T = g \cdot R_T^2 \qquad [3]$$

Y sustituirlo en la fórmula para calcular *R:*

$$R = \sqrt[3]{\frac{g \cdot R_T^2 \cdot T^2}{4 \cdot \pi^2}} = \sqrt[3]{\frac{9{,}81 \cdot (6\,370 \cdot 10^3)^2 \cdot 86\,400^2}{4 \cdot \pi^2}} = 42\,222 \text{ km}$$

b) La fuerza sobre el satélite se puede calcular como la fuerza con la que la Tierra lo atrae:

$$F_G = \frac{G \cdot M_T \cdot m}{R^2}$$

Teniendo en cuenta la expresión [3] y sustituyendo valores:

$$F_G = \frac{g \cdot R_T^2}{R^2} \cdot m = \frac{9{,}81 \cdot (6\,370 \cdot 10^3)^2}{(42\,222 \cdot 10^3)^2} \cdot m = 0{,}22 \cdot m$$

Por tanto, 0,22 es la aceleración de la gravedad a 42 222 km de la Tierra, donde se encuentra el satélite.

c) El satélite ha de tener su órbita sobre el Ecuador y girar en el mismo sentido que la Tierra para estar siempre sobre el mismo punto de esta (geoestacionario):

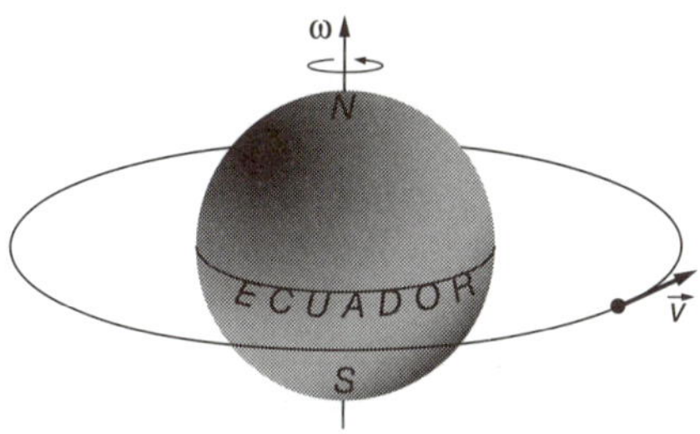

Si girara en cualquier otra órbita (todas tienen por centro el centro de la Tierra), solo pasaría sobre cada punto de la Tierra una vez al día:

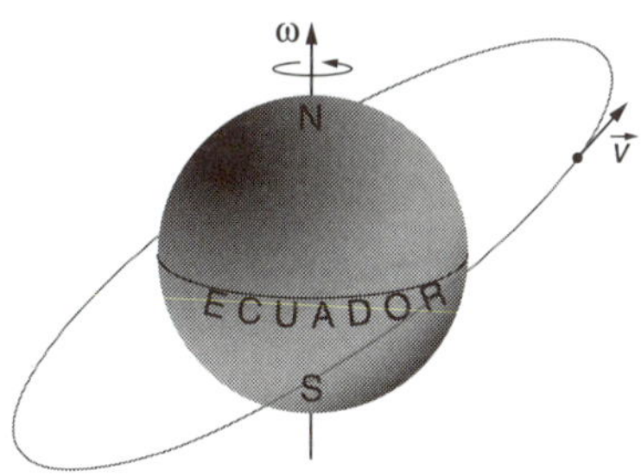

P2 Este problema pertenece al tema de física nuclear.

a) La relación entre la constante de desintegración, λ, y el período de desintegración, $T_{1/2}$, es:

$$\lambda = \frac{ln\ 2}{T_{1/2}}$$

Despejando y sustituyendo:

$$T_{1/2} = \frac{0,693}{2 \cdot 10^{-6}} = 3,465 \cdot 10^5 \text{ s}$$

b) La ecuación de la desintegración radiactiva es:

$$N = N_0 \cdot e^{-\lambda \cdot t}$$

Para expresar el número de átomos de una muestra en fución de su masa se divide la masa por la masa atómica, lo que nos da el número de moles de átomos, y se multiplica por el número de Avogadro, N_A:

$$\frac{m}{M} \cdot N_A = \frac{m_0}{M} \cdot N_A \cdot e^{-\lambda \cdot t}$$

Así que la ecuación de desintegración también se puede escribir:

$$m = m_0 \cdot e^{-\lambda \cdot t}$$

Sustituyendo valores:

$$60 = 80 \cdot e^{-2 \cdot 10^{-6} \cdot t} \quad \rightarrow \quad 0,75 = e^{-2 \cdot 10^{-6} \cdot t}$$

Tomando logaritmos neperianos:

$$ln\, 0,75 = -2 \cdot 10^{-6} \cdot t$$

Y despejando *t:*

$$t = \frac{-0,288}{-2 \cdot 10^{-6}} = 1,44 \cdot 10^5 \text{ s}$$

c) La actividad de una muestra radiactiva es:

$$A = \lambda \cdot N = \lambda \cdot \frac{m}{M} \cdot N_A$$

La actividad inicial de la muestra será:

$$A = 2 \cdot 10^{-6} \cdot \frac{80}{59,93} \cdot 6,023 \cdot 10^{23} = 1,6 \cdot 10^{18} \text{ desintegraciones/s}$$

Opción B

Q1 Esta cuestión pertenece al tema de campo gravitatorio.

La velocidad de escape es la velocidad que hay que comunicar a un cuerpo para que pueda alejarse y salir de la influencia gravitatoria del planeta.

En la superficie del planeta, el objeto tiene energía potencial. Para que escape, hay que transmitirle una energía cinética suficiente para que la energía mecánica en la superficie del planeta sea igual a la energía mecánica en el infinito:

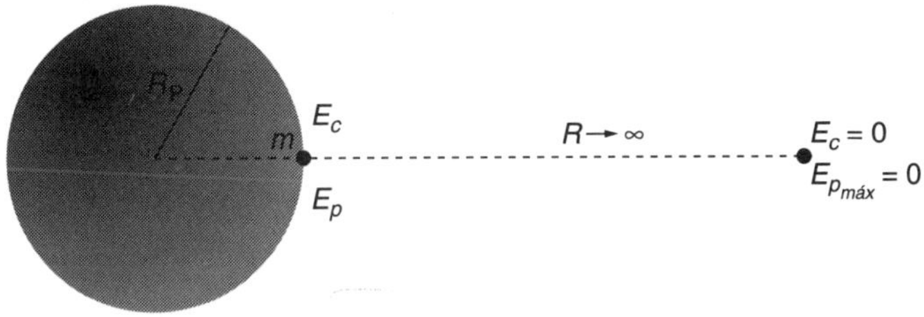

Lo que se corresponde con la siguiente expresión:

$$(E_c + E_p)_{sup} = (E_c + E_p)_{\infty}$$

Por tanto, la velocidad de escape será:

$$\frac{1}{2} \cdot m \cdot v_e^{\,2} + -\left(\frac{G \cdot M_{\text{P}} \cdot m}{R_{\text{P}}}\right) = 0 \quad \rightarrow \quad v_e = \sqrt{\frac{2 \cdot G \cdot M_{\text{P}}}{R_{\text{P}}}}$$

La velocidad de escape solamente depende de la masa y del radio del planeta del que queremos escapar, como puede observarse en la expresión anterior. No varía con la dirección, ya que el campo gravitatorio es conservativo y, por tanto, la energía o trabajo para llevar un cuerpo fuera del campo es independiente del camino.

Q2 Esta cuestión pertenece al tema de campo eléctrico.

Para resolver esta cuestión, suponemos que el campo eléctrico uniforme se encuentra a lo largo del eje *OY*, sentido negativo, y la partícula cargada que entra en esa región se desplaza con una velocidad constante a lo largo del eje *OX*, sentido positivo:

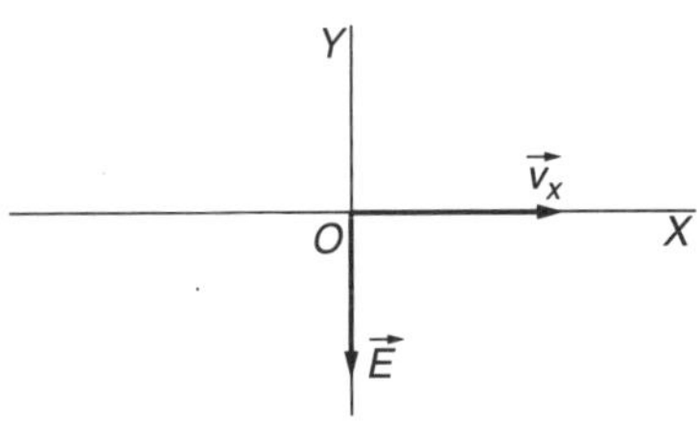

El campo eléctrico ejerce una fuerza sobre la partícula cargada que penetra en esa región del espacio:

$$\vec{F} = q \cdot \vec{E}$$

La dirección de la fuerza coincide con la del campo eléctrico y su sentido dependerá del signo de la partícula cargada.

Si la partícula cargada es positiva, el sentido de la fuerza que experimenta es igual que el sentido del campo. Si la partícula cargada es negativa, el sentido de la fuerza es contrario al sentido del campo.

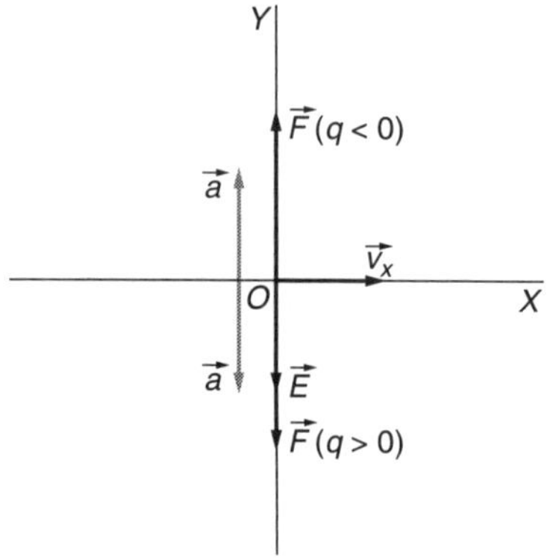

Esa fuerza comunica a la partícula cargada una aceleración a lo largo del eje *OY*:

$$\vec{F} = q \cdot \vec{E} = m \cdot \vec{a}$$

$$\vec{a} = \frac{q \cdot \vec{E}}{m} \quad ; \quad a = \frac{q \cdot E}{m}$$

La partícula estará sometida, por tanto, a dos movimientos, uno a lo largo del eje *OX* (rectilíneo uniforme, pues v es constante) y otro a lo largo del eje *OY* (uniformemente variado).

Las coordenadas de la posición de la partícula en un instante t son:

$$x = v_x \cdot t$$
$$y = y_0 - \frac{1}{2} \cdot a \cdot t^2$$

La ecuación de la trayectoria se obtiene eliminando el tiempo entre las dos ecuaciones anteriores:

$$t = \frac{x}{v} \quad \rightarrow \quad y = y_0 - \frac{1}{2} \cdot a \cdot \frac{x^2}{v^2} = y_0 - \frac{1}{2} \cdot \frac{q \cdot E}{m \cdot v^2} \cdot x^2$$

La trayectoria es una parábola, y su representación gráfica es:

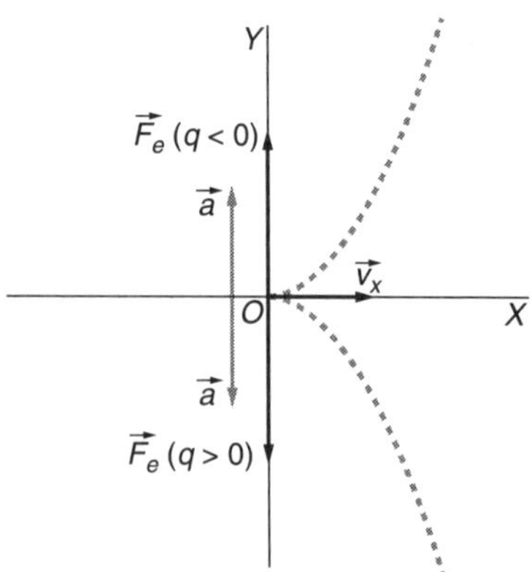

Sobre la partícula cargada actúa la fuerza electrostática, que es conservativa; por tanto, la energía mecánica se mantiene constante.

Esto significa que a una disminución de la energía potencial le corresponde un aumento de la energía cinética, y al contrario.

$$\Delta E_m = 0$$

Inicialmente, la partícula posee energía potencial y cinética, y, a medida que transcurre el tiempo, la energía potencial se va transformando en cinética hasta llegar a ser máxima en la posición $y = 0$:

$$\Delta E_c + \Delta E_p = 0 \quad \rightarrow \quad \Delta E_c = -\Delta E_p$$

$$\text{En } y = 0 \quad \rightarrow \quad E_{p_{inicial}} + E_{c_{inicial}} = E_{c_{máxima}}$$

Q3 Esta cuestión pertenece al tema de acústica.

Las ondas sonoras son un caso particular de ondas longitudinales. Consisten en sucesivas compresiones y dilataciones del medio de propagación, producidas por un foco en movimiento vibratorio. Al paso de la onda, el medio experimenta variaciones periódicas de presión.

Las ondas sonoras son también ondas mecánicas (necesitan de un medio material para propagarse) y, por tanto, pueden propagarse no solo a través de líquidos (agua), sino también de los sólidos y los gases.

La velocidad de las ondas sonoras en los líquidos (agua) es:

$$v = \sqrt{\frac{B}{d}}$$

donde B es el módulo de compresibilidad de los líquidos y d es su densidad.

Q4 Esta cuestión pertenece al tema de física atómica y nuclear.

La actividad de una sustancia radiactiva es el número de desintegraciones que se producen por unidad de tiempo:

$$A = \frac{dN}{dt} = \lambda \cdot N$$

donde N es el número de átomos y λ, la constante de desintegración radiactiva.

La unidad de actividad en el S.I. es el becquerel, Bq, que equivale a una desintegración por segundo.

P1 **Este problema pertenece al tema de campo eléctrico.**

a) El campo eléctrico, $\vec{E}$, creado por una carga, q, en un punto situado a una distancia r de ella es:

$$\vec{E} = K \cdot \frac{q}{r^2} \cdot \vec{u}_r$$

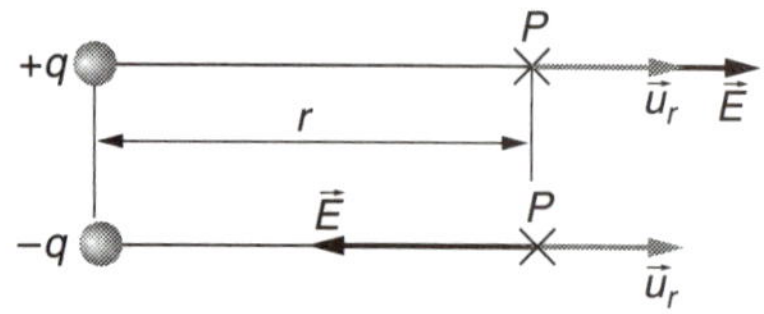

donde q es la carga que crea el campo y $\vec{u}_r$ es un vector unitario cuya dirección es la recta que une la carga y el punto, y cuyo sentido se aleja de la carga. Su expresión es:

$$\vec{u}_r = cos\ \alpha \cdot \vec{i} + sen\ \alpha \cdot \vec{j}$$

siendo α el ángulo que forma el vector unitario con el eje X.

El campo eléctrico creado por varias cargas en un punto es, según el principio de superposición, la suma vectorial de cada uno de los campos creados por las distintas cargas en ese punto:

$$\vec{E}_R = \vec{E}_1 + \vec{E}_2 + \ldots$$

Para calcular el campo eléctrico creado por las dos cargas en el punto donde está situada la tercera carga (punto C), tomamos un sistema de ejes cartesianos, con origen en ese punto y representamos los vectores campo debidos a ambas cargas. La dirección del vector campo es la recta que une la carga y el punto, y su sentido, alejándose de la carga si es positiva y hacia la carga si es negativa:

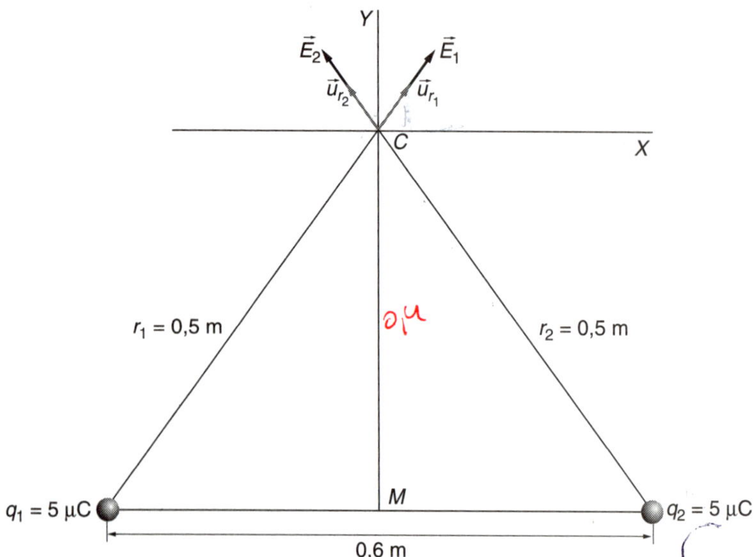

El campo eléctrico en el punto C es:

$$\vec{E}_C = \vec{E}_1 + \vec{E}_2$$

El campo eléctrico creado por q_1 es igual a:

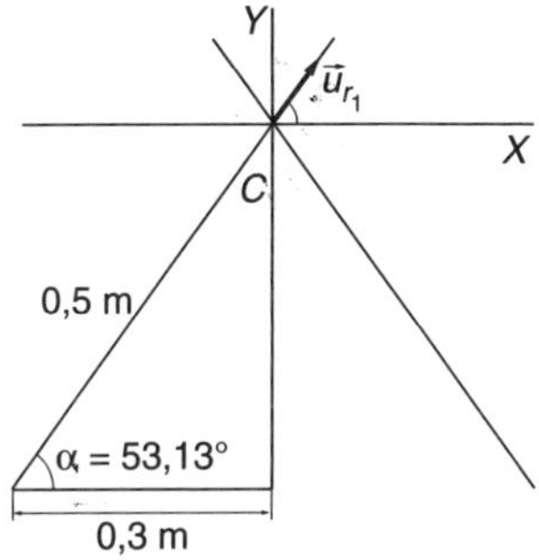

$$\vec{E}_1 = K \cdot \frac{q_1}{r_1^2} \cdot \vec{u}_{r_1}$$

El vector unitario $\vec{u}_{r_1}$ es:

$$\vec{u}_{r_1} = cos\ \alpha \cdot \vec{i} + sen\ \alpha \cdot \vec{j}$$

$$cos\ \alpha = \frac{0,3}{0,5} \quad \rightarrow \quad \alpha = 53,13°$$

$$\vec{u}_{r_1} = cos\ 53,13° \cdot \vec{i} + sen\ 53,13° \cdot \vec{j}$$

Por tanto:

$$\vec{E}_1 = 9 \cdot 10^9 \cdot \frac{5 \cdot 10^{-6}}{0,5^2} \cdot (cos\ 53,13° \cdot \vec{i} + sen\ 53,13° \cdot \vec{j})$$

$$\vec{E}_1 = (1,08 \cdot 10^5 \cdot \vec{i} + 1,44 \cdot 10^5 \cdot \vec{j})\ \text{N/C}$$

El campo eléctrico creado por q_2 es igual a:

$$\vec{E}_2 = M \cdot \frac{q_2}{r_2^2} \cdot \vec{u}_{r_2}$$

El vector unitario $\vec{u}_{r_2}$ es:

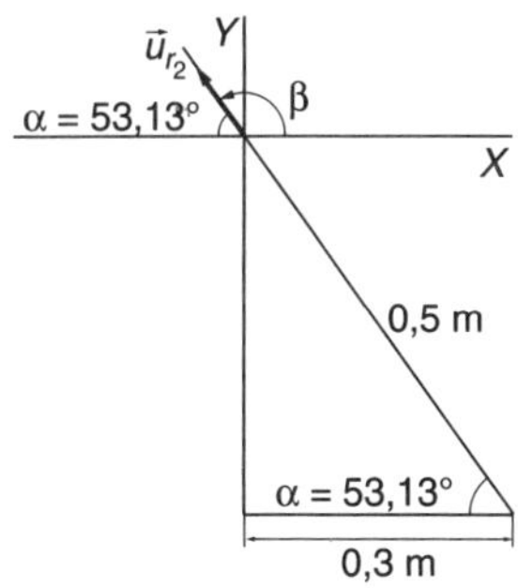

$$\vec{u}_{r_2} = cos\ \beta \cdot \vec{i} + sen\ \beta \cdot \vec{j} =$$

$$= cos\ (180° - \alpha) \cdot \vec{i} + sen\ (180° - \alpha) \cdot \vec{j}$$

$$\vec{u}_{r_2} = cos\ 126,87° \cdot \vec{i} + sen\ 126,87° \cdot \vec{j}$$

Por tanto:

$$\vec{E}_2 = 9 \cdot 10^9 \cdot \frac{5 \cdot 10^{-6}}{(0,5)^2} \cdot$$

$$\cdot (cos\ 126,87° \cdot \vec{i} + sen\ 126,87° \cdot \vec{j})$$

$$\vec{E}_2 = (-1,08 \cdot 10^5 \cdot \vec{i} + 1,44 \cdot 10^5 \cdot \vec{j})\ \text{N/C}$$

El campo eléctrico en el punto C es:

$$\vec{E}_C = \vec{E}_1 + \vec{E}_2 = (-1,08 \cdot 10^5 \cdot \vec{i} + 1,44 \cdot 10^5 \cdot \vec{j}) +$$

$$+ (-1,08 \cdot 10^5 \cdot \vec{i} + 1,44 \cdot 10^5 \cdot \vec{j})$$

$$\vec{E}_C = 2,88 \cdot 10^5 \cdot \vec{j}\ \text{N/C}$$

y su módulo vale:

$$|\vec{E}_C| = 2,88 \cdot 10^5\ \text{N/C}$$

Como puede observarse, el campo eléctrico solo tiene componente a lo largo del eje *OY*, debido a que las cargas 1 y 2 son iguales y se encuentran a la misma distancia del punto *C*, como puede observarse en la figura inicial de este apartado.

b) El potencial eléctrico creado por una carga puntual en un punto situado a una distancia *r* de ella viene dado por la expresión:

$$V = K \cdot \frac{q}{r}$$

Al ser el potencial una magnitud escalar, su valor en el punto *C* se obtiene sumando algebraicamente los potenciales individuales creados por cada carga:

$$V_C = V_1 + V_2 = K \cdot \frac{q_1}{r_1} + K \cdot \frac{q_2}{r_2}$$

Como $q_1 = q_2$ y $r_1 = r_2$, el potencial en *C* es:

$$V_C = 2 \cdot K \cdot \frac{q_1}{r_1} = \frac{2 \cdot 9 \cdot 10^9 \cdot 5 \cdot 10^{-6}}{0{,}5} = 1{,}8 \cdot 10^5 \text{ V}$$

c) Para calcular la velocidad de la tercera carga al llegar al punto medio, *M*, de la línea de unión entre las dos primeras, aplicamos el teorema de las fuerzas vivas:

$$W(C \rightarrow M) = \Delta E_c (C \rightarrow M)$$

A su vez, el trabajo necesario para trasladar la tercera carga desde el punto *C* al punto medio de unión entre las dos cargas, al ser el campo conservativo (la fuerza electrostática es conservativa), viene dado por:

$$W(C \rightarrow M) = -\Delta E_p (C \rightarrow M)$$

Por tanto:

$$-\Delta E_p (C \rightarrow M) = \Delta E_c (C \rightarrow M) \qquad [1]$$

La energía potencial de una carga en un punto se calcula mediante la expresión:

$$E_p = q \cdot V$$

La variación de la energía potencial es:

$$\Delta E_p (C \rightarrow M) = E_{p_M} - E_{p_C} = q \cdot V_M - q \cdot V_C = q \cdot (V_M - V_C)$$

donde V_C y V_M son los potenciales en el punto *C* y en el punto medio, *M*; debidos a la presencia de las otras dos cargas que crean el campo, y *q* es la carga que se traslada.

El potencial en el punto C fue calculado en el apartado anterior y el potencial en el punto M será:

$$V_M = K \cdot \frac{q_1}{r_1} + K \cdot \frac{q_2}{r_2}$$

Como las distancias y las cargas son iguales, el potencial en M es:

$$V_M = 2 \cdot K \cdot \frac{q_1}{r_1} = \frac{2 \cdot 9 \cdot 10^9 \cdot 5 \cdot 10^{-6}}{0,3} = 3 \cdot 10^5 \text{ V}$$

Aplicando la expresión [1] y despejando, obtenemos la velocidad de la partícula en M:

$$\Delta E_p\,(C \rightarrow M) = q \cdot (V_M - V_C) = -2 \cdot 10^{-6} \cdot (3 \cdot 10^5 - 1,8 \cdot 10^5) = -0,24 \text{ J}$$

$$-\Delta E_p\,(C \rightarrow M) = \Delta E_c\,(C \rightarrow M) = E_{c_M} - E_{c_C} = \frac{1}{2} \cdot m \cdot v_M^{\;2}$$

$$-(-0,24) = \frac{1}{2} \cdot 5 \cdot 10^{-3} \cdot v_M^{\;2} \quad \rightarrow \quad v_M = 9,8 \text{ m/s}$$

P2 Este problema pertenece al tema de óptica geométrica.

La posición de la imagen se calcula aplicando la ecuación fundamental de las lentes delgadas:

$$\frac{1}{s'} - \frac{1}{s} = \frac{1}{f'} \quad \rightarrow \quad s' = \frac{s \cdot f}{s + f} \qquad [1]$$

El tamaño de la imagen se obtiene aplicando la ecuación del aumento lateral de la lente:

$$\beta = \frac{y'}{y} = \frac{s'}{s} \quad \rightarrow \quad y' = \frac{y \cdot s'}{s}$$

a) Teniendo en cuenta el convenio de signos y sustituyendo valores en la expresión [1] obtenemos:

$$s' = \frac{(-6) \cdot 10}{-6 + 10} = -15 \text{ cm}$$

El resultado negativo indica que la imagen se forma a la derecha de la lente, es virtual. El tamaño de la imagen es:

$$y' = \frac{y \cdot s'}{s} = \frac{2 \cdot (-15)}{-6} = 5 \text{ cm}$$

El resultado obtenido indica que la imagen es derecha y de mayor tamaño que el objeto.

La construcción geométrica de la imagen es:

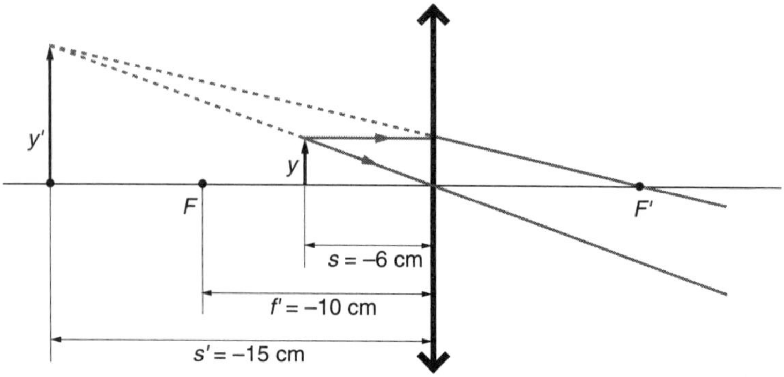

b) Sustituyendo valores en la expresión [1], obtenemos:

$$s' = \frac{(-12) \cdot 10}{-12 + 10} = 60 \text{ cm}$$

El resultado positivo indica que la imagen se forma a la izquierda de la lente; es real.

El tamaño de la imagen es:

$$y' = \frac{y \cdot s'}{s} = \frac{2 \cdot 60}{-12} = -10 \text{ cm}$$

El resultado obtenido indica que la imagen es invertida y de mayor tamaño que el objeto. La construcción geométrica es en este caso:

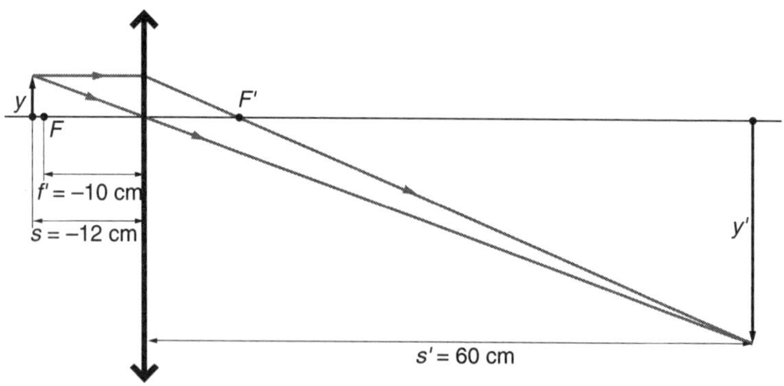

c) El ojo humano es capaz de enfocar correctamente y, por tanto, ver con nitidez objetos situados entre distancias lejanas y una distancia próxima que llamamos punto próximo. Si el objeto se sitúa a una distancia menor que el punto próximo, se verá borroso y sin nitidez. En el caso del ojo normal, el punto próximo varía con la edad.

Supongamos un objeto de altura y situado en el punto próximo a una distancia x_p. El tamaño de la imagen que se forma de ese objeto en nuestra retina es proporcional al ángulo θ que forma el rayo incidente con el eje óptico. Dicho ángulo, según la aproximación paraxial, vale:

$$\theta = \frac{y}{x_p}$$

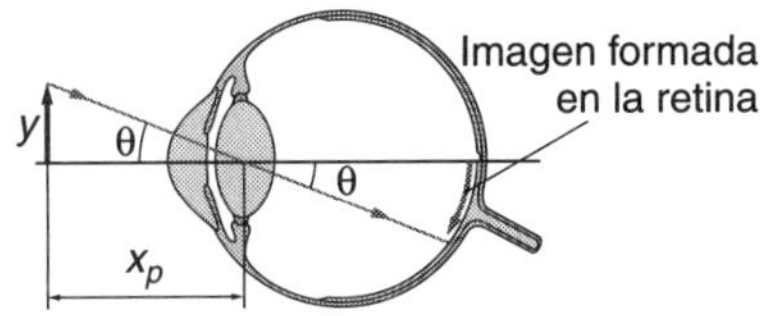

Para aumentar el tamaño de la imagen observada, habría que incrementar el valor de dicho ángulo. Esto podría conseguirse acercando más el objeto al ojo, pero perderíamos nitidez de la imagen. Sin embargo, se puede lograr haciendo uso de una lupa (lente convergente). En este caso, la imagen ampliada podrá apreciarse de manera nítida si se forma entre s y el infinito.

Si situamos la lente convergente prácticamente pegada al ojo, y el objeto a una distancia de la lente igual a su distancia focal, f, la imagen se formará en el infinito y será derecha, virtual y aumentada. En la retina, dicha imagen será ahora proporcional al nuevo ángulo θ_0, cuyo valor es:

$$\theta_0 = \frac{y}{f}$$

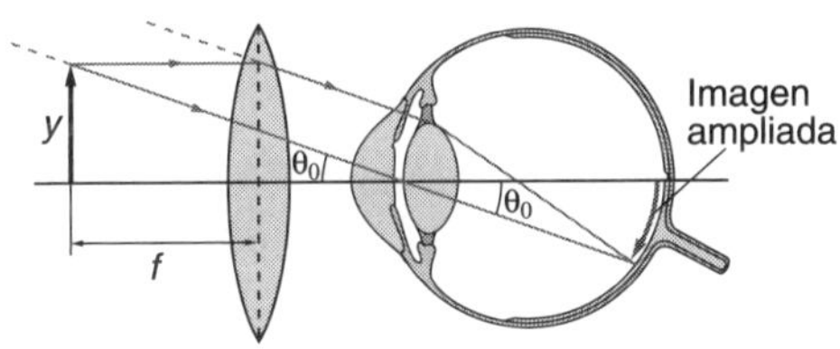

El aumento angular de la lupa es la relación entre ambos ángulos:

$$M = \frac{\theta_0}{\theta} = \frac{x_p}{f}$$

Teniendo en cuenta que, el punto próximo es, aproximadamente, de 25 cm, el aumento angular de la lupa es:

$$M = \frac{x_p}{f} = \frac{0{,}25}{0{,}1} = 2{,}5 \text{ m}$$

Nota: Rayos paraxiales son aquellos rayos que forman con el eje óptico ángulos pequeños (menores de 10º). Para estos ángulos, se pueden sustituir los senos y las tangentes de los ángulos por los ángulos mismos en radianes, sin cometer un error apreciable.

CANARIAS

5

PRUEBA DE SELECTIVIDAD

ACLARACIONES PREVIAS

De las dos opciones propuestas, solo hay que desarrollar una opción completa. Cada problema correcto vale tres puntos, y cada cuestión, un punto.

Opción A

Problemas

1 Una carga puntual de 1 C está situada en el punto A (0, 3) de un sistema cartesiano. Otra carga puntual de –1 C está situada en B (0, –3). Las coordenadas están expresadas en metros. Calcula:

a) El valor del potencial electrostático en un punto C (4, 0).

b) El vector intensidad de campo eléctrico en un punto C (4, 0). Además, dibuja las líneas del campo eléctrico asociado a las dos cargas.

c) El trabajo realizado para llevar una carga puntual de 1 C desde el infinito al punto D (1, 3).

Dato: $K = 9 \cdot 10^9 \text{ N} \cdot \text{m}^2 \cdot \text{C}^{-2}$.

2 Una superficie de wolframio tiene una frecuencia umbral de $1{,}3 \cdot 10^{15}$ Hz.

a) Se ilumina dicha superficie con luz de 1 400 Å de longitud de onda ($1 \text{ Å} = 10^{-10}$ m). ¿Se emiten electrones? Justifica brevemente la respuesta.

b) ¿Cuál debe ser la longitud de onda de la luz para que los electrones emitidos tengan una velocidad de $4 \cdot 10^5$ m/s?

c) Calcula la longitud de onda de De Broglie asociada a los electrones emitidos con la velocidad de $4 \cdot 10^5$ m/s.

Datos: $h = 6{,}63 \cdot 10^{-34} \text{ J} \cdot \text{s}$; $c = 3 \cdot 10^8 \text{ m} \cdot \text{s}^{-1}$; $m_e = 9{,}11 \cdot 10^{-31}$ kg; $q_e = 1{,}6 \cdot 10^{-19}$ C; $1 \text{ eV} = 1{,}6 \cdot 10^{-19}$ J.

Cuestiones

1 Describe un procedimiento para determinar experimentalmente el valor local de la intensidad de campo gravitatorio e indica los instrumentos básicos utilizados.

2 Expresa la energía cinética y potencial de un oscilador armónico simple. Representa gráficamente dichas energías en función de la posición.

3 Formula la ley de gravitación universal y la ley de Coulomb. Indica las principales analogías y diferencias entre la interacción gravitatoria y la electrostática.

4 Explica en qué consisten la fisión y la fusión nuclear. ¿Qué isótopos se utilizan para realizar cada una de ellas?

Opción B

Problemas

1 El primer satélite español "Minisat", que fue lanzado en 1997 desde las Islas Canarias, se encuentra actualmente en una órbita circular alrededor de la Tierra con un período de revolución de 10,5 horas.

a) Calcula el radio de la órbita.

b) Calcula la energía mecánica del satélite.

c) Calcula el radio de la órbita que debería tener el satélite para que su período de revolución fuera el doble que el actual.

Datos: $G = 6{,}67 \cdot 10^{-11}$ N · m^2 · kg^{-2}; $M_T = 5{,}97 \cdot 10^{24}$ kg; $m_{satélite} = 100$ kg.

2 La lente convergente de un proyector de diapositivas, que tiene una distancia focal de +15,0 cm, proyecta la imagen nítida de una diapositiva de 3,5 cm de ancho sobre una pantalla que se encuentra a 4,0 m de la lente.

a) ¿A qué distancia de la lente está colocada la diapositiva?

b) ¿Cuál es el aumento de la imagen formada por el proyector sobre la pantalla?

c) Si colocamos la diapositiva a 16 cm de la lente, ¿a qué distancia de la lente se formará la imagen?

Dibuja el objeto, la lente, el diagrama de rayos y la imagen en los apartados a) y c).

Cuestiones

1 Explica por qué la masa de un núcleo atómico es menor que la suma de las masas de las partículas que lo constituyen.

2 Por una cuerda se propaga un movimiento ondulatorio caracterizado por la onda:

$$y = A \cdot sen\left[2 \cdot \pi \cdot \left(\frac{t}{T} - \frac{x}{\lambda}\right)\right]$$

Determina a qué distancia se encuentran en un instante dado dos puntos de esa cuerda que tienen una diferencia de fase entre ellos de π radianes.

3 Explica, ayudándote de un esquema gráfico, la acción que ejerce un campo magnético sobre un conductor rectilíneo colocado perpendicularmente al campo, considerando que por el conductor circula una corriente eléctrica de intensidad *I*.

4 Explica en qué consiste el efecto fotoeléctrico. ¿Cuáles fueron las principales observaciones que no pudo explicar la Física Clásica? Enuncia los postulados de Einstein para explicar dicho efecto.

Canarias. Junio, 2006.

SOLUCIÓN DE LA PRUEBA

Opción A

Problemas

1 **Este problema pertenece al tema de campo eléctrico.**

a) Teniendo en cuenta que el potencial es una magnitud escalar, el potencial en un punto del campo se obtiene sumando algebraicamente los potenciales debidos a cada una de las cargas en ese punto:

$$V_C = V_1 + V_2 = K \cdot \frac{q_1}{r_1} + K \cdot \frac{q_2}{r_2}$$

donde las distancias de cada carga al punto son, como se aprecia en la figura de la página siguiente:

$$r_1 = r_2 = \sqrt{9 + 16} = 5 \text{ m}$$

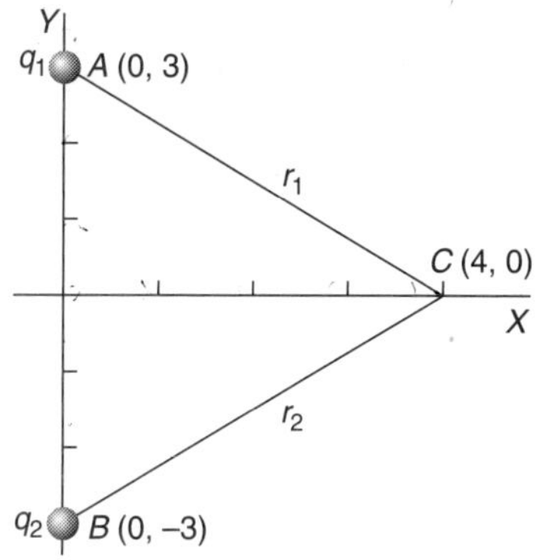

Aplicando la expresión anterior, el potencial creado por las cargas en el punto *C* (4, 0) resulta:

$$V_C = 9 \cdot 10^9 \cdot \frac{1}{5} + 9 \cdot 10^9 \cdot \frac{-1}{5} = 0 \text{ V}$$

b) El campo eléctrico, $\vec{E}$, creado por una carga *q* en un punto situado a una distancia *r* de ella es:

$$\vec{E} = K \cdot \frac{q}{r^2} \cdot \vec{u}_r$$

donde $\vec{u}_r$ es el vector unitario, cuya expresión es :

$$\vec{u}_r = cos\ \alpha \cdot \vec{i} + sen\ \alpha \cdot \vec{j}$$

siendo α el ángulo que forma el vector unitario con el eje *X*.

Su dirección es la recta que une los centros de las cargas y su sentido está dirigido hacia fuera.

Para calcular el campo en el punto *C* (4, 0), tomamos un sistema de ejes cartesianos, con origen en este punto, y representamos los vectores campo y unitarios debidos a las dos cargas. La dirección y el sentido de los vectores del campo se muestran en la siguiente figura:

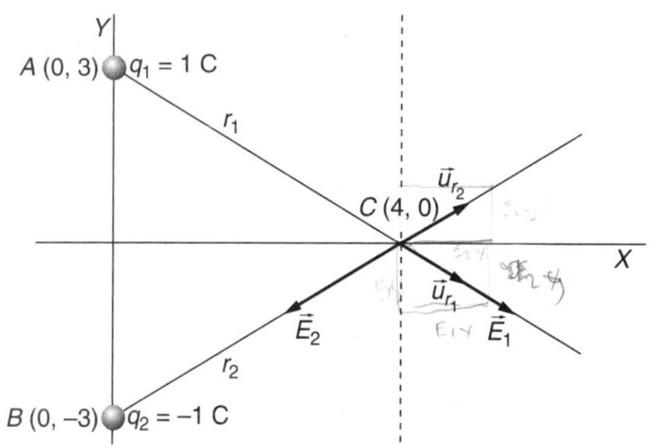

El campo eléctrico total o resultante en el punto C es igual a la suma vectorial de los campos creados por cada una de las cargas en ese punto:

$$\vec{E}_C = \vec{E}_1 + \vec{E}_2 = K \cdot \frac{q_1}{r_1^2} \cdot \vec{u}_{r_1} + K \cdot \frac{q_2}{r_2^2} \cdot \vec{u}_{r_2} \qquad [1]$$

Para obtenerlo, se calcula, primero, el campo creado por cada una de las cargas:

– El módulo del campo eléctrico creado por q_1 y el vector unitario $\vec{u}_{r_1}$ son:

$$|\vec{E}_1| = K \cdot \frac{q_1}{r_1^2} \quad ; \quad \vec{u}_{r_1} = cos\,\alpha \cdot \vec{i} + sen\,\alpha \cdot \vec{j}$$

$$cos\,\alpha = \frac{4}{5} \quad ; \quad sen\,\alpha = -\frac{3}{5}$$

$$\vec{u}_{r_1} = \frac{4}{5} \cdot \vec{i} - \frac{3}{5} \cdot \vec{j}$$

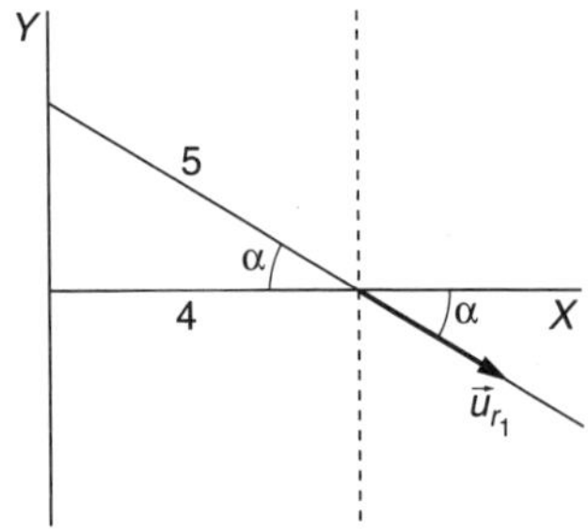

La distancia r_1 es:

$$r_1 = 5 \text{ m}$$

Por tanto:

$$\vec{E}_1 = 9 \cdot 10^9 \cdot \frac{1}{25} \cdot \left(\frac{4}{5} \cdot \vec{i} - \frac{3}{5} \cdot \vec{j}\right) = 3{,}6 \cdot 10^8 \cdot \left(\frac{4}{5}\,\vec{i} - \frac{3}{5} \cdot \vec{j}\right)$$

$$\vec{E}_1 = (2{,}88 \cdot 10^8 \cdot \vec{i} - 2{,}16 \cdot 10^8 \cdot \vec{j}) \text{ N/C}$$

– El módulo del campo eléctrico creado por q_2 y el vector unitario $\vec{u}_{r_2}$ son:

$$|\vec{E}_2| = K \cdot \frac{q_2}{r_2^2} \quad ; \quad \vec{u}_{r_2} = cos\,\gamma \cdot \vec{i} + sen\,\alpha \cdot \vec{j}$$

$$cos\,\gamma = \frac{4}{5} \quad ; \quad sen\,\gamma = \frac{3}{5}$$

$$\vec{u}_{r_2} = \frac{4}{5} \cdot \vec{i} + \frac{3}{5} \cdot \vec{j}$$

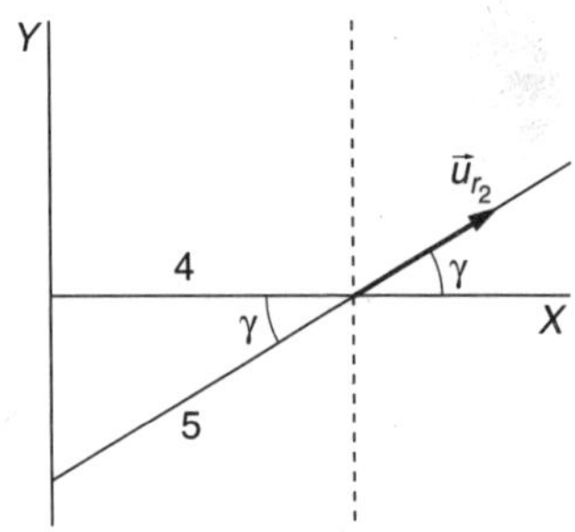

La distancia r_2 es igual a r_1:

$$r_2 = r_1 = 5 \text{ m}$$

Por tanto:

$$\vec{E}_2 = 9 \cdot 10^9 \cdot \frac{-1}{25} \cdot \left(\frac{4}{5} \cdot \vec{i} + \frac{3}{5} \cdot \vec{j}\right)$$

$$\vec{E}_2 = -(2{,}88 \cdot 10^8 \cdot \vec{i} + 2{,}16 \cdot 10^8 \cdot \vec{j}) \text{ N/C}$$

Sustituyendo valores en la expresión [1], obtenemos el vector campo eléctrico resultante en el punto C:

$$\vec{E}_C = 2{,}88 \cdot 10^8 \cdot \vec{i} - 2{,}16 \cdot 10^8 \cdot \vec{j} - 2{,}88 \cdot 10^8 \cdot \vec{i} - 2{,}16 \cdot 10^8 \cdot \vec{j}$$

$$\vec{E}_C = -2 \cdot 2{,}16 \cdot 10^8 \cdot \vec{j} = -4{,}32 \cdot 10^8 \cdot \vec{j} \text{ N/C}$$

Nota: De las figuras puede deducirse que el vector campo eléctrico creado por ambas cargas en el punto C (0, 4) solo tiene componente sobre el eje Y. La componente cartesiana sobre el eje X es nula por simetría.

El campo eléctrico se representa gráficamente mediante las llamadas líneas de campo, que tienen la misma dirección que el vector campo en cada punto. Estas líneas tienen las siguientes características:

- Son abiertas, salen siempre de las cargas positivas o del infinito y terminan en el infinito o en las cargas negativas.
- El número de líneas que salen de una carga positiva o entran en una carga negativa debe ser proporcional al valor de dicha carga.

De acuerdo con lo anterior, las líneas de campo eléctrico asociadas al sistema de dos cargas son como las siguientes:

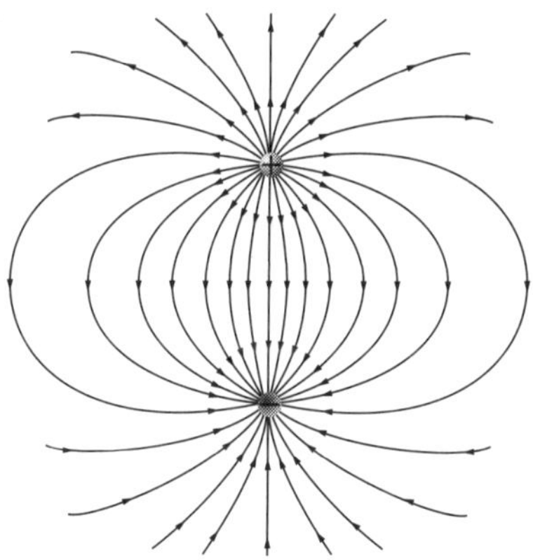

c) El trabajo necesario para trasladar una carga entre dos puntos de un campo eléctrico es igual a la variación de la energía potencial de la carga entre esos puntos cambiada de signo:

$$W = -\Delta E_p$$

La energía potencial de una carga en un punto es:

$$E_p = q \cdot V$$

El trabajo es, por tanto:

$$W_{\infty D} = -q \cdot (V_D - V_\infty) = -q \cdot (V_D - 0) = -q \cdot V_D$$

donde q es la carga que se traslada, y V_∞ y V_D son los potenciales en el infinito y en el punto D (1, 3), respectivamente.

El potencial creado por las cargas en el punto D (1, 3) es:

$$V_D = V_1 + V_2 = K \cdot \frac{q_1}{r_1} + K \cdot \frac{q_2}{r_2}$$

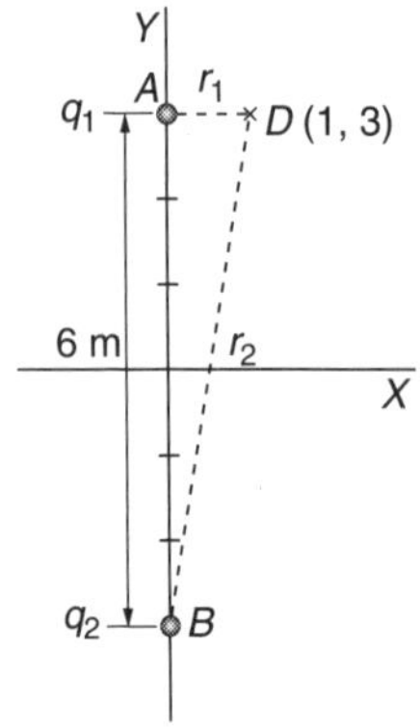

Como se aprecia en la figura, $r_1 = 1$ m, y la distancia r_2 es:

$$r_2 = \sqrt{36 + 1} = 6{,}08 \text{ m}$$

Y el potencial resulta:

$$V_D = 9 \cdot 10^9 \cdot \frac{1}{1} + 9 \cdot 10^9 \cdot \frac{-1}{6{,}08} = 7{,}52 \cdot 10^9 \text{ V}$$

Por consiguiente, el trabajo que es necesario realizar es:

$$W_{\infty D} = -1 \cdot 7{,}52 \cdot 10^9 = -7{,}52 \cdot 10^9 \text{ J}$$

2 Este problema pertenece al tema de física cuántica.

a) De acuerdo con la teoría de Einstein del efecto fotoeléctrico, toda la energía de un fotón se transmite a un electrón del metal y, si este escapa de la superficie metálica, posee una cierta energía cinética:

$$E_{fotón} = W_e + E_c$$

Se emitirán electrones si se ilumina el metal con radiación de mayor o igual frecuencia que la frecuencia umbral ($f_0 = 1{,}3 \cdot 10^{15}$ Hz), es decir, con fotones de mayor energía.

La frecuencia de los fotones incidentes se obtiene mediante la expresión:

$$f = \frac{c}{\lambda}$$

donde c es la velocidad de la luz y λ es la longitud de onda de la luz que ilumina la superficie metálica.

Sustituyendo valores:

$$f = \frac{3 \cdot 10^8}{1400 \cdot 10^{-10}} = 2{,}14 \cdot 10^{15} \text{ Hz}$$

Como f es mayor que f_0 se emitirán electrones:

$$f = 2{,}14 \cdot 10^{15} \text{ Hz} > f_0 = 1{,}3 \cdot 10^{15} \text{ Hz}$$

b) La longitud de onda de la luz incidente para que los electrones emitidos tengan una velocidad de $4 \cdot 10^5$ m/s se calcula a partir de la ecuación de Einstein del efecto fotoeléctrico:

$$E_{fotón} = W_e + E_c \;\rightarrow\; h \cdot f = W_e + E_c \qquad [1]$$

donde f es la frecuencia de la luz que ilumina el wolframio; W_e, el trabajo de extracción, y E_c, la energía cinética del electrón emitido.

El trabajo de extracción, W_e, es la energía mínima que el electrón necesita para escapar de la superficie del wolframio, y su expresión es:

$$W_e = h \cdot f_0$$

Sustituyendo valores en la expresión [1] y despejando, obtenemos la frecuencia de la luz incidente:

$$h \cdot f = h \cdot f_0 + E_c = h \cdot f_0 + \frac{1}{2} \cdot m_e \cdot v^2$$

$$6{,}63 \cdot 10^{-34} \cdot f = 6{,}63 \cdot 10^{-34} \cdot 1{,}3 \cdot 10^{15} + \frac{1}{2} \cdot 9{,}11 \cdot 10^{-31} \cdot (4 \cdot 10^5)^2$$

$$6{,}63 \cdot 10^{-34} \cdot f = 9{,}35 \cdot 10^{-19} \quad \rightarrow \quad f = 1{,}41 \cdot 10^{15} \text{ Hz}$$

Para calcular la longitud de onda tenemos en cuenta que:

$$\lambda = \frac{c}{f} \quad \rightarrow \quad \lambda = \frac{3 \cdot 10^8}{1{,}41 \cdot 10^{15}} = 2{,}13 \cdot 10^{-7} \text{ m}$$

c) Según De Broglie, la longitud de onda asociada a los electrones emitidos que se desplazan con una velocidad v viene dada por:

$$\lambda = \frac{h}{p} = \frac{h}{m_e \cdot v}$$

donde h es la constante de Planck; m_e, la masa del electrón, y v, su velocidad. Al sustituir valores, se obtiene:

$$\lambda = \frac{6{,}63 \cdot 10^{-34}}{9{,}11 \cdot 10^{-31} \cdot 4 \cdot 10^5} = 1{,}82 \cdot 10^{-9} \text{ m}$$

Cuestiones

1 Esta cuestión pertenece al tema de campo gravitatorio.

El valor local de g se mediría en el laboratorio a partir del período de oscilación de un péndulo simple, constituido por una masa puntual, m, suspendida de un hilo inextensible y sin masa, de longitud L:

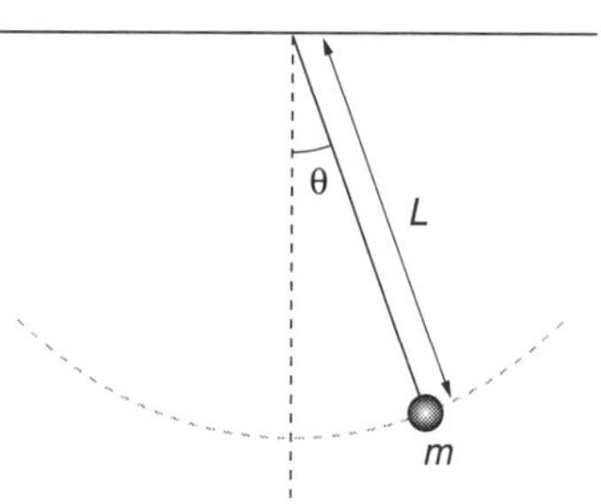

La expresión que permite calcular la intensidad del campo gravitatorio, g, a partir del período del péndulo simple es:

$$T = 2 \cdot \pi \cdot \sqrt{\frac{L}{g}}$$

donde L es la distancia que existe entre el punto del que cuelga el péndulo y el centro de la esfera, y T, el período de la oscilación.

Si elevamos la expresión anterior al cuadrado, resulta:

$$T^2 = (2 \cdot \pi)^2 \cdot \frac{L}{g}$$

expresión que nos permitirá deducir el valor de g.

Material necesario:

- Esferas de masas distintas.
- Hilo inextensible, de masa despreciable comparada con la masa del objeto.
- Cronómetro.
- Cinta métrica y pie de rey.
- Soportes y nueces para colgar el péndulo.
- Pie metálico para sujetar el soporte.

Procedimiento experimental:

Construimos el péndulo, medimos su longitud y lo separamos de la vertical cierto ángulo (no mayor de 10°), dejándolo en libertad y midiendo el período de oscilación, es decir, el tiempo que tarda en describir una oscilación completa.

Si medimos el tiempo de una sola oscilación, la imprecisión inherente a los aparatos de medida hará que no obtengamos un valor fiable.

Para mejorar la precisión, dejamos que el péndulo oscile un par de veces y medimos el tiempo que tarda, a partir de ese instante, en realizar 10 o 20 oscilaciones. El tiempo que tarda en realizar una oscilación o período lo obtenemos dividiendo el tiempo invertido entre el número de oscilaciones contabilizadas.

Repetimos la experiencia modificando la masa que cuelga del hilo (considerando al menos 2 valores) y distintas longitudes (al menos cinco). Con los datos que obtenemos, hacemos una tabla. Si representamos gráficamente T^2 frente a L, obtenemos una recta cuya pendiente es π^2/g, siendo nula su ordenada en el origen.

2 **Esta cuestión pertenece al tema de movimiento vibratorio armónico simple.**

La energía potencial de una partícula que se mueve con m.a.s. es:

$$E_p = \frac{1}{2} \cdot k \cdot x^2$$

Y su representación gráfica en función de la posición:

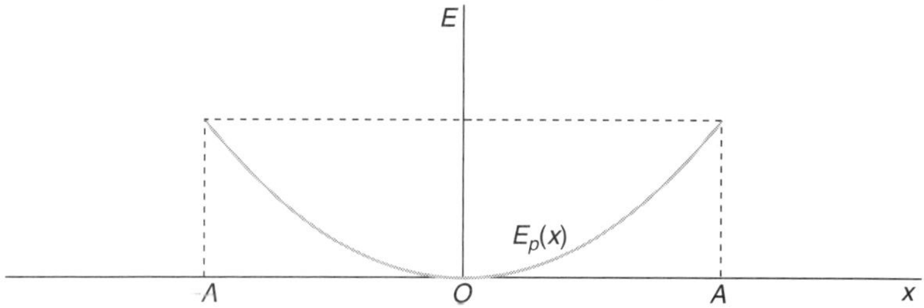

La energía potencial máxima se alcanza cuando la elongación toma su valor máximo, es decir, la amplitud. En ese punto del extremo del movimiento, la velocidad se hace cero; toda la energía mecánica es potencial.

La energía cinética en cada punto será igual a la energía mecánica menos la potencial:

$$E_c = E_m - E_p = \frac{1}{2} \cdot k \cdot A^2 - \frac{1}{2} k \cdot x^2$$

$$E_c = \frac{1}{2} \cdot k \cdot (A^2 - x^2)$$

Y su representación gráfica en función de la posición:

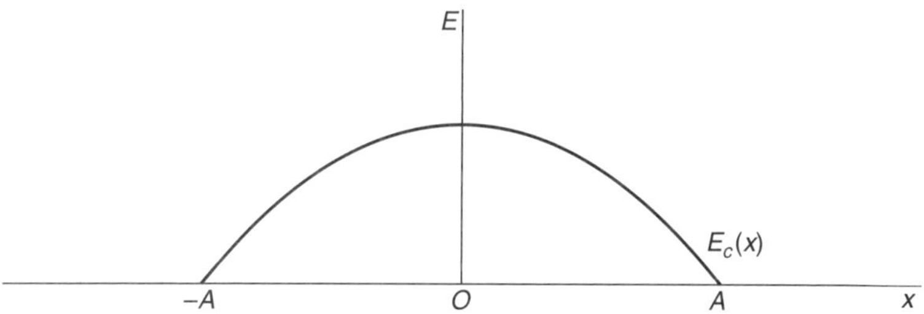

En este caso, es máxima en el punto de equilibrio, $x = 0$, y cero en los extremos del movimiento.

En la siguiente gráfica, representamos, juntas, la energía potencial, la cinética y la mecánica que corresponden al movimiento:

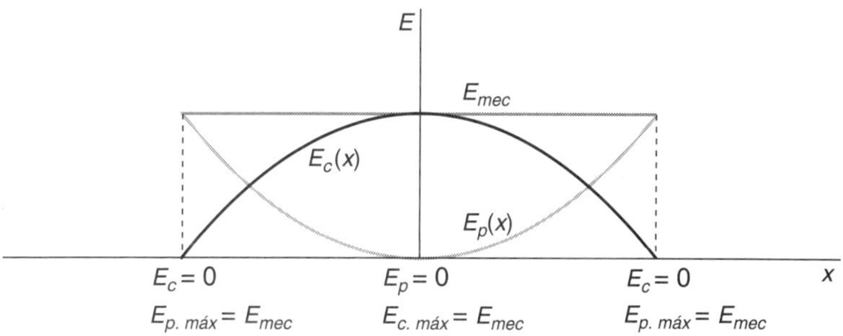

3 **Esta cuestión pertenece a los temas de campo gravitatorio y campo eléctrico.**

Ley de gravitación universal:

Dos cuerpos cualesquiera del universo se atraen mutuamente con una fuerza que es directamente proporcional al producto de sus masas e inversamente proporcional al cuadrado de la distancia, *r*, que existe entre ambos centros:

$$\vec{F}_g = -G \cdot \frac{m_1 \cdot m_2}{r^2} \cdot \vec{u}_r$$

Ley de Coulomb:

La interacción electrostática entre dos cuerpos cargados es directamente proporcional al producto de las cargas e inversamente proporcional al cuadrado de la distancia que las separa. Su dirección es la recta que pasa por ellas:

$$\vec{F}_e = K \cdot \frac{q_1 \cdot q_2}{r^2} \cdot \vec{u}_r$$

Analogías y diferencias entre las interacciones gravitatoria y electrostática:

- Ambas son inversamente proporcionales al cuadrado de la distancia que hay entre el punto en que colocamos una masa o una carga y el punto en que se sitúa la masa o la carga que crea el campo.
- Ambas son fuerzas centrales, ya que están dirigidas hacia o desde el punto donde se encuentra la masa o la carga que crea el campo.
- La fuerza gravitatoria es universal: existe para todos los cuerpos. La fuerza eléctrica solo existe para cuerpos cargados.
- La fuerza gravitatoria es siempre de atracción, mientras que la eléctrica puede ser de atracción o de repulsión.

Consulta tu libro de texto o tus apuntes para ampliar la cuestión.

4 **Esta cuestión pertenece al tema de física nuclear.**

Experimentalmente, se ha comprobado que la masa de los núcleos atómicos es menor que la suma de las masa de los nucleones (protones y neutrones) que forman el núcleo.

Esa pérdida de masa, llamada defecto másico, es:

$$\Delta m = \sum m_{\text{nucleones}} - m_{\text{núcleo}}$$

Esa masa perdida no desaparece, sino que se transforma en energía según la ecuación de Einstein:

$$\Delta E = \Delta m \cdot c^2$$

Esa energía desprendida, que se conoce como energía de enlace, es la que hace que el núcleo sea más estable que los nucleones por separado.

Para comparar la estabilidad de unos nucleones con otros, se calcula la energía de enlace por nucleón, que es la energía de enlace desprendida al formarse un núcleo dividida por el número de nucleones que forman ese núcleo:

$$\textit{Energía de enlace por nucleón} = \frac{\Delta E}{A}$$

El número de protones más el de neutrones es el número másico, A.

Si se representa la energía de enlace por nucleón, $\Delta E/A$, frente al número másico, A, se obtiene la siguiente gráfica:

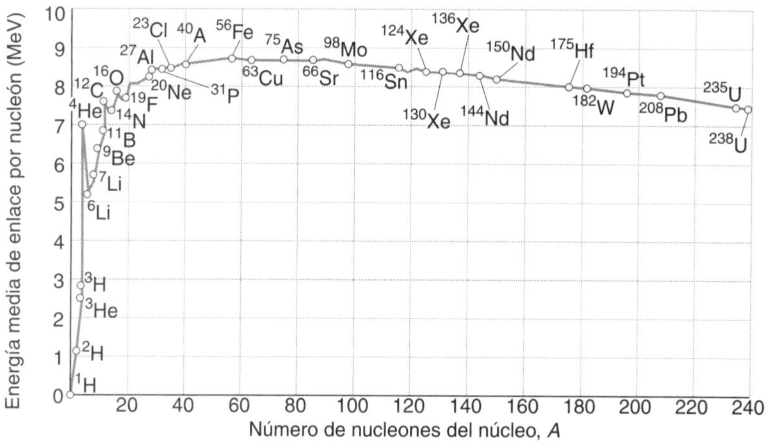

En ella se puede observar que los elementos más estables, los que han desprendido más energía por cada nucleón, son los de número másico intermedio.

Las reacciones de fusión nuclear consisten en la unión de núcleos pequeños para dar otros más pesados que ellos (como la fusión del hidrógeno para dar helio).

La energía desprendida en la fusión es la diferencia entre la energía de enlace de los núcleos que se forman y la energía de enlace de los núcleos iniciales que se funden.

Por otra parte, las reacciones de fisión nuclear consisten en la ruptura de núcleos grandes para dar otros núcleos más pequeños.

La energía desprendida en la fisión es la diferencia entre la energía de enlace de los núcleos que se forman y la energía de enlace del núcleo que se fisiona.

Opción B

Problemas

1 Este problema pertenece al tema de campo gravitatorio.

a) La velocidad del satélite está relacionada con el período, *T,* y el radio de su órbita, *R,* según la expresión:

$$v = \frac{2 \cdot \pi \cdot R}{T} \qquad [1]$$

Para determinar la velocidad orbital, tenemos en cuenta que la Tierra ejerce sobre el satélite una fuerza normal, que es la fuerza gravitatoria:

$$|\vec{F}_n| = |\vec{F}_g| \quad ; \quad m \cdot \frac{v^2}{R} = G \cdot \frac{M_T \cdot m}{R^2}$$

$$v = \sqrt{\frac{G \cdot M_T}{R}} \qquad [2]$$

Igualando [1] y [2] y despejando, obtenemos la expresión del radio de la órbita:

$$\frac{2 \cdot \pi \cdot R}{T} = \sqrt{\frac{G \cdot M_T}{R}} \rightarrow \frac{4 \cdot \pi^2 \cdot R^2}{T^2} = \frac{G \cdot M_T}{R}$$

$$R^3 = \frac{G \cdot M_T \cdot T^2}{4 \cdot \pi^2} \rightarrow R = \sqrt[3]{\frac{G \cdot M_T \cdot T^2}{4 \cdot \pi^2}} \qquad [3]$$

Sustituyendo valores:

$$R = \sqrt[3]{\frac{6{,}67 \cdot 10^{-11} \cdot 5{,}97 \cdot 10^{24} \cdot (10{,}5 \cdot 3\,600)^2}{4 \cdot \pi^2}} = 24\,335{,}56 \cdot 10^3 \text{ m}$$

b) La energía potencial del satélite en la órbita será:

$$E_p = -\frac{G \cdot M_T \cdot m}{R}$$

Y su energía cinética:

$$E_c = \frac{1}{2} \cdot m \cdot v^2 = \frac{1}{2} \cdot m \cdot \left(\sqrt{\frac{G \cdot M_T}{R}}\right)^2 = \frac{1}{2} \cdot \frac{G \cdot M_T \cdot m}{R}$$

La energía mecánica total del satélite en la órbita será la suma de sus energías potencial y cinética:

$$E_m = E_p + E_c = -\frac{G \cdot M_T \cdot m}{R} + \frac{1}{2} \cdot \frac{G \cdot M_T \cdot m}{R} = -\frac{1}{2} \cdot \frac{G \cdot M_T \cdot m}{R}$$

Sustituyendo valores:

$$E_m = -\frac{1}{2} \cdot \frac{6,67 \cdot 10^{-11} \cdot 5,97 \cdot 10^{24} \cdot 100}{24\,335,56 \cdot 10^3} = -8,18 \cdot 10^8 \text{ J}$$

c) El radio de la nueva órbita lo calculamos a partir de la expresión [3], teniendo en cuenta que el período, *T*, es el doble del apartado a), es decir, 21 horas.

$$T = 21 \text{ h} = 21 \cdot 3\,600 = 75\,600 \text{ s}$$

$$R = \sqrt[3]{\frac{G \cdot M_T \cdot T^2}{4 \cdot \pi^2}} = \sqrt[3]{\frac{6,67 \cdot 10^{-11} \cdot 5,97 \cdot 10^{24} \cdot (75\,600)^2}{4 \cdot \pi^2}}$$

$$R = 38\,630,293 \cdot 10^3 \text{ m}$$

2 Este problema pertenece al tema de óptica geométrica.

a) Según el enunciado y el convenio de signos, los datos del problema son los siguientes:

$$s' = 400 \text{ cm} \quad ; \quad f' = 15 \text{ cm} \quad ; \quad y = -3,5 \text{ cm}$$

La posición de la diapositiva con respecto a la lente se calcula aplicando la ecuación fundamental de las lentes delgadas:

$$\frac{1}{s'} - \frac{1}{s} = \frac{1}{f'} \rightarrow \frac{1}{400} - \frac{1}{s} = \frac{1}{15} \rightarrow s = -15,58 \text{ cm}$$

Como hemos calculado, la posición del objeto debe estar muy próxima al foco para obtener una imagen nítida y grande en la pantalla.

La construcción geométrica (no a escala) es la siguiente:

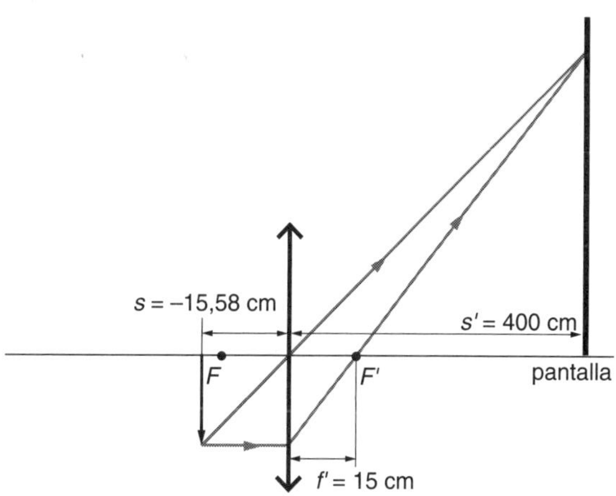

b) El tamaño de la imagen se determina a partir de la expresión del aumento lateral:

$$M_L = \frac{y'}{y} = \frac{s'}{s} \quad \rightarrow \quad \frac{y'}{-3{,}5} = \frac{400}{-15{,}58} \quad \rightarrow \quad y' = 89{,}86 \text{ cm}$$

La imagen es invertida y de mayor tamaño que el objeto.

c) La posición de la imagen, en este caso, será:

$$\frac{1}{s'} - \frac{1}{-16} = \frac{1}{15} \quad \rightarrow \quad s' = 240 \text{ cm (lejos de la pantalla)}$$

Al aumentar 0,42 cm (s = 16 cm) la distancia del objeto al foco con respecto al apartado a), se observa que la imagen está muy alejada de la pantalla, está desenfocada.

La construcción geométrica, en este caso, es la siguiente:

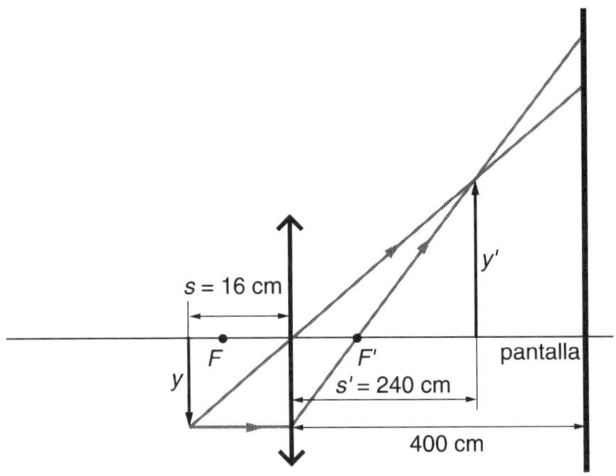

Cuestiones

1 Esta cuestión pertenece al tema de física nuclear.

Esta cuestión está resuelta en la cuestión cuatro de la opción A.

2 Esta cuestión pertenece al tema de movimiento ondulatorio.

Teniendo en cuenta que los puntos separados una longitud de onda están en fase, es decir, que la diferencia de fase entre ellos es de $2 \cdot \pi$ radianes, la distancia entre dos puntos cuya diferencia de fase es de π radianes puede calcularse de dos formas:

- Haciendo la proporción:

$$\frac{\lambda}{2 \cdot \pi} = \frac{d}{\pi} \quad \rightarrow \quad d = \frac{\lambda}{2}$$

• Igualando la diferencia de fase entre dos puntos, x_1 y x_2, a π:

$$\Delta\varphi = 2 \cdot \pi \cdot \left(\frac{t}{T} - \frac{x_1}{\lambda}\right) - 2 \cdot \pi \cdot \left(\frac{t}{T} - \frac{x_2}{\lambda}\right) = \pi$$

$$\frac{2 \cdot \pi}{\lambda} \cdot (x_2 - x_1) = \pi \quad \rightarrow \quad x_2 - x_1 = \frac{\lambda}{2}$$

3 Esta cuestión pertenece al tema de electromagnetismo e inducción electromagnética.

La fuerza que actúa sobre un conductor de longitud l, que transporta una corriente I, colocado en una zona donde existe un campo magnético $\vec{B}$, es:

$$\vec{F} = I \cdot (\vec{l} \times \vec{B})$$

Como el vector $\vec{B}$ es perpendicular al vector $\vec{l}$, la fuerza que actúa sobre el conductor es máxima en valor absoluto:

$$|\vec{F}| = I \cdot |\vec{l}| \cdot |\vec{B}| \cdot sen\ (\vec{l}, \vec{B}) = I \cdot |\vec{l}| \cdot |\vec{B}|$$

La dirección y el sentido de las magnitudes que intervienen en la expresión anterior se representan en la siguiente figura:

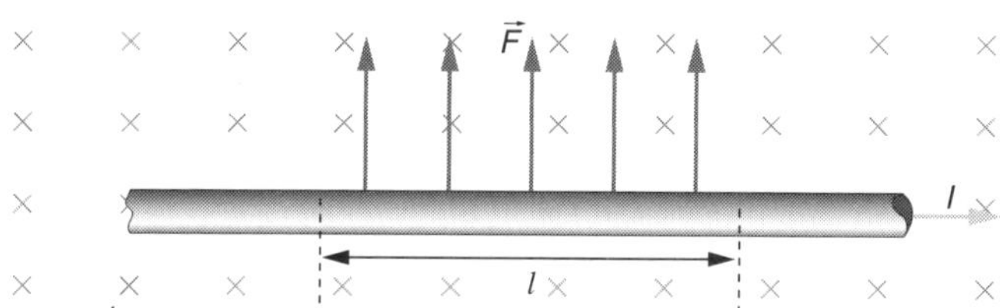

4 Esta cuestión pertenece al tema de física cuántica.

El efecto fotoeléctrico es la emisión de electrones por una superficie metálica cuando esta es iluminada con radiación electromagnética de determinada longitud de onda.

Existen tres hechos, al estudiar el efecto fotoeléctrico, que no pueden explicarse mediante la teoría electromagnética clásica:

– La emisión de electrones tiene lugar solo si la frecuencia, f, de la radiación supera una frecuencia mínima, propia de cada metal, llamada frecuencia umbral, f_0.

  Según la teoría clásica, el efecto fotoeléctrico debería ocurrir para cualquier frecuencia de la luz siempre que esta fuese lo suficientemente intensa.

- Si la frecuencia, *f*, de la luz incidente es mayor que la frecuencia umbral, el número de electrones emitidos es proporcional a la intensidad de la radiación incidente.

  Sin embargo, su energía cinética máxima es independiente de la intensidad de la luz, lo cual no tiene explicación en la teoría clásica.

- Nunca se ha podido medir un tiempo de retraso entre la iluminación del metal y la emisión de los fotoelectrones.

  Sin embargo, según la teoría clásica, si la intensidad de la luz es muy débil, debe existir un tiempo de retraso entre el instante en que la luz incide sobre la superficie metálica y la emisión de fotoelectrones.

Einstein explicó el efecto fotoeléctrico aplicando a la luz las ideas de Planck sobre la radiación térmica: la luz se propaga por el espacio transportando la energía en cuantos de luz, llamados fotones, cuya energía viene dada por la ecuación de Planck:

$$E = h \cdot f$$

La ecuación de Einstein del efecto fotoeléctrico es:

$$h \cdot f = W_e + E_c = W_e + \frac{1}{2} \cdot m \cdot v^2$$

Consulta tu libro de texto o tus apuntes para ampliar la cuestión.

6

CANTABRIA

PRUEBA DE SELECTIVIDAD

ACLARACIONES PREVIAS

El alumno elegirá tres de las cinco cuestiones propuestas, así como solo una de las dos opciones de problemas.

No deben resolverse problemas de opciones diferentes, ni tampoco más de tres cuestiones.

Cuestiones [2 puntos cada una]

A a) ¿Qué es la intensidad de una onda y en qué unidades se mide? (0,5 puntos)

b) ¿La intensidad depende de la amplitud, de la frecuencia, o de ambas? (0,4 puntos)

c) ¿Qué es la intensidad sonora y en qué unidades se mide? (0,5 puntos)

d) ¿Cuál es la intensidad sonora de una onda cuya intensidad es de 10^{-6} W · m^{-2}? (0,6 puntos)

Dato: Intensidad umbral: $I_0 = 10^{-12}$ W · m^{-2}.

B a) Explica en qué consiste la miopía y con qué tipo de lente se corrige. (1 punto)

b) Si tenemos un objeto situado a la izquierda de una lente divergente, tal como se muestra en la figura, determina gráficamente la posición de la imagen y el tamaño. (0,7 puntos)

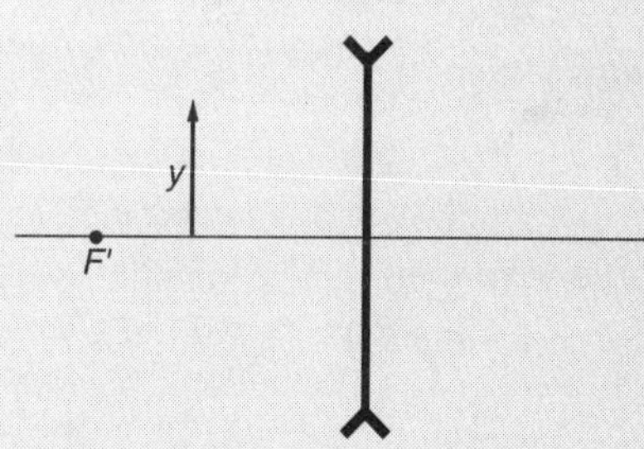

c) ¿Cuáles son las características de la imagen? (0,3 puntos)

C a) Define el momento angular. (0,5 puntos)

b) Define el momento de una fuerza. (0,5 puntos)

c) ¿Qué es una fuerza central? Pon un ejemplo. (0,5 puntos)

d) Comenta brevemente la relación de las fuerzas centrales con el momento angular y el movimiento planetario. (0,5 puntos)

D a) ¿Qué demostró el experimento de Oersted y en qué consistió? (0,7 puntos)

b) Enuncia la ley de Ampère. (0,6 puntos)

c) Utiliza la ley de Ampère para calcular el campo magnético creado por un hilo conductor rectilíneo infinito por el que circula una corriente de 10 A a una distancia de 10 cm. (0,7 puntos).

E a) Explica brevemente la hipótesis de De Broglie. (0,6 puntos)

b) ¿Qué dice el principio de indeterminación? (0,7 puntos)

c) Calcula la longitud de onda asociada a una pelota de golf de 50 g de masa que se mueve a una velocidad de 500 km/h. (0,7 puntos)

Dato: $h = 6,63 \cdot 10^{-34}$ J · s.

Problemas [2 puntos cada uno]

Opción 1

1 Una masa de 5 kg unida a un muelle está realizando un movimiento armónico simple. La figura representa la elongación en función del tiempo:

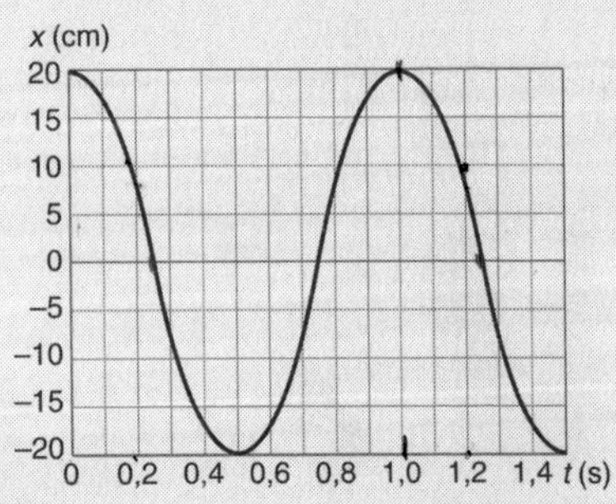

a) ¿Cuánto vale la frecuencia angular? (0,4 puntos)

b) Determina la ecuación que describe dicho movimiento. (0,5 puntos)

c) ¿Cuánto valen la velocidad, la energía cinética y la energía potencial elástica de la masa para $t = 1,2$ s. (0,6 puntos)

d) A un muelle idéntico suspendido del techo le colgamos lentamente una masa de 10 kg. Cuando la masa queda en equilibrio, ¿cuánto se estira el muelle respecto a la posición inicial? (0,5 puntos)

2 Dos cargas eléctricas puntuales de 3 μC y –3 μC cada una están situadas, respectivamente, en (3, 0) y en (–3, 0). Calcula:

a) El campo eléctrico en (0, 0) y en (0, 10). (1 punto)

b) El potencial en los puntos anteriores. (0,2 puntos)

c) El trabajo necesario para transportar una carga q_0 de $-2\ \mu C$ desde (2, 0) a (–2, 0). (0,8 puntos)

Datos: Todas las posiciones están en metros; $K = 9 \cdot 10^9\ N \cdot m^2 \cdot C^{-2}$.

Opción 2

1 La aceleración de la gravedad en la superficie de Marte es de $3{,}7\ m/s^2$ y su masa es un 11% la de la Tierra. Con estos datos, y recordando que el radio de la Tierra es de 6370 km y que la gravedad en la superficie terrestre es $g = 9{,}8\ m/s^2$, calcula:

a) El radio de Marte. (0,8 puntos)

b) El peso en la superficie de Marte de un astronauta de 75 kg de masa. (0,4 puntos)

c) La velocidad de escape desde la superficie de Marte. (0,8 puntos)

2 La actividad de una sustancia radiactiva disminuye en un factor 5 en el transcurso de 7 días.

a) Calcula la constante de desintegración y el período de semidesintegración. (0,8 puntos).

b) Si, cuando han transcurrido 2 días, la actividad de la sustancia es de 10^{18} desintegraciones/minuto, ¿cuántos átomos teníamos inicialmente? (0,8 puntos)

c) ¿Cuál será la actividad de esa sustancia si en lugar de 2 días transcurren 200? (0,4 puntos)

Cantabria. Junio, 2006.

SOLUCIÓN DE LA PRUEBA

Cuestiones

A Esta cuestión pertenece al tema de acústica.

a) Se denomina intensidad de una onda en un punto a la cantidad de energía por unidad de tiempo que atraviesa perpendicularmente la unidad de superficie colocada en dicho punto.

Se determina por medio de la expresión:

$$I = \frac{E}{S \cdot t} = \frac{P}{S} = \frac{\text{cte} \cdot \omega^2 \cdot A^2}{S}$$

Su unidad en el S.I. es el W/m^2.

Consulta tu libro de texto o tus apuntes para ampliar la cuestión.

b) La intensidad de una onda depende:

– De la amplitud:

$$\frac{I_1}{I_2} = \frac{A_1^{\,2}}{A_2^{\,2}}$$

La intensidad de una onda es directamente proporcional al cuadrado de la amplitud de la onda.

– De la frecuencia angular:

$$I = \frac{\text{cte} \cdot \omega^2 \cdot A^2}{S}$$

La intensidad de una onda es directamente proporcional al cuadrado de la frecuencia angular.

Por tanto, la intensidad de una onda depende de ambas magnitudes (amplitud y frecuencia angular). Pero también depende de la distancia al foco emisor:

$$\frac{I_1}{I_2} = \frac{r_2^{\,2}}{r_1^{\,2}}$$

La intensidad de una onda es inversamente proporcional al cuadrado de la distancia al foco emisor.

c) El sonido es una onda mecánica longitudinal; por tanto, la intensidad de las ondas sonoras y su unidad en el S.I. ya están definidas en el apartado a).

d) Nota: Por los datos dados en el problema, creemos que el enunciado debería pedir el nivel de intensidad sonora.

El nivel de intensidad sonora, S, está relacionado con la intensidad, I, de un sonido mediante la siguiente expresión:

$$S = 10 \cdot log\, \frac{I}{I_0}$$

donde I_0 es la intensidad umbral, $I_0 = 10^{-12}\ W \cdot m^{-2}$. Sustituyendo:

$$S = 10 \cdot log\, \frac{10^{-6}}{10^{-12}} = 10 \cdot log\, 10^6 = 60\ dB$$

B **Esta cuestión pertenece al tema de óptica geométrica.**

a) La miopía es un defecto del ojo que consiste en que las imágenes de un objeto distante se enfocan delante de la retina:

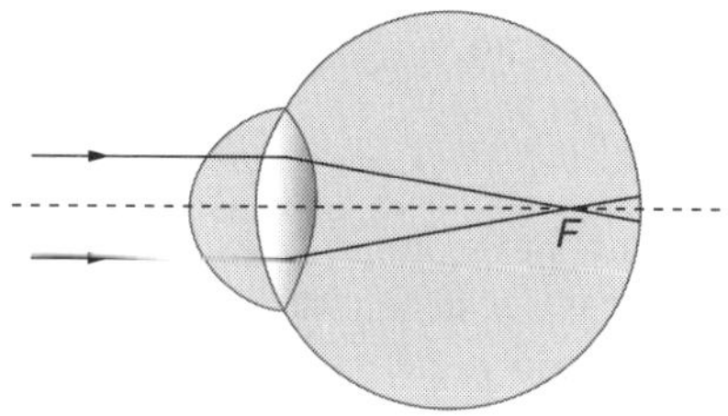

Las lentes divergentes permiten corregir la miopía:

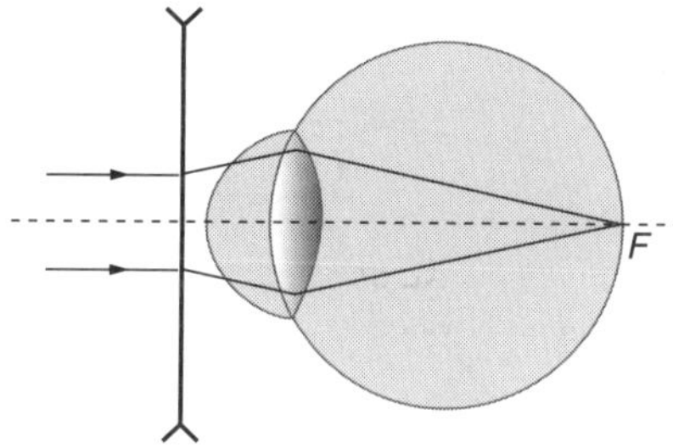

b) La construcción de la imagen en una lente se puede hacer dibujando, al menos, dos rayos de trayectorias conocidas y hallando su intersección después de refractarse en la lente.

Elegimos los siguientes rayos:

– Un rayo paralelo al eje óptico, que una vez refractado en la lente su prolongación pasa por el foco imagen.

– Un rayo que pasa por el centro óptico de la lente y no se desvía.

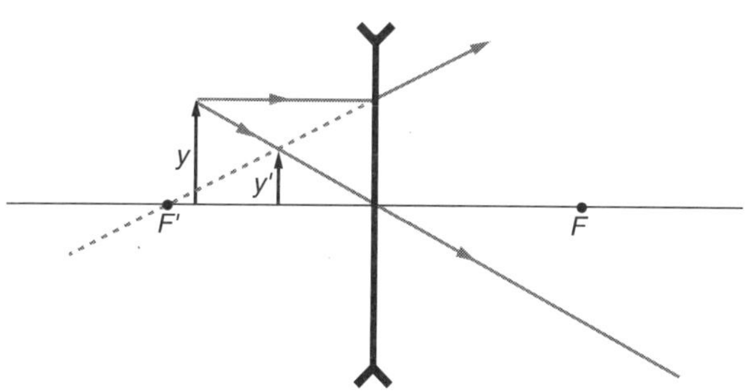

c) La imagen formada por una lente divergente es virtual, derecha y de menor tamaño que el objeto.

C **Esta cuestión pertenece al tema de fuerzas conservativas y no conservativas.**

a) El momento angular, $\vec{L}$, de una partícula de masa *m* respecto a un punto, *O*, es el producto vectorial del vector posición, $\vec{r}$, por el vector cantidad de movimiento, $\vec{p}$:

$$\vec{L} = \vec{r} \times \vec{p} = \vec{r} \times (m \cdot \vec{v})$$

El vector momento angular, $\vec{L}$, es perpendicular al plano formado por los vectores $\vec{r}$ y $\vec{p}$ y su sentido viene dado por el sentido de avance de un tornillo cuando va de $\vec{r}$ a $\vec{p}$ por el camino más corto:

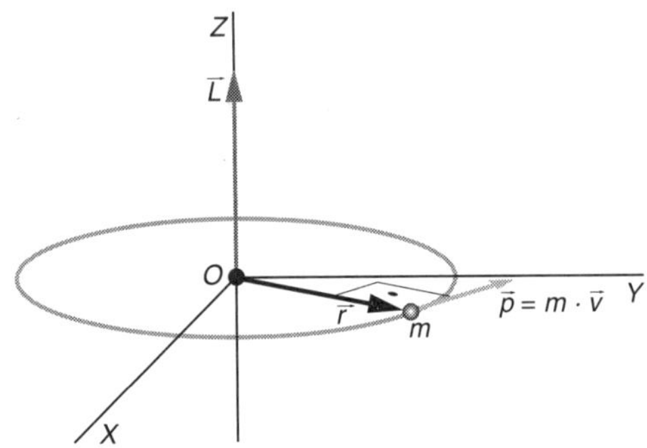

Su módulo viene dado por la expresión:

$$|\vec{L}| = |\vec{r}| \cdot |m \cdot \vec{v}| \cdot sen\,(\vec{r}, \vec{v})$$

b) El momento de una fuerza, $\vec{M}$, respecto a un punto, *O*, es el producto vectorial de los vectores $\vec{r}$ y $\vec{F}$, siendo $\vec{r}$ el vector posición que une el eje de giro con el punto en que se aplica la fuerza:

$$\vec{M} = \vec{r} \times \vec{F}$$

El momento, $\vec{M}$, es una magnitud vectorial, perpendicular al plano formado por los vectores $\vec{r}$ y $\vec{F}$, y su sentido viene dado por la regla de avance del tornillo que va de $\vec{r}$ a $\vec{F}$ por el camino más corto:

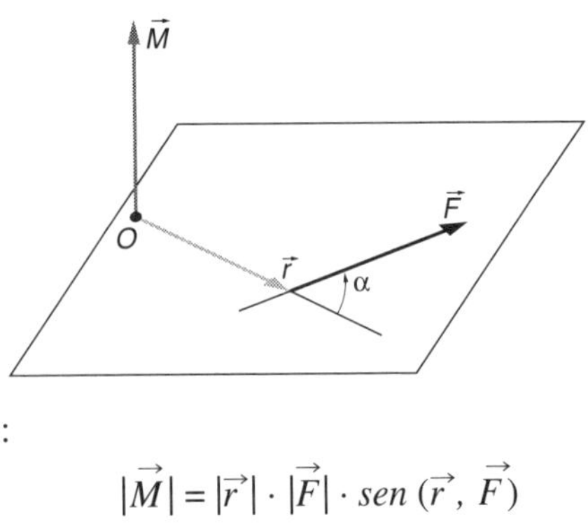

Su módulo es:

$$|\vec{M}| = |\vec{r}| \cdot |\vec{F}| \cdot sen\,(\vec{r}, \vec{F})$$

c) Una fuerza central es aquella que, independientemente del movimiento que realice el cuerpo sobre el que actúa, está dirigida siempre hacia un punto fijo, *O*. Su dirección es, por tanto, la recta que une el cuerpo con dicho punto. Un ejemplo es la fuerza de atracción gravitatoria que mantiene los planetas en órbita en torno al Sol:

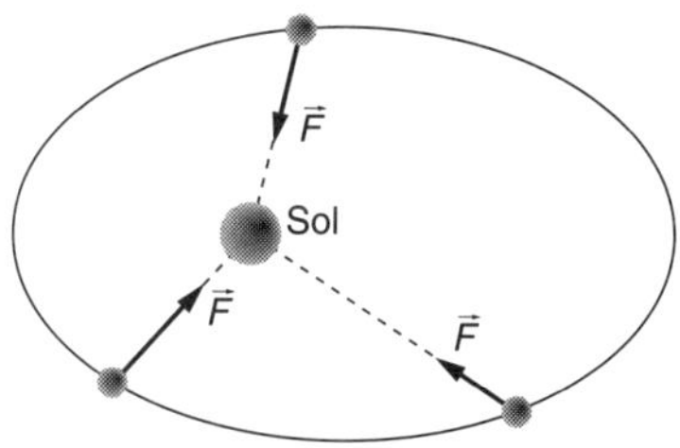

d) El momento, $\vec{M}$, de una fuerza central, $\vec{F}$, con respecto al punto fijo, *O*, por el que pasa la dirección de la fuerza, es nulo, ya que una fuerza central tiene la misma dirección que el vector posición. Por tanto, el momento angular, $\vec{L}$, de un cuerpo sobre el que actúa una fuerza central se mantiene invariable con el tiempo:

$$\vec{M} = \vec{r} \times \vec{F}$$

$$|\vec{M}| = |\vec{r}| \cdot |\vec{F}| \cdot sen\,(\vec{r}, \vec{F}) = 0$$

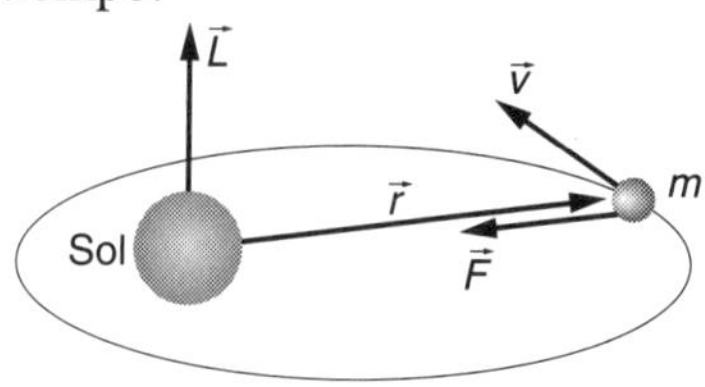

$$\frac{d\vec{L}}{dt} = \frac{d}{dt}(\vec{r} \times \vec{p}) = \vec{r} \times \frac{d\vec{p}}{dt} + \frac{d\vec{r}}{dt} \times \vec{p} = \vec{r} \times \frac{d(m \cdot \vec{v})}{dt}$$

$$\frac{d\vec{L}}{dt} = \vec{r} \times m \cdot \vec{a} = \vec{r} \times \vec{F} = \vec{M} \;\; ; \text{ Si } \vec{M} = 0 \rightarrow \frac{d\vec{L}}{dt} = 0 \rightarrow \vec{L} = \text{cte}$$

D **Esta cuestión pertenece al tema de electromagnetismo e inducción electromagnética.**

a) Oersted descubrió experimentalmente que las corrientes eléctricas producen campos magnéticos.

Consulta tu libro de texto o tus apuntes para ampliar la cuestión.

b) Según la ley de Ampère, un alambre largo y recto por el que circula una corriente *I* produce un campo magnético cuyo valor en un punto viene dado por:

$$B = \frac{\mu_0 \cdot I}{2 \cdot \pi \cdot d}$$

donde *d* es la distancia perpendicular del alambre al punto.

La circulación del campo magnético a lo largo de una línea cerrada es directamente proporcional a la intensidad de corriente que atraviesa el área encerrada por dicha línea. La constante de proporcionalidad es la permeabilidad magnética del medio:

$$\oint \vec{B} \cdot \vec{dl} = \mu_0 \cdot I$$

En general, cuando hay varias corrientes:

$$\oint \vec{B} \cdot \vec{dl} = \mu_0 \cdot \Sigma I$$

c) El módulo del campo magnético creado por el conductor de $I = 10$ A a una distancia de 10 cm es:

$$B = \frac{\mu_0 \cdot I}{2 \cdot \pi \cdot d}$$

$$B = \frac{4 \cdot \pi \cdot 10^{-7} \cdot 10}{2 \cdot \pi \cdot 0{,}1} = 2 \cdot 10^{-5}\ \text{T}$$

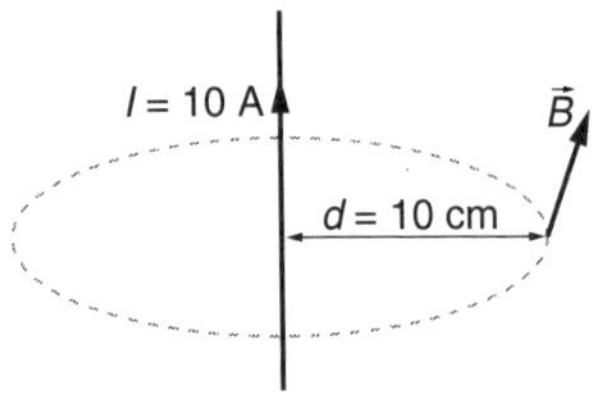

E Esta cuestión pertenece al tema de física cuántica.

a) Según la hipótesis de De Broglie, la longitud de onda asociada a cada partícula en movimiento viene dada por la ecuación:

$$\lambda = \frac{h}{p} \qquad [1]$$

donde h es la constante de Planck y p es el momento lineal de la partícula en movimiento.

b) El principio de incertidumbre de Heisenberg dice que no es posible determinar simultáneamente, de modo preciso, la posición y la cantidad de movimiento de una partícula.

Este principio es una consecuencia de la dualidad onda-partícula de la radiación:

$$\Delta x \cdot \Delta p \geq = \frac{h}{2 \cdot \pi}$$

c) El momento lineal de la partícula en movimiento es el producto de su masa por su velocidad. En este caso, su valor es:

$$p = m \cdot v = 50 \cdot 10^{-3}\ \text{kg} \cdot 500\ \frac{\text{km}}{\text{h}} \cdot \frac{10^3\ \text{m}}{1\ \text{km}} \cdot \frac{1\ \text{h}}{3\,600\ \text{s}} = 6{,}94\ \text{kg} \cdot \text{m/s}$$

Sustituyendo valores en [1], la longitud de onda es:

$$\lambda = \frac{6{,}63 \cdot 10^{-34}}{6{,}94} = 9{,}55 \cdot 10^{-35}\ \text{m}$$

Problemas

Opción 1

1 Este problema pertenece al tema de movimiento armónico simple.

a) De la figura se pueden obtener los valores de la amplitud, *A*, y del período, *T*:

$$x_{máx} = A = 20 \text{ cm} \quad ; \quad T = 1 \text{ s}$$

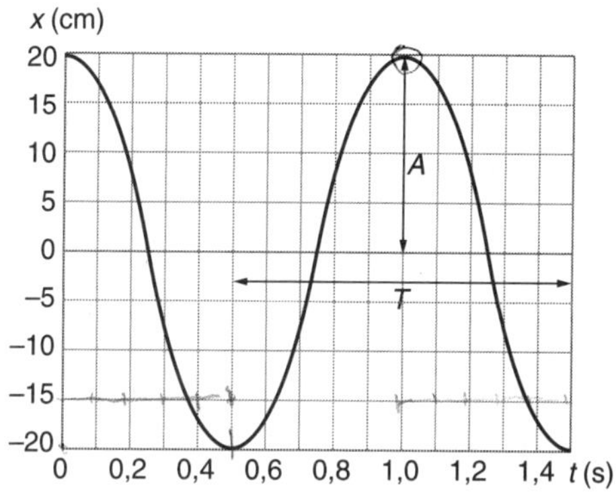

El período, *T*, es el tiempo que tarda la partícula en pasar dos veces consecutivas por la misma posición y en el mismo sentido del movimiento. A partir de él se calcula la frecuencia angular, ω:

$$\omega = \frac{2 \cdot \pi}{T} = \frac{2 \cdot \pi}{1} = 2 \cdot \pi \text{ rad/s}$$

b) La ecuación de un movimiento armónico simple es:

$$x = A \cdot cos\ (\omega \cdot t + \varphi_0) \qquad [1]$$

donde *A* es la amplitud; ω, la pulsación, y φ_0, la fase inicial.

La fase inicial se calcula teniendo en cuenta el valor que toma la elongación, *x*, para $t = 0$ en la gráfica y sustituyendo en la ecuación [1]:

$$\left.\begin{array}{l} t = 0 \\ x = 0{,}2 \text{ m} \end{array}\right\} \quad 0{,}2 = 0{,}2 \cdot cos\ (0 + \varphi_0) \;\rightarrow\; cos\ \varphi_0 = 1 \;\rightarrow\; \varphi_0 = 0$$

La ecuación matemática del movimiento armónico es, finalmente:

$$x = 0{,}2 \cdot cos\ (2 \cdot \pi \cdot t)$$

c) La velocidad es la derivada de la posición con respecto al tiempo:

$$v = \frac{dx}{dt} = -0{,}2 \cdot 2 \cdot \pi \cdot sen\ (2 \cdot \pi \cdot t) = -0{,}4 \cdot \pi \cdot sen\ (2 \cdot \pi \cdot t)$$

La velocidad para $t = 1{,}2$ s es:

$$v\ (t = 1{,}2\ \text{s}) = -0{,}4 \cdot \pi \cdot sen\ (2 \cdot \pi \cdot 1{,}2) = -1{,}2\ \text{m/s}$$

Y la energía cinética en ese instante vale:

$$E_c = \frac{1}{2} \cdot m \cdot v^2 \quad \rightarrow \quad E_c = \frac{1}{2} \cdot 5 \cdot (-1{,}2)^2 = 3{,}6\ \text{J}$$

La energía potencial del movimiento armónico simple es:

$$E_p = \frac{1}{2} \cdot k \cdot x^2 = \frac{1}{2} \cdot m \cdot \omega^2 \cdot x^2$$

donde k es la constante recuperadora del muelle ($k = m \cdot \omega^2$) y x es la posición de la partícula cuando ha transcurrido un tiempo de 1,2 s:

$$x\ (t = 1{,}2\ \text{s}) = 0{,}2 \cdot cos\ (2 \cdot \pi \cdot 1{,}2) = 0{,}062\ \text{m}$$

Por tanto, la energía potencial será:

$$E_p = \frac{1}{2} \cdot 5 \cdot (2 \cdot \pi)^2 \cdot 0{,}062^2 = 0{,}38\ \text{J}$$

La energía cinética en un movimiento armónico simple también se puede calcular como:

$$E_c = \frac{1}{2} \cdot m \cdot \omega^2 \cdot (A^2 - x^2) = \frac{1}{2} \cdot 5 \cdot (2 \cdot \pi)^2 \cdot (0{,}2^2 - 0{,}062^2) = 3{,}57\ \text{J}$$

d) Un muelle al que se le cuelga una masa, m, se estira hasta que alcanza el equilibrio, es decir, hasta que el peso es contrarrestado por la fuerza recuperadora del muelle. La fuerza recuperadora del muelle es proporcional a la elongación, como establece la ley de Hooke:

$$\vec{F}_{rec} = -k \cdot \Delta \vec{y}$$

Cuando se alcanza el equilibrio, se puede calcular el alargamiento del muelle, cuya constante recuperadora conocemos por el apartado anterior:

$$|\vec{F}_{rec}| = |\vec{P}| \ \rightarrow \ k \cdot \Delta y = m_1 \cdot g$$

$$\Delta y = \frac{m_1 \cdot g}{k} = \frac{m_1 \cdot g}{m \cdot \omega^2} = \frac{10 \cdot 9{,}8}{5 \cdot (2 \cdot \pi)^2} = 0{,}5\ \text{m}$$

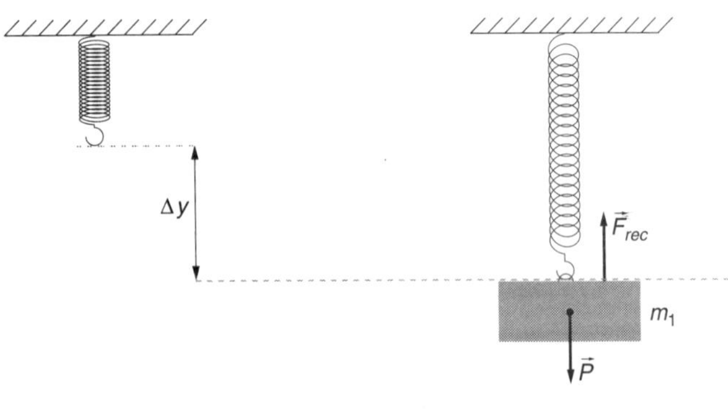

2 **Este problema pertenece al tema de campo eléctrico.**

a) El campo eléctrico creado por una carga, *q,* en un punto, *P,* a una distancia, *d,* de la carga es un vector de módulo:

$$|\vec{E}| = K \cdot \frac{q}{d^2}$$

Su dirección es la recta que une la carga y el punto, y su sentido, alejándose de la carga si es positiva y acercándose si es negativa:

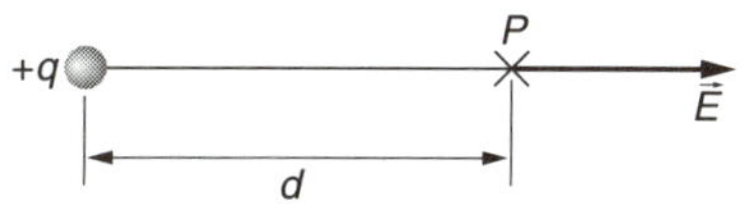

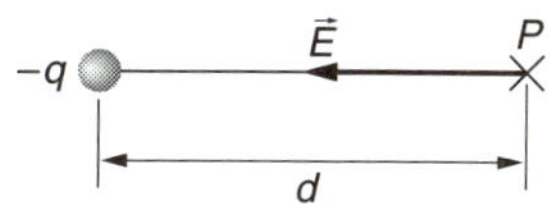

El campo eléctrico creado por varias cargas en un punto es, según el principio de superposición, la suma vectorial de cada uno de los campos creados por las distintas cargas:

$$\vec{E} = \vec{E}_1 + \vec{E}_2$$

En el punto (0, 0):

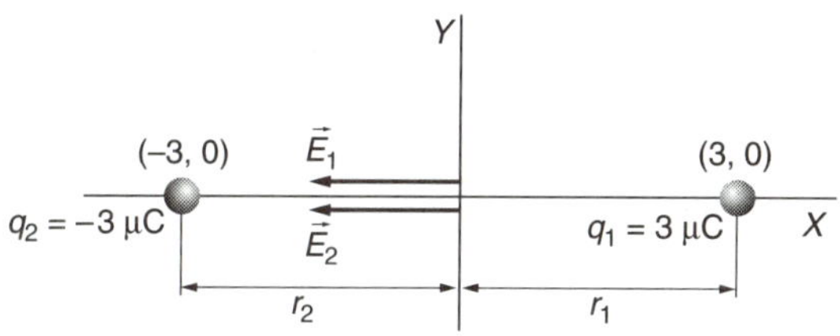

El campo eléctrico creado por la carga q_1 es:

$$|\vec{E}_1| = K \cdot \frac{q_1}{r_1^2} = \frac{9 \cdot 10^9 \cdot 3 \cdot 10^{-6}}{9} = 3 \cdot 10^3 \text{ N/C}$$

Y el creado por q_2 es:

$$|\vec{E}_2| = K \cdot \frac{q_2}{r_2^2} = \frac{9 \cdot 10^9 \cdot 3 \cdot 10^{-6}}{9} = 3 \cdot 10^3 \text{ N/C}$$

El módulo del campo resultante en el punto (0, 0) será:

$$|\vec{E}| = |\vec{E}_1| + |\vec{E}_2| = 2 \cdot 3 \cdot 10^3 = 6 \cdot 10^3 \text{ N/C}$$

Su dirección es el eje *X,* y su sentido, las *X* negativas.

El vector campo en el punto (0, 0) es, por tanto:

$$\vec{E} = -6 \cdot 10^3 \cdot \vec{i} \text{ N/C}$$

En el punto (0, 10):

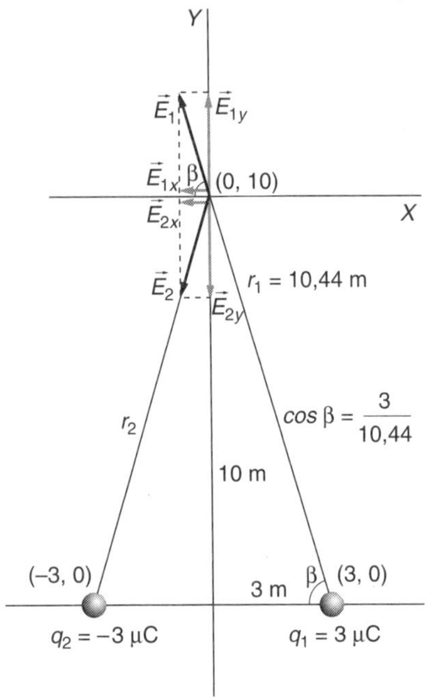

De la figura anterior se deduce que:

– Las componentes de los vectores campo eléctrico a lo largo del eje Y se anulan por ser iguales en valor absoluto las cargas y las distancias, $r_1 = r_2$:

$$\vec{E}_{2y} = -\vec{E}_{1y}$$

$$\vec{E} = \vec{E}_{2x} + \vec{E}_{1x} = E_{2x} \cdot (-\vec{i}\,) + E_{1x} \cdot (-\vec{i}\,)$$

$$|\vec{E}_{2x}| = |\vec{E}_{1x}| \quad \rightarrow \quad \vec{E} = 2 \cdot E_{1x} \cdot (-\vec{i}\,)$$

– La distancia de cada carga al punto (0, 10) es la misma:

$$r_1 = r_2 = r$$

$$r = \sqrt{100 + 9} = 10{,}44 \text{ m}$$

Calculamos el valor de E_{1x} para obtener el campo eléctrico resultante:

$$E_{1x} = E_1 \cdot cos\ \beta = K \cdot \frac{q_1}{r^2} \cdot cos\ \beta$$

$$E_{1x} = 9 \cdot 10^9 \cdot \frac{3 \cdot 10^{-6}}{10{,}44^2} \cdot \frac{3}{10{,}44} = 71{,}18 \text{ N/C}$$

$$\vec{E} = -2 \cdot 71{,}18 \cdot \vec{i} = -142{,}36 \cdot \vec{i} \text{ N/C}$$

b) El potencial eléctrico creado por una carga, q, en un punto, P, a una distancia, d, de la carga es una magnitud escalar:

$$V = K \cdot \frac{q}{d}$$

Si tenemos varias cargas, el potencial total en un punto será igual a la suma de los potenciales creados por cada una de las cargas en ese punto:

$$V_T = V_1 + V_2$$

En el punto (0, 0):

$$V_T = V_1 + V_2 = \frac{K \cdot q_1}{d_1} + \frac{K \cdot q_2}{d_2}$$

$$V_T = \frac{9 \cdot 10^9 \cdot 3 \cdot 10^{-6}}{3} + \frac{9 \cdot 10^9 \cdot (-3 \cdot 10^{-6})}{3} = 0$$

En el punto (0, 10):

$$V_T = V_1 + V_2 = \frac{K \cdot q_1}{d_1} + \frac{K \cdot q_2}{d_2}$$

$$V_T = \frac{9 \cdot 10^9 \cdot 3 \cdot 10^{-6}}{10{,}44} + \frac{9 \cdot 10^9 \cdot (-3 \cdot 10^{-6})}{10{,}44} = 0$$

c) El trabajo necesario para trasladar una carga desde un punto A (2, 0) hasta un punto B (–2, 0) dentro de un campo eléctrico viene dado por:

$$W_{AB} = -\Delta E_p = -q \cdot (V_B - V_A)$$

El potencial en el punto A (2, 0) resulta:

$$V_A = V_{1A} + V_{2A} = \frac{K \cdot q_1}{d_1} + \frac{K \cdot q_2}{d_2}$$

$$V_A = \frac{9 \cdot 10^9 \cdot 3 \cdot 10^{-6}}{1} - \frac{9 \cdot 10^9 \cdot 3 \cdot 10^{-6}}{5} = 21\,600 \text{ V}$$

donde las distancias de cada carga al punto A son las representadas en la figura:

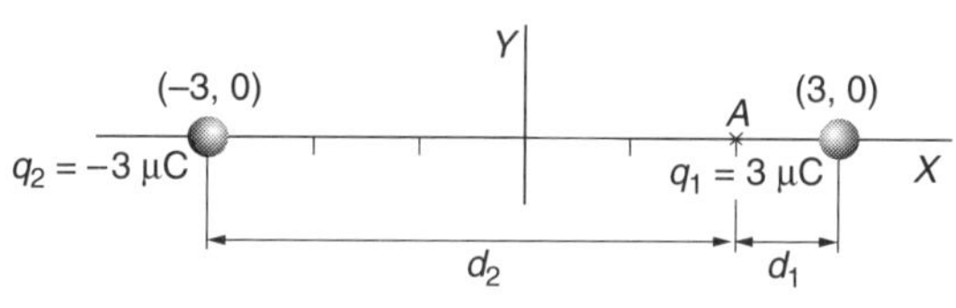

Y en el punto B (–2, 0) vale:

$$V_B = V_{1B} + V_{2B} = \frac{K \cdot q_1}{d_1} + \frac{K \cdot q_2}{d_2}$$

$$V_B = \frac{9 \cdot 10^9 \cdot 3 \cdot 10^{-6}}{5} - \frac{9 \cdot 10^9 \cdot 3 \cdot 10^{-6}}{1} = -21\,600 \text{ V}$$

En la figura siguiente se representan las distancias de cada carga al punto *B*:

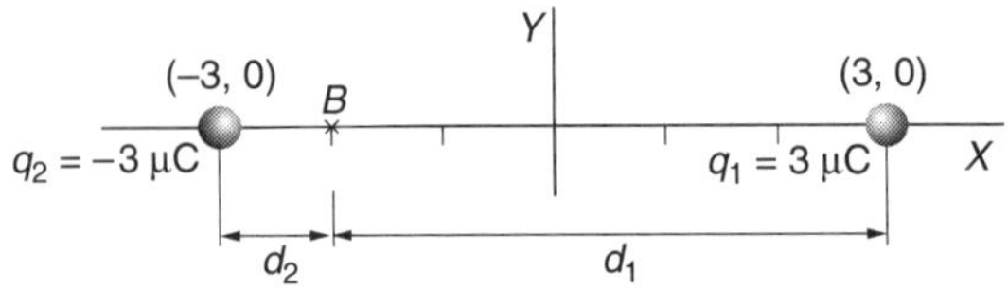

El trabajo realizado para trasladar la carga de –2 μC es:

$$W_{AB} = -(-2 \cdot 10^{-6}) \cdot (-21600 - 21600) = -0{,}0864 \text{ J}$$

Opción 2

1 Este problema pertenece al tema de campo gravitatorio.

a) La aceleración de la gravedad (intensidad del campo gravitatorio) en la superficie terrestre es:

$$g_0 = \frac{G \cdot M_T}{R_T^{\,2}} = 9{,}8 \text{ m/s}^2$$

La aceleración de la gravedad en la superficie de Marte es:

$$g_M = \frac{G \cdot M_M}{R_M^{\,2}} = \frac{G \cdot 0{,}11 \cdot M_T}{R_M^{\,2}} = 3{,}7 \text{ m/s}^2$$

Dividiendo ambas expresiones y despejando R_M:

$$\frac{\dfrac{G \cdot M_T}{R_T^{\,2}}}{\dfrac{G \cdot 0{,}11 \cdot M_T}{R_M^{\,2}}} = \frac{9{,}8}{3{,}7} \rightarrow \frac{R_M^{\,2}}{R_T^{\,2} \cdot 0{,}11} = \frac{9{,}8}{3{,}7}$$

$$R_M = \sqrt{\frac{9{,}8 \cdot 0{,}11 \cdot (6\,370 \cdot 10^3)^2}{3{,}7}} = 3\,438{,}33 \cdot 10^3 \text{ m}$$

b) El peso de un cuerpo en un punto es igual al producto de la masa del cuerpo por el valor de la gravedad en ese punto.

El peso en la superficie de Marte es:

$$P = m \cdot g_M = 75 \cdot 3{,}7 = 277{,}5 \text{ N}$$

a) La velocidad de escape es la velocidad que hay que comunicar a un cuerpo para que pueda salir de la influencia gravitatoria del planeta.

En la superficie del planeta, el objeto tiene energía potencial. Para que escape, hay que transmitirle una energía cinética suficiente para que la energía mecánica en la superficie del planeta sea igual a la energía mecánica en el infinito:

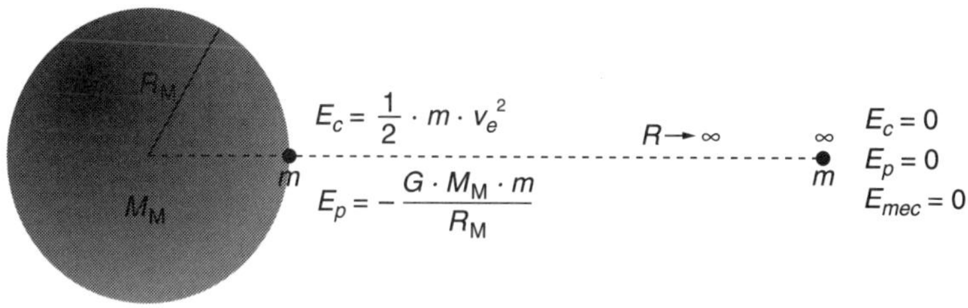

Lo que se corresponde con la siguiente expresión:

$$(E_{mec})_{sup} = (E_{mec})_{\infty} \quad \rightarrow \quad -\frac{G \cdot M_M \cdot m}{R_M} + \frac{1}{2} \cdot m \cdot v_e^{\,2} = 0$$

Por tanto, la velocidad de escape será:

$$v_e = \sqrt{\frac{2 \cdot G \cdot M_M}{R_M}}$$

Como el enunciado del problema no proporciona los datos de G y M_M, se puede usar el valor de la gravedad en la superficie de Marte:

$$g_M = \frac{G \cdot M_M}{R_M^{\,2}} \; ; \; G \cdot M_M = g_M \cdot R_M^{\,2}$$

Y sustituimos en la expresión de la velocidad de escape:

$$v_e = \sqrt{\frac{2 \cdot g_M \cdot R_M^{\,2}}{R_M}} = \sqrt{2 \cdot g_M \cdot R_M} = \sqrt{2 \cdot 3{,}7 \cdot 3\,438{,}33 \cdot 10^3}$$

$$v_e = 5\,044{,}17 \text{m /s}$$

2 Este problema pertenece al tema de física atómica y nuclear.

a) Calculamos la constante de desintegración radiactiva a partir de la ley de desintegración radiactiva:

$$A = A_0 \cdot e^{-\lambda \cdot t} \qquad [1]$$

donde A_0 es la actividad inicial de la muestra; A, la actividad de la muestra cuando ha transcurrido un determinado tiempo; λ, la constante de desintegración radiactiva, y t, el tiempo transcurrido.

Sustituyendo valores, tomando logaritmos neperianos y despejando, obtenemos:

$$\frac{A_0}{5} = A_0 \cdot e^{-\lambda \cdot t} \;\rightarrow\; ln\,\frac{1}{5} = -\lambda \cdot t \;\rightarrow\; \lambda = \frac{-1{,}61}{-7} = 0{,}23 \text{ días}^{-1}$$

El período de semidesintegración lo calculamos a partir de la expresión:

$$T_{1/2} = \frac{ln\,2}{\lambda} = \frac{0{,}693}{0{,}23} = 3{,}01 \text{ días}$$

b) A partir de la expresión [1], sustituyendo valores y despejando, obtenemos el valor de la actividad inicial:

$$A = 10^{18}\,\frac{\text{desintegraciones}}{\text{minuto}} \cdot \frac{1 \text{ minuto}}{60 \text{ s}} = 1{,}67 \cdot 10^{16} \text{ Bq}$$

$$1{,}67 \cdot 10^{16} = A_0 \cdot e^{-0{,}23 \cdot 2}$$

$$A_0 = 2{,}65 \cdot 10^{16} \text{ Bq}$$

La actividad de una sustancia radiactiva es el número de desintegraciones que se producen por unidad de tiempo:

$$A = \frac{dN}{dt} = \lambda \cdot N$$

donde N es el número de átomos, y λ, la constante de desintegración radiactiva.

La actividad inicial será:

$$A_0 = \lambda \cdot N_0$$

Sustituyendo valores y despejando, se obtiene:

$$2{,}65 \cdot 10^{16} = \left(0{,}23 \text{ días}^{-1} \cdot \frac{1 \text{ día}}{24 \text{ h}} \cdot \frac{1 \text{ h}}{3\,600 \text{ s}}\right) \cdot N_0$$

$$N_0 = \frac{2{,}65 \cdot 10^{16} \cdot 24 \cdot 3\,600}{0{,}23} = 9{,}95 \cdot 10^{21} \text{ átomos}$$

c) La actividad de la sustancia después de 200 días será:

$$A = A_0 \cdot e^{-\lambda \cdot t}$$

$$A = 2{,}65 \cdot 10^{16} \cdot e^{-0{,}23 \cdot 200} = 2{,}79 \cdot 10^{-4} \text{ Bq}$$

7

CASTILLA - LA MANCHA

PRUEBA DE SELECTIVIDAD

ACLARACIONES PREVIAS

El alumno deberá contestar a una de las dos opciones propuestas, ***A*** *o* ***B.***

Los problemas puntúan 3 puntos cada uno, y las cuestiones, 1 punto cada una. Se penalizará con 0,75 puntos si se cometen más de 3 faltas graves de ortografía y un máximo de 0,50 puntos si se cometen 3 o menos.

Se podrá utilizar una calculadora y una regla.

Opción A

Problemas

1 Dos cargas puntuales $q_1 = +\ 2{,}0$ nC y $q_2 = -1{,}0$ nC, están fijas y separadas una distancia de 8 cm. Calcula:

a) El campo eléctrico en el punto medio entre las cargas, *T*.

b) El potencial eléctrico en los puntos *S* y *T*.

c) El trabajo necesario para trasladar otra carga, q', de 3,0 nC desde el punto *S* hasta el punto *T*.

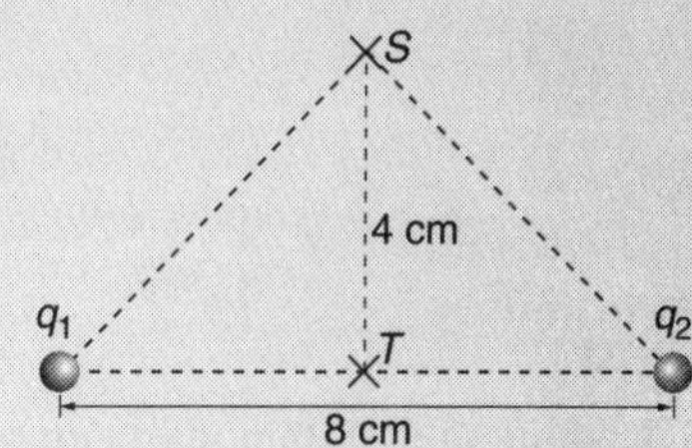

Datos: $K = 9{,}00 \cdot 10^9\ \text{N} \cdot \text{m}^2/\text{C}^2$; $1\ \text{nC} = 10^{-9}\ \text{C}$.

2 Una bobina circular de 4 cm de radio y 30 vueltas se sitúa en un campo magnético dirigido perpendicularmente al plano de la bobina cuyo módulo en función del tiempo es $B(t) = 0{,}01 \cdot t + 0{,}04\ t^2$, donde *t* está en segundos y *B* en teslas. Determina:

a) El flujo magnético en la bobina en función del tiempo.

b) La fuerza electromotriz inducida en el instante $t = 5{,}00$ s.

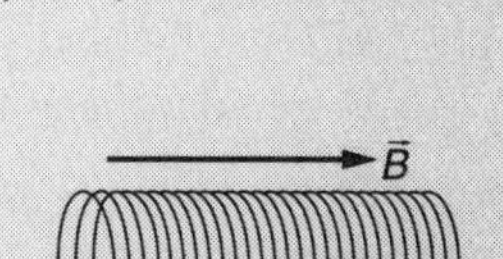

Cuestiones

3 Calcula la masa terrestre a partir de los valores del período de rotación de la Luna en torno a la Tierra, $T = 27{,}3$ días, y del radio medio de su órbita, $R = 3{,}84 \cdot 10^8$ m.

Datos: $G = 6{,}672 \cdot 10^{-11}$ N · m²/kg².

4 En el laboratorio se ha medido cuatro veces el tiempo que tarda una esferita que pende de un hilo de 40 cm de longitud en realizar 10 oscilaciones completas de pequeña amplitud. Los resultados de la medición son 12,7; 12,9; 12,6 y 12,6 s.

Estima el valor de la aceleración de la gravedad.

5 Obtén gráficamente la imagen de un objeto situado en el centro de curvatura de un espejo esférico cóncavo. Indica las características de la imagen obtenida.

6 ¿Se produce corriente fotoeléctrica cuando la luz de 400 nm incide sobre un metal con una función de trabajo de 2,3 eV?

Datos: 1 eV $= 1{,}60 \cdot 10^{-19}$ J;
$h = 6{,}63 \cdot 10^{-34}$ J · s;
$c = 3{,}00 \cdot 10^8$ m · s^{-1};
1 nm $= 10^{-9}$ m.

Opción B

Problemas

1 Una onda estacionaria en una cuerda se puede describir por la ecuación:

$$y\,(x, t) = 0{,}02 \cdot sen\left(10 \cdot \pi \cdot \frac{x}{3}\right) \cdot cos\,(40 \cdot \pi \cdot t)$$

donde *y*, *x* y *t* se expresan en unidades del S.I.

Calcula:

a) La velocidad y la amplitud de las ondas que, por superposición, pueden dar lugar a esta onda estacionaria.

b) La distancia entre dos nodos consecutivos de la cuerda.

c) La velocidad máxima que presenta el punto medio entre dos nodos consecutivos.

2 Un meteorito, de 200 kg de masa, se encuentra inicialmente en reposo a una distancia sobre la superficie terrestre igual a 7 veces el radio de la Tierra.

a) ¿Cuánto pesa en ese punto?

b) ¿Cuánta energía mecánica posee?

c) Si cae a la Tierra, suponiendo que no hay rozamiento con el aire, ¿con qué velocidad llegaría a la superficie terrestre?

Datos: $G = 6{,}67 \cdot 10^{-11}\ N \cdot m^2 \cdot kg^{-2}$;

$R_T = 6\,370$ km;

$M_T = 5{,}98 \cdot 10^{24}$ kg.

Cuestiones

3 En una región del espacio, el campo es nulo. ¿Debe ser nulo también el potencial eléctrico en dicha región?

Razona la respuesta.

4 Un protón describe una circunferencia de radio 0,35 m en el seno de un campo magnético uniforme de módulo 1,48 T, perpendicular al plano de la trayectoria.

Calcula el módulo de la velocidad del protón y su energía cinética expresada en eV.

Datos: $q_p = 1{,}6 \cdot 10^{-19}$ C;

$m_p = 1{,}67 \cdot 10^{-27}$ kg;

$1\ eV = 1{,}6 \cdot 10^{-16}$ J.

5 Obtén gráficamente la imagen de un objeto situado a una distancia de una lente delgada convergente mayor que el doble de la distancia focal. Indica las características de la imagen obtenida.

6 Un isótopo inestable del astato, $^{217}_{85}At$, emite una partícula α y se transforma en un elemento *X*, el cual emite una partícula β y da lugar al elemento *Y*.

Establece los números másico y atómico de *X* e *Y*.

Castilla-La Mancha. Junio, 2006.

SOLUCIÓN DE LA PRUEBA

Opción A

Problemas

1 Este problema pertenece al tema de campo eléctrico.

a) El campo eléctrico creado por una carga q en un punto P es un vector de módulo:

$$|\vec{E}| = K \cdot \frac{q}{r^2}$$

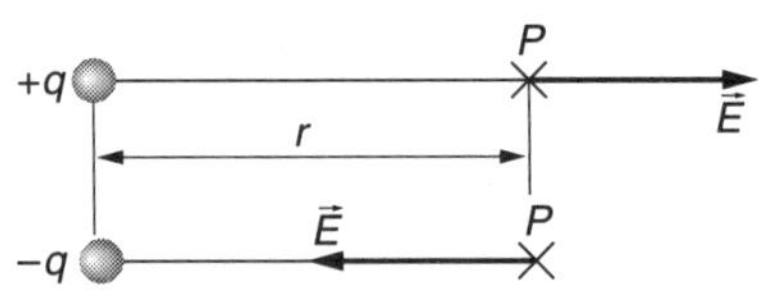

Su dirección es la de la recta que une la carga q y el punto P, y su sentido, hacia la carga si esta es negativa y el contrario si es positiva.

El campo eléctrico total en el punto P es la suma vectorial de los campos creados por cada una de las cargas en ese punto (principio de superposición).

En el caso de las dos cargas del problema:

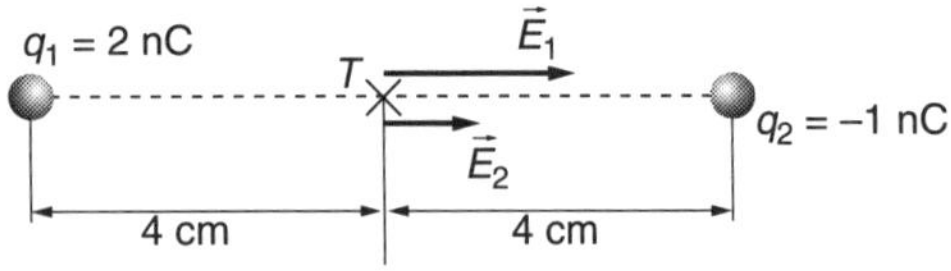

El campo creado por la carga q_1 en el punto T tendrá de módulo:

$$|\vec{E}_1| = 9 \cdot 10^9 \cdot \frac{2 \cdot 10^{-9}}{(4 \cdot 10^{-2})^2} = 1{,}125 \cdot 10^4 \text{ N/C}$$

Su dirección es la de la recta que une q_1 y T, y su sentido, hacia a q_2.

El campo creado por la carga q_2 en el punto T tendrá de módulo:

$$|\vec{E}_2| = 9 \cdot 10^9 \cdot \frac{1 \cdot 10^{-9}}{(4 \cdot 10^{-2})^2} = 0{,}563 \cdot 10^4 \text{ N/C}$$

Su dirección la de la recta que une q_2 y T, y su sentido, hacia q_2.

El campo total en el punto T será la suma de ambos:

$$|\vec{E}_{total}| = 1{,}69 \cdot 10^4 \text{ N/C}$$

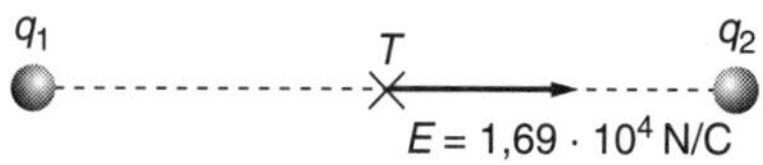

Y estará dirigido hacia la carga negativa, q_2.

b) El potencial eléctrico creado por una carga q en un punto P es un escalar:

$$V = K \cdot \frac{q}{r}$$

El potencial tiene el mismo signo que la carga que lo crea.

El potencial eléctrico total en el punto S es la suma de los potenciales creados por cada una de las cargas en ese punto (por el principio de superposición).

El potencial eléctrico en el punto S de la figura será:

$$V_1\,(S) = 9 \cdot 10^9 \cdot \frac{2 \cdot 10^{-9}}{\sqrt{32} \cdot 10^{-2}} = 318{,}2 \text{ V}$$

$$V_2\,(S) = 9 \cdot 10^9 \cdot \frac{-1 \cdot 10^{-9}}{\sqrt{32} \cdot 10^{-2}} = -159{,}1 \text{ V}$$

$$V_{total}\,(S) = 318{,}2 + (-159{,}1) = 159{,}1 \text{ V}$$

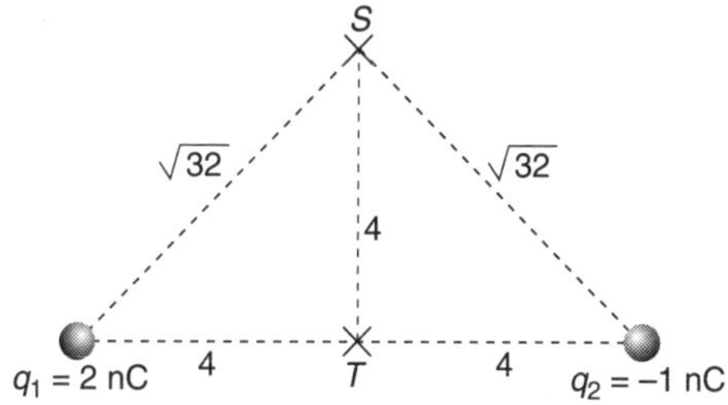

Del mismo modo, el potencial eléctrico en el punto T será:

$$V_1\,(T) = 9 \cdot 10^9 \cdot \frac{2 \cdot 10^{-9}}{4 \cdot 10^{-2}} = 4{,}5 \cdot 10^2 = 450 \text{ V}$$

$$V_2\,(T) = 9 \cdot 10^9 \cdot \frac{-1 \cdot 10^{-9}}{4 \cdot 10^{-2}} = -2{,}25 \cdot 10^2 = -225 \text{ V}$$

$$V_{total}\,(T) = 450 + (-225) = 225 \text{ V}$$

c) El trabajo necesario para trasladar una carga q' entre dos puntos es igual a la variación de la energía potencial de la carga entre esos puntos cambiada de signo:

$$W = -\Delta E_p$$

La energía potencial de una carga en un punto es:

$$E_P = q' \cdot V$$

El trabajo es, por tanto:

$$W_{S \to T} = -\Delta E_p = -(E_{p_T} - E_{p_S}) = -(q' \cdot V_T - q' \cdot V_S) = q' \cdot (V_S - V_T)$$

donde q' es la carga que se traslada desde S a T, y V_S y V_T son los potenciales en S y en T, respectivamente.

Sustituyendo valores:

$$W_{S \to T} = 3 \cdot 10^{-9} \cdot (159{,}1 - 225) = -1{,}98 \cdot 10^{-7} \text{ J}$$

El signo negativo indica que el trabajo hay que hacerlo desde el exterior en contra del campo eléctrico. En efecto, una carga positiva, como esta de +3 nC, se movería espontáneamente, debido al campo, desde mayores a menores potenciales, es decir, del punto T al punto S. Para que vaya de S a T hay que hacer un trabajo exterior sobre ella.

2 Este problema pertenece al tema de inducción electromagnética.

a) El flujo de un campo magnético $\vec{B}$ a través de la superficie S viene dado por el producto escalar de los vectores $\vec{B}$ y $\vec{S}$, donde $\vec{S}$ es un vector que tiene de módulo la superficie y es perpendicular a ella:

$$\Phi = \vec{B} \cdot \vec{S} = B \cdot S \cdot cos\ (\vec{B}, \vec{S})$$

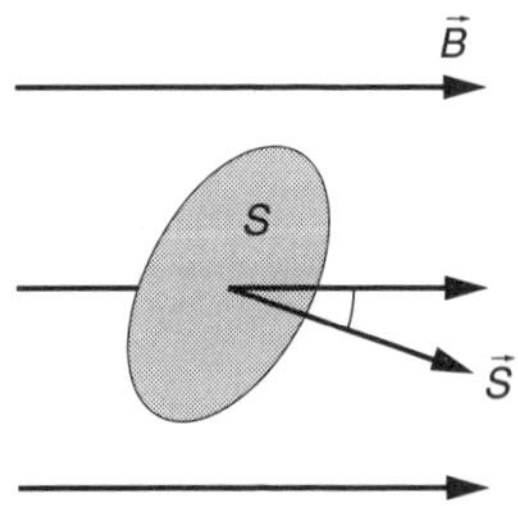

Sustituyendo valores:

$$\Phi = (0{,}01 \cdot t + 0{,}04 \cdot t^2) \cdot \pi \cdot 0{,}04^2 \cdot cos\ 0°$$

$$\Phi = 5{,}03 \cdot 10^{-5} \cdot t + 2{,}01 \cdot 10^{-4} \cdot t^2$$

b) La fuerza electromotriz inducida en un circuito se debe a la variación del flujo magnético, como establece la ley de Faraday-Lenz:

$$\varepsilon = -N \cdot \frac{d\Phi}{dt}$$

donde N es el número de espiras de la bobina. El signo negativo se refiere al hecho de que la corriente circula en un sentido tal que se opone al fenómeno que la crea.

El valor de la fuerza electromotriz será, por tanto:

$$\varepsilon = 30 \cdot \frac{d}{dt}(5{,}03 \cdot 10^{-5} \cdot t + 2{,}01 \cdot 10^{-4} \cdot t^2)$$

$$\varepsilon = 30 \cdot (5{,}03 \cdot 10^{-5} + 2 \cdot 2{,}01 \cdot 10^{-4} \cdot t)$$

$$\varepsilon = 1{,}51 \cdot 10^{-3} + 1{,}21 \cdot 10^{-2} \cdot t$$

Como se observa, la fuerza electromotriz varía con el tiempo. En el instante $t = 5{,}00$ s, su valor será:

$$\varepsilon_5 = 1{,}51 \cdot 10^{-3} + 1{,}21 \cdot 10^{-2} \cdot 5 = 0{,}062 \text{ V}$$

El sentido de la corriente inducida en la bobina será tal que se oponga al fenómeno que la crea. Como el campo $\vec{B}$ está aumentando con el tiempo, la corriente circulará en el sentido que le permita crear un campo $\vec{B}'$ en sentido contrario a $\vec{B}$.

El campo magnético creado por una espira en su centro es entrante o saliente, dependiendo del sentido de giro de la corriente eléctrica:

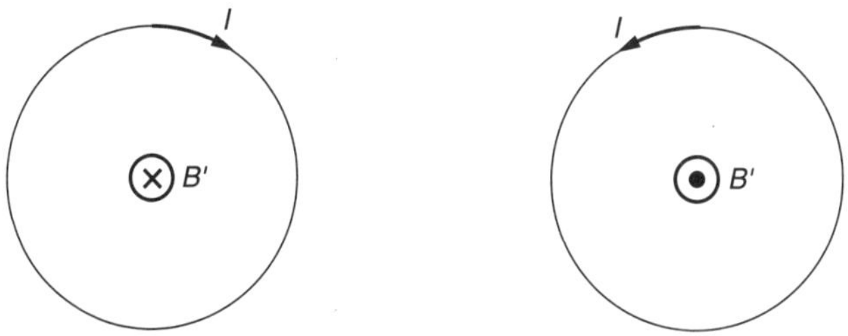

Por tanto, en la bobina, la corriente circulará en el sentido indicado en la figura:

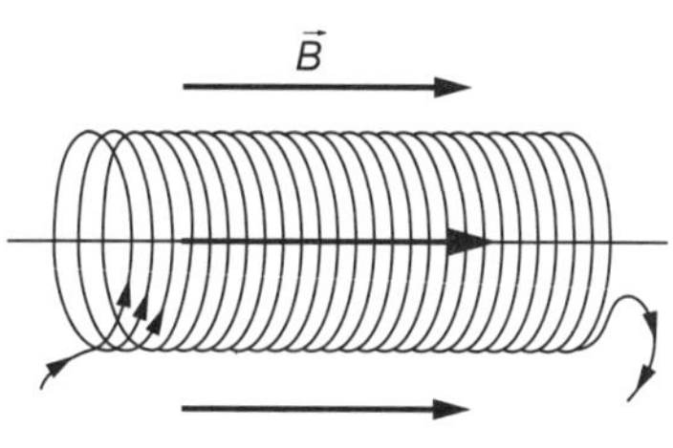

Cuestiones

3 Esta cuestión pertenece al tema de campo gravitatorio.

El período de los satélites se ha usado con frecuencia para calcular la masa de los planetas alrededor de los cuales orbitaban.

En el caso de la Luna y la Tierra, esta ejerce sobre la Luna una fuerza gravitatoria que es perpendicular a la velocidad del satélite. La relación entre la fuerza y la velocidad la proporciona el segundo principio de la dinámica:

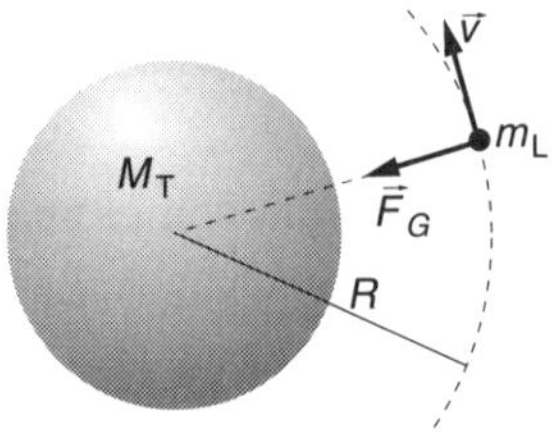

$$\vec{F}_n = m \cdot \vec{a}_n$$

$$G \cdot \frac{M_T \cdot m_L}{R^2} = m_L \cdot \frac{v^2}{R} \qquad [1]$$

Por otra parte, el período de rotación es el tiempo que tarda la Luna en dar una vuelta alrededor de la Tierra:

$$T = \frac{2 \cdot \pi \cdot R}{v} \qquad [2]$$

Eliminando v entre las ecuaciones [1] y [2] (por ejemplo, despejando v^2 e igualando), tenemos:

$$v^2 = \frac{G \cdot M_T}{R}$$

$$v = \frac{2 \cdot \pi \cdot R}{T} \quad \rightarrow \quad v^2 = \frac{4 \cdot \pi^2 \cdot R^2}{T^2}$$

$$\frac{G \cdot M_T}{R} = \frac{4 \cdot \pi^2 \cdot R^2}{T^2} \qquad [3]$$

Despejando M_T y sustituyendo valores:

$$M_T = \frac{4 \cdot \pi^2 \cdot R^3}{G \cdot T^2} = \frac{4 \cdot \pi^2 \cdot (3{,}84 \cdot 10^8)^3}{6{,}672 \cdot 10^{-11} \cdot (27{,}3 \cdot 86\,400)^2} = 6 \cdot 10^{24} \text{ kg}$$

Nota: Es fácil comprobar que la expresión [3] es, además, la tercera ley de Kepler:

$$\frac{T^2}{R^3} = \frac{4 \cdot \pi^2}{G \cdot M_T} \quad ; \quad \frac{T^2}{R^3} = \text{cte}$$

4 Esta cuestión pertenece al tema de movimiento armónico simple.

La esferita que pende del hilo y oscila es un péndulo que tiene un m.a.s. El período del péndulo no depende de la masa de la bolita ni de la amplitud de la oscilación; depende únicamente de la longitud y de la gravedad, según la expresión:

$$T = 2 \cdot \pi \cdot \sqrt{\frac{l}{g}} \qquad [1]$$

Como es difícil medir tiempos muy pequeños, se suele medir el tiempo que tarda en realizar 10 o 20 oscilaciones; el tiempo empleado en realizar una oscilación, o período, se obtiene dividiendo el tiempo total obtenido entre el número de oscilaciones realizadas.

En este caso se han hecho cuatro medidas del tiempo empleado en dar 10 oscilaciones. Se toma como valor la media de los cuatro valores:

$$T_{10} = \frac{12{,}7 + 12{,}9 + 12{,}6 + 12{,}6}{4} = 12{,}7 \text{ s}$$

El período será, por tanto:

$$T = \frac{12{,}7}{10} = 1{,}27 \text{ s}$$

Despejando g en [1] y sustituyendo valores, se obtiene el valor de la gravedad:

$$g = \frac{4 \cdot \pi^2 \cdot l}{T^2}$$

$$g = \frac{4 \cdot \pi^2 \cdot 0{,}4}{1{,}27^2} = 9{,}79 \text{ m/s}^2$$

Consulta tu libro de texto si necesitas repasar la forma de obtener la expresión [1].

5 **Esta cuestión pertenece al tema de óptica geométrica.**

En un espejo esférico, para hallar la imagen de un punto, se usan dos rayos de trayectorias conocidas; allí donde se corten los rayos después de reflejarse en el espejo, estará la imagen del punto:

- Un rayo que sale del objeto paralelo al eje óptico y, después de reflejarse en el espejo, pasa por el foco, *F*.
- Un rayo que sale del objeto y pasa por el centro de curvatura, *C,* se refleja en el espejo y vuelve a pasar por *C*.

En los espejos esféricos, la distancia focal es igual a la mitad del radio:

$$f = \frac{R}{2}$$

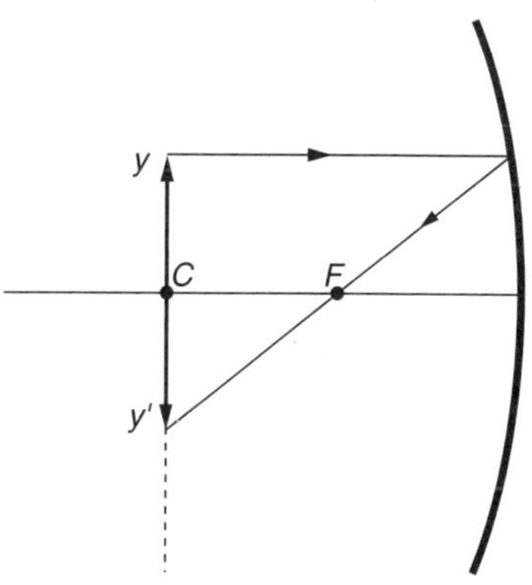

La construcción gráfica de la imagen es la que se muestra en la figura de la derecha.

La imagen es real ya que se forma con los rayos y no con sus prolongaciones, es de igual tamaño que el objeto y está invertida. Se forma en el centro de curvatura del espejo.

6 Esta cuestión pertenece al tema de física cuántica.

El efecto fotoeléctrico se produce cuando un fotón con una cierta energía incide sobre un metal y su energía es mayor que la necesaria para arrancar al electrón. Esta relación viene dada por la fórmula de Einstein:

$$E_{fotón} = W_e + E_{c.\ máx.}$$

La energía del fotón se calcula según la fórmula de Planck:

$$E_{fotón} = h \cdot f = h \cdot \frac{c}{\lambda} = 6{,}63 \cdot 10^{-34} \cdot \frac{3 \cdot 10^8}{400 \cdot 10^{-9}} = 4{,}97 \cdot 10^{-19}\ \text{J}$$

El trabajo de extracción o función trabajo tiene un valor, en unidades del S.I.:

$$W_e = 2{,}3\ \text{eV} \cdot \frac{1{,}6 \cdot 10^{-19}\ \text{J}}{1\ \text{eV}} = 3{,}68 \cdot 10^{-19}\ \text{J}$$

La energía de los fotones es suficiente para arrancar electrones del metal. La energía cinética máxima de los electrones será:

$$E_{c.\ máx.} = 4{,}97 \cdot 10^{-19} - 3{,}68 \cdot 10^{-19} = 1{,}29 \cdot 10^{-19}\ \text{J}$$

Opción B

Problemas

1 Este problema pertenece al tema de movimiento ondulatorio.

La ecuación general de una onda estacionaria es:

$$y\,(x, t) = 2 \cdot A \cdot sen\,(k \cdot x) \cdot cos\,(\omega \cdot t)$$

Comparándola con la onda estacionaria dada en el enunciado:

$$y\,(x, t) = 0{,}02 \cdot sen\,\frac{10 \cdot \pi \cdot x}{3} \cdot cos\,(40 \cdot \pi \cdot t)$$

se pueden obtener la pulsación, la frecuencia y el período:

$$\omega = 40 \cdot \pi\ \text{rad/s}$$

$$\omega = \frac{2 \cdot \pi}{T} = 2 \cdot \pi \cdot f \ \rightarrow\ f = \frac{\omega}{2 \cdot \pi} = \frac{40 \cdot \pi}{2 \cdot \pi} = 20\ \text{Hz}\ ;\ T = \frac{1}{20}\ \text{s}$$

También se obtienen el número de onda y longitud de onda:

$$k = \frac{10 \cdot \pi}{3}\ \text{m}^{-1}$$

$$k = \frac{2 \cdot \pi}{\lambda} \ \rightarrow\ \lambda = \frac{2 \cdot \pi}{k} = \frac{2 \cdot \pi}{10 \cdot \pi/3} = \frac{6 \cdot \pi}{10 \cdot \pi} = \frac{3}{5} = 0{,}6\ \text{m}$$

La superposición de dos ondas iguales que viajan en sentidos contrarios da lugar a una onda estacionaria. La onda estacionaria tiene la misma longitud de onda, la misma frecuencia y el mismo período que las ondas que, por superposición, la originan. La amplitud de la onda estacionaria es el doble de la amplitud de las ondas originales.

a) Las ondas que se superponen tendrán la mitad de amplitud que la estacionaria, $A = 0{,}01$ m.

La relación existente entre las magnitudes características de las ondas viene dada por:

$$\lambda = v \cdot T = \frac{v}{f}$$

Como la longitud de onda y la frecuencia son las mismas para la onda estacionaria y para las que se han superpuesto, la velocidad será:

$$v = \lambda \cdot f = 0{,}6 \cdot 20 = 12 \text{ m/s}$$

b) La distancia entre dos nodos consecutivos de la cuerda es igual a media longitud de onda:

$$d = \frac{\lambda}{2} = \frac{3}{10} = 0{,}3 \text{ m}$$

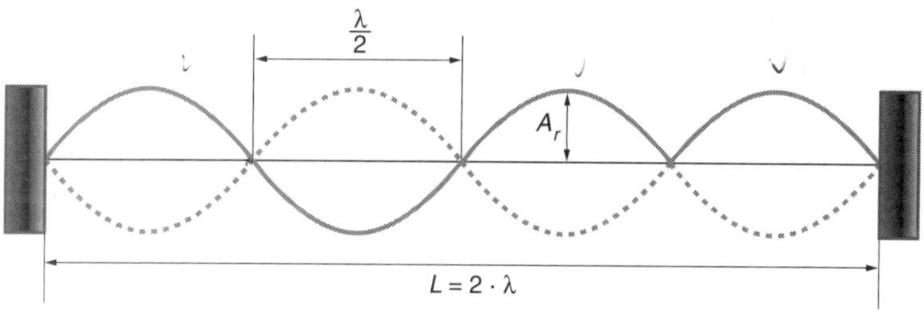

c) La velocidad transversal se obtiene derivando respecto al tiempo la ecuación de la posición:

$$v\,(x,\,t) = -40 \cdot \pi \cdot 0{,}02 \cdot sen\left(\frac{10 \cdot \pi \cdot x}{3}\right) \cdot sen\,(40 \cdot \pi \cdot t)$$

El punto medio entre dos nodos consecutivos es un vientre. Serán vientres todos los puntos, *x*, que oscilen con la máxima amplitud:

$$sen\left(\frac{10 \cdot \pi \cdot x}{3}\right) = 1$$

Por tanto, la velocidad de los vientres, en función del tiempo, será:

$$v\,(x,\,t) = -40 \cdot \pi \cdot 0{,}02 \cdot sen\,(40 \cdot \pi \cdot t)$$

La velocidad transversal máxima de uno de esos vientres se tendrá cuando $sen\,(40 \cdot \pi \cdot t) = -1$ y alcanzará un valor:

$$v\,(x,\,t)_{máx.} = 40 \cdot \pi \cdot 0{,}02 = 0{,}8 \cdot \pi = 2{,}51 \text{ m/s}$$

2 Este problema pertenece al tema de campo gravitatorio.

a) El peso del meteorito en ese punto es la fuerza gravitatoria con que es atraído por la Tierra:

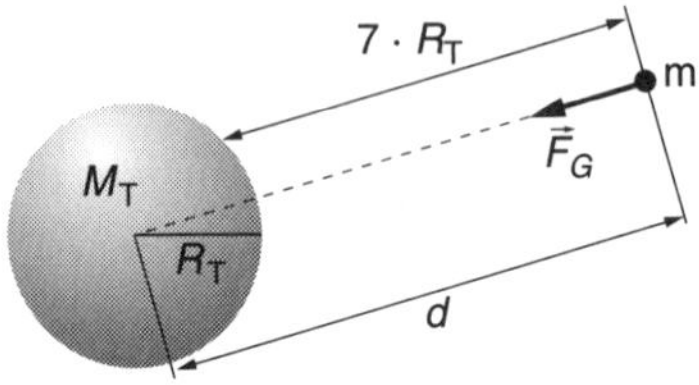

$$F_G = \frac{G \cdot M_T \cdot m}{d^2} = g \cdot m = P$$

$$d = R_T + 7 \cdot R_T = 8 \cdot R_T$$

Teniendo en cuenta que la distancia al centro de la Tierra es 8 veces el radio terrestre y sustituyendo valores:

$$P = \frac{6{,}67 \cdot 10^{-11} \cdot 5{,}98 \cdot 10^{24} \cdot 200}{(8 \cdot 6\,370 \cdot 10^3)^2} = 30{,}7 \text{ N}$$

b) La energía potencial gravitatoria de una masa m a una distancia d del centro de la Tierra viene dada por:

$$E_p = -\frac{G \cdot M_T \cdot m}{d}$$

Sustituyendo valores:

$$E_p = -\frac{6{,}67 \cdot 10^{-11} \cdot 5{,}98 \cdot 10^{24} \cdot 200}{8 \cdot 6370 \cdot 10^3} = -1{,}56 \cdot 10^9 \text{ J}$$

Como el meteorito se encuentra inicialmente en reposo, la energía cinética es nula y su energía mecánica coincide con la potencial:

$$E_{mec} = E_p + E_c = -1{,}56 \cdot 10^9 \text{ J}$$

c) Como el campo gravitatorio es conservativo, la energía mecánica del meteorito es la misma arriba, cuando aún está en reposo, que cuando llega a la superficie terrestre con una determinada velocidad:

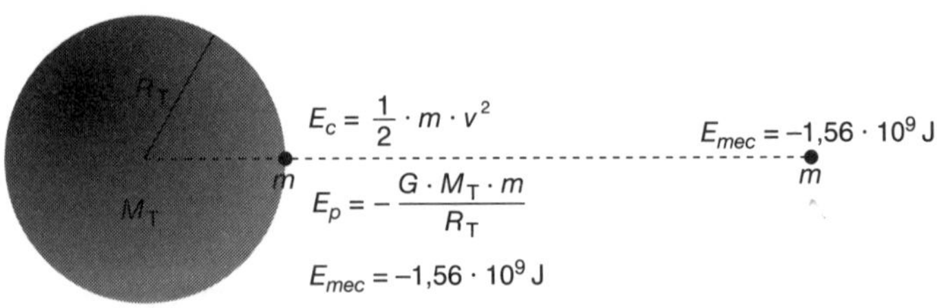

$$(E_{mec})_{inicial} = (E_{mec})_{sup} \rightarrow (E_{mec})_{inicial} = (E_p + E_c)_{sup}$$

Sustituyendo valores y despejando la velocidad:

$$-1{,}56 \cdot 10^9 = -\frac{6{,}67 \cdot 10^{-11} \cdot 5{,}98 \cdot 10^{24} \cdot 200}{6\,370 \cdot 10^3} + \frac{1}{2} \cdot 200 \cdot v^2$$

$$-1{,}56 \cdot 10^9 = -12{,}52 \cdot 10^9 + \frac{1}{2} \cdot 200 \cdot v^2$$

$$10{,}96 \cdot 10^9 = 100 \cdot v^2$$

$$v = \sqrt{\frac{10{,}96 \cdot 10^9}{100}} = 10\,469 \text{ m/s}$$

Cuestiones

3 Esta cuestión pertenece al tema de campo eléctrico.

No. Por ejemplo, en el caso de dos cargas iguales, el campo eléctrico en el punto medio del segmento es cero ya que los módulos de los campos creados por cada una de ellas en el punto medio son iguales, pero, como el campo es un vector, sus sentidos son contrarios, y el campo total es cero:

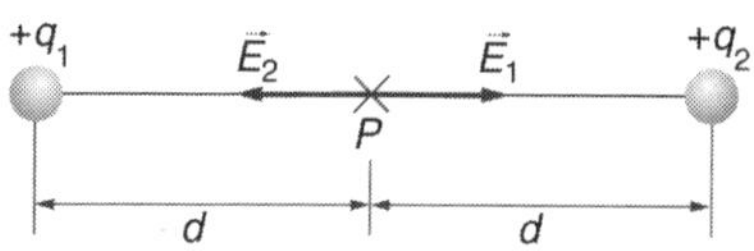

$$q_1 = q_2 = q$$

$$|\vec{E}_1| = |E_2| = \frac{K \cdot q}{d^2}$$

Pero el potencial es un número positivo o negativo igual a dos veces el potencial creado por cada una de ellas en ese punto:

$$V_p = V_1 + V_2 = 2 \cdot K \cdot \frac{q}{d}$$

El campo y el potencial están definidos en el problema 1 de la opción A de este examen.

4 Esta cuestión pertenece al tema de campo electromagnético.

Cuando una partícula cargada, q, penetra con una velocidad $\vec{v}$ en un campo magnético $\vec{B}$, aparece sobre ella una fuerza magnética, $\vec{F}_m$, que viene dada por la fórmula de Lorentz:

$$\vec{F}_m = q \cdot \vec{v} \times \vec{B}$$

El módulo de $\vec{F}_m$ es:

$$|\vec{F}_m| = q \cdot v \cdot B \cdot sen\ (\vec{v},\ \vec{B})$$

Su dirección es perpendicular al plano que forman $\vec{v}$ y $\vec{B}$ y su sentido, el de avance del sacacorchos cuando va de $\vec{v}$ a $\vec{B}$ por el camino más corto:

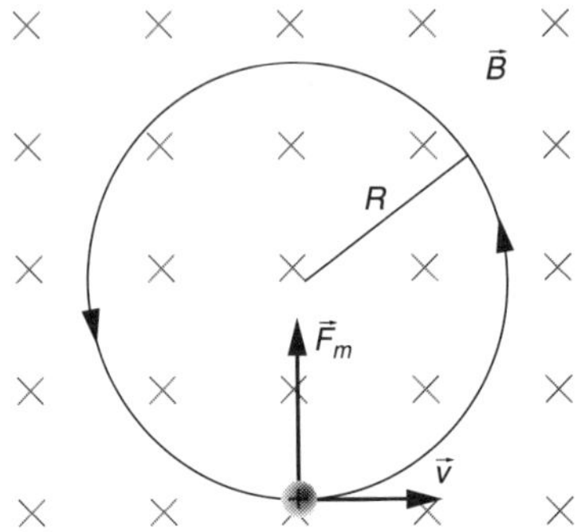

Como la fuerza es perpendicular a la velocidad, produce en la carga una aceleración normal, según el segundo principio de la dinámica:

$$F_n = m \cdot \frac{v^2}{R}$$

$$q \cdot v \cdot B \cdot sen\ (\vec{v},\ \vec{B}) = m \cdot \frac{v^2}{R}$$

Despejando la velocidad y sustituyendo valores:

$$v = \frac{R \cdot q \cdot B \cdot sen\ (\vec{v},\ \vec{B})}{m}$$

$$v = \frac{0{,}35 \cdot 1{,}6 \cdot 10^{-19} \cdot 1{,}48 \cdot sen\ 90°}{1{,}67 \cdot 10^{-27}} = 4{,}96 \cdot 10^7 \text{ m/s}$$

La energía cinética del protón será:

$$E_c = \frac{1}{2} \cdot m \cdot v^2 \rightarrow E_c = \frac{1}{2} \cdot 1{,}67 \cdot 10^{-27} \cdot (4{,}96 \cdot 10^7)^2 = 2{,}05 \cdot 10^{-12} \text{ J}$$

Expresada en eV:

$$E_c = 2{,}05 \cdot 10^{-12} \text{ J} \cdot \frac{1 \text{ eV}}{1{,}6 \cdot 10^{-19}} = 1{,}28 \cdot 10^7 \text{ J}$$

Nota: A esta velocidad tan elevada, mayor que un 10% de la velocidad de la luz, *c*, ya serán apreciables los efectos relativistas, aunque no los hemos tenido en cuenta al resolver la cuestión.

5 **Esta cuestión pertenece al tema de óptica geométrica.**

Para construir la imagen de un objeto en una lente delgada, se deben dibujar, al menos, dos rayos de trayectorias conocidas y hallar su intersección después de refractarse en la lente. Estos rayos pueden ser:

– Un rayo paralelo al eje óptico, que pasa por el foco imagen, F', después de refractarse en la lente.

– Un rayo que pasa por el foco objeto, F, y sale paralelo al eje óptico después de refractarse en la lente.

– Un rayo que pasa por el centro óptico y no se desvía.

Si la lente es convergente, la construcción geométrica de la imagen es:

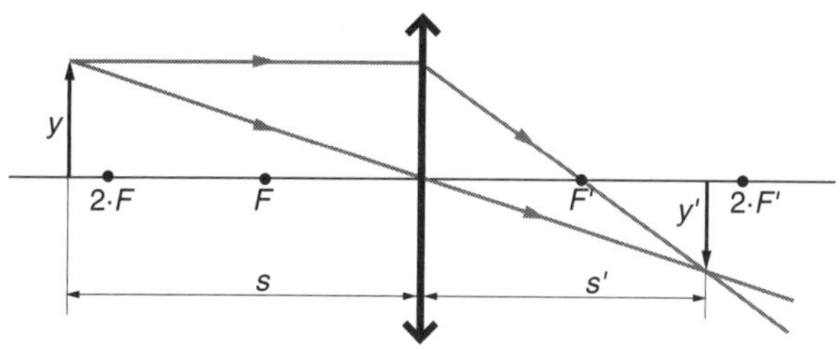

La imagen es real, menor que el objeto e invertida.

6 **Esta cuestión pertenece al tema de física nuclear.**

Cuando un núcleo emite una partícula α, se transforma en otro núcleo con dos unidades menos de número atómico, Z, y cuatro unidades menos de número másico, A:

$$^{A}_{Z}X \rightarrow {}^{A-4}_{Z-2}Y + {}^{4}_{2}\text{He}$$

Al emitir una partícula β, el nuevo núcleo tiene una unidad más de número atómico y el mismo número másico:

$$^{A}_{Z}X \rightarrow {}_{Z+1}^{\;\;A}Y + \beta$$

En el caso del astato, después de emitir la partícula α, el núcleo resultante tiene número atómico 83 y número másico 213:

$$^{217}_{85}\text{At} \rightarrow {}^{213}_{83}X + \alpha$$

Cuando el elemento X emite una partícula β, el nuevo núcleo tiene número atómico 84 y el mismo valor de número másico:

$$^{213}_{83}X \rightarrow {}^{213}_{84}Y + \beta$$

CASTILLA Y LEÓN

8

PRUEBA DE SELECTIVIDAD

ACLARACIONES PREVIAS

Cada alumno elegirá obligatoriamente una de las dos opciones propuestas.

Las fórmulas empleadas en la resolución de los ejercicios deben ir acompañadas de los razonamientos oportunos, y sus resultados numéricos, de las unidades adecuadas.

La puntuación máxima es de 3 puntos para cada problema y de 2 puntos para cada cuestión.

Al final se ofrece una tabla de constantes físicas, donde podrás encontrar los valores que necesites.

Opción A

Problemas

1 La masa de Júpiter es 318 veces la de la Tierra y su radio 11 veces el de la Tierra. Su satélite llamado Io se mueve en una órbita aproximadamente circular, con un período de 1 día, 18 horas y 27 minutos. Calcula:

a) El radio de la órbita de este satélite, su velocidad lineal y su aceleración. (2 puntos)

b) La aceleración de la gravedad en la superficie del planeta Jupiter. (1 punto)

2 Un láser de helio-neón de 3 mW de potencia emite luz monocromática de longitud de onda $\lambda = 632{,}8$ nm. Si se hace incidir un haz de este láser sobre la superficie de una placa metálica cuya energía de extracción es 1,8 eV:

a) Calcula el número de fotones que inciden sobre el metal transcurridos 3 segundos. (1,5 puntos)

b) La velocidad de los fotoelectrones extraídos y el potencial que debe adquirir la placa (potencial de frenado) para que cese la emisión de electrones. (1,5 puntos)

Cuestiones

3 De dos resortes con la misma constante elástica, *k*, se cuelgan sendos cuerpos con la misma masa. Uno de los resortes tiene el doble de longitud que el otro. ¿Vibrarán con la misma frecuencia? Razona tu respuesta. (2 puntos)

4 a) Enuncia la ley de la inducción de Faraday. (0,4 puntos)

b) Una espira circular se coloca en una zona de campo magnético uniforme, B_0, perpendicular al plano de la espira y dirigido hacia adentro tal como se muestra en la figura. Razona en qué sentido circulará la corriente inducida en la espira en los siguientes casos:

I) Aumentamos progresivamente el radio de la espira manteniendo el valor del campo. (0,8 puntos)

II) Mantenemos el valor del radio de la espira pero vamos aumentando progresivamente el valor del campo. (0,8 puntos)

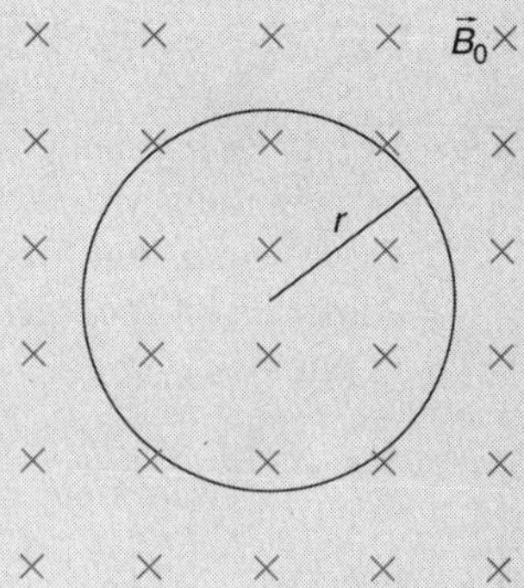

Opción B

Problemas

1 Tres pequeñas esferas conductoras, *A, B* y *C,* todas ellas de igual radio y con cargas q_A = 1 μC, q_B = 4 μC y q_C = 7 μC, se disponen horizontalmente. Las bolitas *A* y *B* están fijas a una distancia de 60 cm entre sí, mientras que la *C* puede desplazarse libremente a lo largo de la línea que une *A* y *B*.

a) Calcula la posición de equilibrio de la bolita *C.* (1,5 puntos)

b) Si con unas pinzas aislantes se coge la esfera *C* y se le pone en contacto con la *A* dejándola posteriormente libre, ¿cuál será ahora la posicion de equilibrio de esta esfera *C*? (1,5 puntos)

Nota: Es imprescindible incluir en la resolución los diagramas de fuerzas oportunos.

2 a) Escribe la ecuación de una onda que se propaga en una cuerda (en sentido negativo del eje *X*) y que tiene las siguientes características: 0,5 m de amplitud, 250 Hz de frecuencia, 200 m/s de velocidad de propagación y la elongacion inicial en el origen es nula. (1,5 puntos)

b) Determina la máxima velocidad transversal de un punto de la cuerda. (1,5 puntos)

Cuestiones

3 a) Reflexión total de la luz: ¿Qué es? (0,5 puntos)

b) El índice de refracción del medio en que permanece la luz ¿es mayor, igual o menor que el del otro medio? (0,5 puntos)

c) ¿Qué es el ángulo límite? (0,5 puntos)

d) ¿Cómo se calcula? (0,5 puntos)

4 Define las siguientes magnitudes asociadas con los procesos de desintegración radiactiva: actividad (A), constante de desintegracion (λ), período de semidesintegración (T) y vida media (τ). Indica, para cada una de ellas, la correspondiente unidad en el Sistema Internacional de Unidades. (2 puntos)

CONSTANTES FÍSICAS

Constante de gravitación universal:	$G = 6{,}67 \cdot 10^{-11}\ \mathrm{N \cdot m^2/kg^2}$
Masa de la Tierra:	$M_T = 5{,}98 \cdot 10^{24}$ kg
Radio de la Tierra:	$R_T = 6{,}37 \cdot 10^6$ m
Constante eléctrica en el vacío:	$K = 1/(4 \cdot \pi \cdot \varepsilon_0) = 9 \cdot 10^9\ \mathrm{N \cdot m^2/C^2}$
Carga del electrón:	$q_e = 1{,}6 \cdot 10^{-19}$ C
Permeabilidad magnética del vacío:	$\mu_0 = 4 \cdot \pi \cdot 10^{-7}\ \mathrm{N/A^2}$
Velocidad de la luz:	$c = 3 \cdot 10^8$ m/s
Masa del electrón:	$m_e = 9{,}11 \cdot 10^{-31}$ kg
Constante de Planck:	$h = 6{,}63 \cdot 10^{-34}$ J · s
Unidad de masa atómica:	$1\ \mathrm{u} = 1{,}66 \cdot 10^{-27}$ kg
Electronvoltio:	$1\ \mathrm{eV} = 1{,}6 \cdot 10^{-19}$ J

NOTA: En caso de utilizar el valor de la aceleración de la gravedad en la superficie terrestre, tómese el valor:

$$g = 9{,}8\ \mathrm{m/s^2}$$

Castilla y León. Junio, 2006.

SOLUCIÓN DE LA PRUEBA

Opción A

Problemas

1 Este problema pertenece al tema de campo gravitatorio.

a) En su órbita circular alrededor de Júpiter, el satélite Io está sometido a la fuerza gravitatoria, que es una fuerza centrípeta. Al aplicar el segundo principio de la dinámica:

$$F_G = G \cdot \frac{M_J \cdot m}{R^2} \quad ; \quad F = m \cdot a_c$$

$$G \cdot \frac{M_J \cdot m}{R^2} = m \cdot \frac{v^2}{R}$$

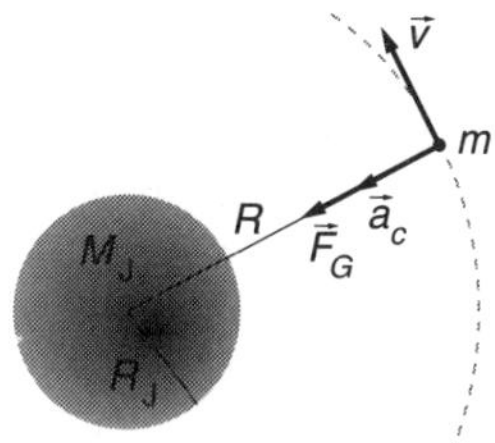

Despejando, la velocidad orbital del satélite al cuadrado será:

$$v^2 = \frac{G \cdot M_J}{R} \qquad [1]$$

El período es el tiempo que tarda el satélite en dar una vuelta completa alrededor de Júpiter:

$$T = \frac{2 \cdot \pi \cdot R}{v}$$

Despejando la velocidad en la expresión anterior y elevando al cuadrado:

$$v = \frac{2 \cdot \pi \cdot R}{T} \quad \rightarrow \quad v^2 = \frac{4 \cdot \pi^2 \cdot R^2}{T^2} \qquad [2]$$

Igualando [1] y [2]:

$$\frac{G \cdot M_J}{R} = \frac{4 \cdot \pi^2 \cdot R^2}{T^2}$$

Despejando R y sustituyendo valores:

$$R = \sqrt[3]{\frac{G \cdot M_J \cdot T^2}{4 \cdot \pi^2}} = \sqrt{\frac{6{,}67 \cdot 10^{-11} \cdot 318 \cdot 5{,}98 \cdot 10^{24} \cdot 152\,820^2}{4 \cdot \pi^2}}$$

$$R = 421{,}8 \cdot 10^6 \text{ m}$$

donde hemos tenido en cuenta que:

$$T = 1 \text{ día} + 18 \text{ horas} + 27 \text{ min} = 152\,820 \text{ s}$$

Para calcular la velocidad orbital de la sonda se sustituyen valores:

$$v = \frac{2 \cdot \pi \cdot R}{T} \quad ; \quad v = \frac{2 \cdot \pi \cdot 421{,}8 \cdot 10^6}{15\,2820} = 17\,342{,}3 \text{ m/s}$$

La aceleración a que está sometido el satélite es la aceleración normal. Sustituyendo valores:

$$a_n = \frac{v^2}{R} = \frac{17\,342{,}3^2}{421{,}8 \cdot 10^6} = 0{,}71 \text{ m/s}^2$$

b) La aceleración de la gravedad en la superficie de Júpiter será:

$$g_J = \frac{G \cdot M_J}{R_J^2} = \frac{G \cdot 318 \cdot M_T}{(11 \cdot R_T)^2} = \frac{318}{11^2} \cdot \frac{G \cdot M_T}{{R_T}^2}$$

Se puede sustituir $9{,}8 = g_T = \dfrac{G \cdot M_T}{{R_T}^2}$; por tanto:

$$g_J = \frac{318}{11^2} \cdot 9{,}8 = 25{,}76 \text{ m/s}^2$$

2 Este problema pertenece al tema de física cuántica.

a) La energía emitida por el láser en 3 segundos será:

$$E = P \cdot t = 3 \cdot 10^{-3} \text{ J} \cdot \text{s}^{-1} \cdot 3 \text{ s} = 9 \cdot 10^{-3} \text{ J}$$

La energía de cada fotón se calcula sustituyendo valores en la ecuación de Planck:

$$E_{fotón} = h \cdot f = h \cdot \frac{c}{\lambda} = 6{,}63 \cdot 10^{-34} \cdot \frac{3 \cdot 10^8}{632{,}8 \cdot 10^{-9}} = 3{,}14 \cdot 10^{-19} \text{ J/fotón}$$

El número de fotones, N, emitidos por el láser en 3 segundos será la relación entre la energía emitida y la energía de cada fotón:

$$N = \frac{9 \cdot 10^{-3} \text{ J}}{3{,}14 \cdot 10^{-19} \text{ J/fotón}} = 2{,}87 \cdot 10^{16} \text{ fotones}$$

b) El efecto fotoeléctrico consiste en la interacción de un fotón de la radiación incidente con el electrón de un metal. La interacción es de un único fotón con un solo electrón. Si la energía del fotón, $E_{fotón}$, es mayor que la energía que necesita el electrón para saltar de la superficie del metal (trabajo de extracción), W_e, el electrón saldrá con una energía cinética máxima igual a la diferencia entre la energía del fotón y el trabajo de extracción.

Este fenómeno viene expresado por la ecuación de Einstein del efecto fotoeléctrico:

$$E_{fotón} = W_e + E_{c.\ máx.}$$

La energía del fotón es la calculada en el apartado anterior:

$$E_{fotón} = 3{,}14 \cdot 10^{-19}\ \text{J}$$

El trabajo de extracción, expresado en julios, será:

$$W_e = 1{,}8\ \text{eV} \cdot \frac{1{,}6 \cdot 10^{-19}\ \text{J}}{1\ \text{eV}} = 2{,}88 \cdot 10^{-19}\ \text{J}$$

La energía cinética máxima de los electrones arrancados será:

$$3{,}14 \cdot 10^{-19} = 2{,}88 \cdot 10^{-19} + E_{c.\ máx.}$$

$$E_{c.\ máx.} = 0{,}26 \cdot 10^{-19}\ \text{J} = 2{,}6 \cdot 10^{-20}\ \text{J}$$

Y, por tanto, su velocidad:

$$E_c = \frac{1}{2} \cdot m \cdot v^2 \quad \rightarrow \quad v = \sqrt{\frac{2 \cdot 2{,}6 \cdot 10^{-20}}{9{,}1 \cdot 10^{-31}}} = 2{,}39 \cdot 10^5\ \text{m/s}$$

Esos electrones pueden ser frenados mediante un campo que haga un trabajo sobre ellos que contrarreste su energía cinética:

$$W_e = q \cdot V$$

$$W_e = E_{c.\ máx.}$$

$$q \cdot V = E_{c.\ máx.}$$

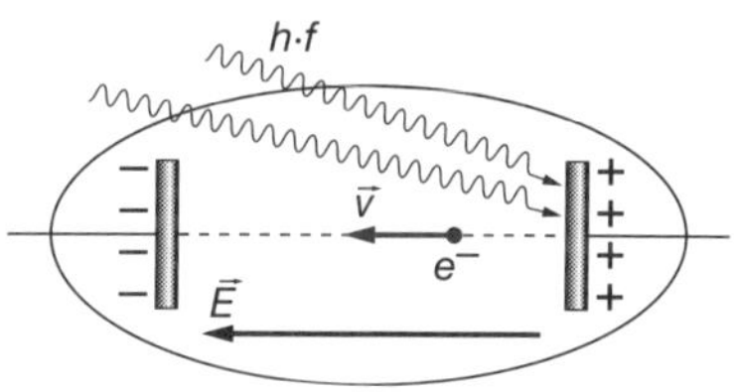

El potencial de frenado de la placa será, por tanto:

$$1{,}6 \cdot 10^{-19} \cdot V = 2{,}6 \cdot 10^{-20}$$

$$V = \frac{2{,}6 \cdot 10^{-20}}{1{,}6 \cdot 10^{-19}} = 0{,}16\ \text{V}$$

Cuestiones

1 **Esta cuestión pertenece al tema de movimiento armónico simple.**

Sí, vibrarán con la misma frecuencia. La frecuencia de vibración es independiente de la longitud del resorte, incluso del alargamiento experimentado.

La fuerza que actúa sobre un resorte y que le produce un movimiento armónico simple viene dada por la ley de Hooke:

$$F = -k \cdot x \qquad [1]$$

donde k es la constante del resorte.

Por otra parte, la ecuación del movimiento armónico simple es:

$$x = A \cdot cos\ (\omega \cdot t + \varphi_0)$$

donde ω es la pulsación:

$$\omega = \frac{2 \cdot \pi}{T} = 2 \cdot \pi \cdot f$$

Derivando la ecuación de la posición respecto al tiempo se obtiene la ecuación de la velocidad:

$$v = -A \cdot \omega \cdot sen\ (\omega \cdot t + \varphi_0)$$

y derivando la ecuación de la velocidad nuevamente respecto al tiempo se obtiene la ecuación de la aceleración:

$$a = -A \cdot \omega^2 \cdot cos\ (\omega \cdot t + \varphi_0) = -\omega^2 \cdot x$$

Aplicando el segundo principio de la dinámica:

$$F = m \cdot a \ \rightarrow \ F = -m \cdot \omega^2 \cdot x \qquad [2]$$

Igualando [1] y [2] se obtiene la relación entre k y ω y, por tanto, entre k y f:

$$-k \cdot x = -m \cdot \omega^2 x$$

$$k = m \cdot \omega^2 = m \cdot 4 \cdot \pi^2 \cdot f^2$$

Si k y m no varían, f tampoco variará.

4 Esta cuestión pertenece al tema de inducción electromagnética.

a) La ley de Faraday dice: "La corriente inducida en una espira es producida por una fuerza electromotriz inducida que es directamente proporcional a la rapidez con que varía el flujo inductor":

$$\varepsilon = \frac{d\Phi}{dt} = \frac{d\ (B \cdot S \cdot cos\ \alpha)}{dt}$$

Para saber en qué sentido circulará la corriente, debe tenerse en cuenta la ley de Lenz, que nos da el sentido de la corriente: "La corriente inducida tiene un sentido tal que tiende a oponerse al fenómeno que la crea".

b) Debe recordarse que el campo creado por una corriente circular en su centro tiene el sentido indicado en las figuras:

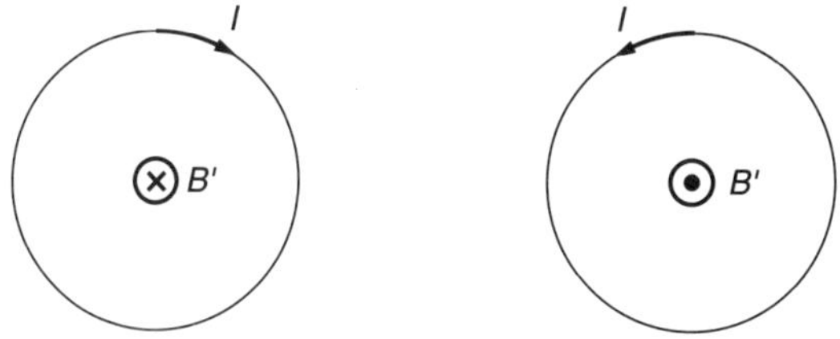

I) Al aumentar el radio de la espira y, por tanto, su superficie, aumenta el flujo que la atraviesa (hay más líneas del campo magnético $\vec{B}_0$ que la atraviesan perpendicularmente hacia dentro). La corriente inducida debe oponerse a este aumento mientras está sucediendo y su sentido debe ser tal que genere un campo magnético, $\vec{B}'$, que la atraviese hacia fuera:

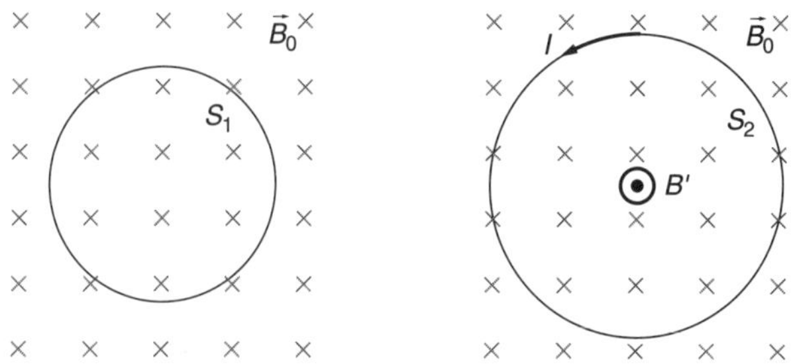

La corriente circulará en sentido contrario a las agujas del reloj.

II) Si mantenemos el radio constante, pero se aumenta el valor del campo, también hay más líneas del campo magnético $\vec{B}'_0$, que atraviesan la espira perpendicularmente hacia dentro. La corriente inducida de nuevo debe oponerse a este aumento mientras está sucediendo y su sentido debe ser tal que genere un campo magnético, $\vec{B}'$, que la atraviese hacia fuera:

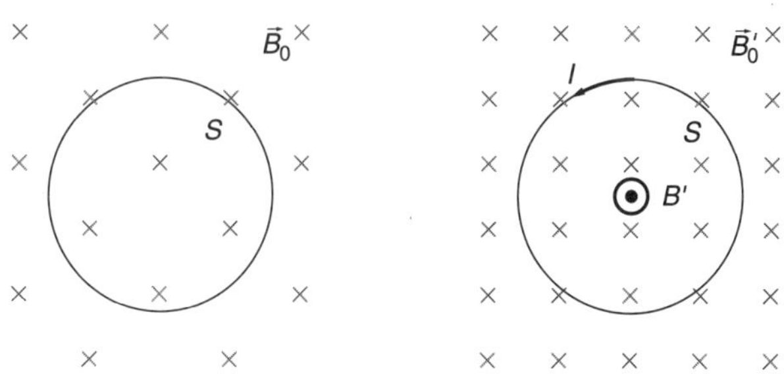

La corriente circulará en sentido contrario a las agujas del reloj.

Opción B

Problemas

1 Este problema pertenece al tema de campo eléctrico.

Dos cargas de igual signo se repelen con una fuerza que viene dada por la ley de Coulomb:

$$|\vec{F}| = K \cdot \frac{q_1 \cdot q_2}{d^2}$$

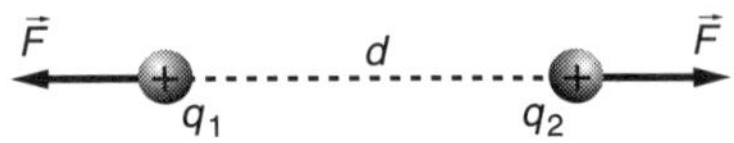

a) La bolita cargada *C* estará en equilibrio en un punto en el que las fuerzas que ejercen sobre ella las bolitas *A* y *B* tengan igual módulo y sentidos opuestos:

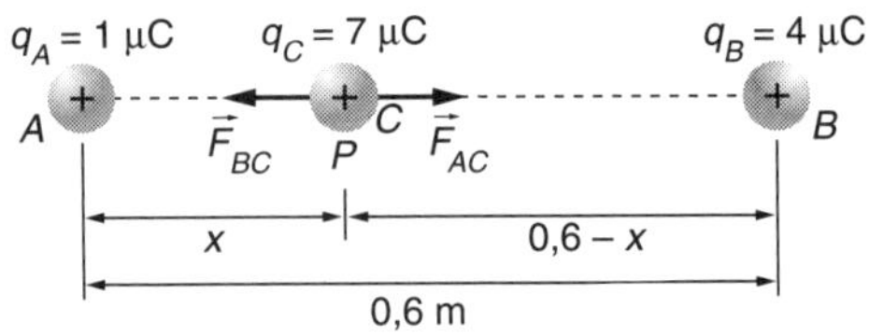

En el punto *P*, a una distancia *x* de *A*, la fuerza ejercida por la bola *A* sobre la bola *C* situada en *P* tiene de módulo:

$$|\vec{F}_{AC}| = 9 \cdot 10^9 \cdot \frac{1 \cdot 10^{-6} \cdot 7 \cdot 10^{-6}}{x^2} = \frac{63 \cdot 10^{-3}}{x^2}$$

Su dirección es la de la recta que une las dos cargas, y su sentido, alejándose de *A,* ya que se repelen por tener cargas del mismo signo.

En el punto *P*, a una distancia 0,6 – *x* de *B*, la fuerza ejercida por la bola *B* sobre la bola *C* situada en *P* tiene de módulo:

$$|\vec{F}_{BC}| = 9 \cdot 10^9 \cdot \frac{4 \cdot 10^{-6} \cdot 7 \cdot 10^{-6}}{(0,6 - x)^2} = \frac{252 \cdot 10^{-3}}{(0,6 - x)^2}$$

Su dirección es la de la recta que une las dos cargas, y su sentido, alejándose de *B,* ya que se repelen por tener cargas del mismo signo.

Para que la bola *C* esté en equilibrio han de ser iguales los módulos de las fuerzas creadas por *A* y *B*, ya que tienen distintos sentidos. Igualando ambas fuerzas podemos despejar *x:*

$$\frac{63 \cdot 10^{-3}}{x^2} = \frac{252 \cdot 10^{-3}}{(0,6 - x)^2}$$

Esta ecuación se puede resolver agrupando los cuadrados en un miembro y hallando la raíz cuadrada:

$$\frac{(0,6-x)^2}{x^2} = \frac{252}{63} \rightarrow \frac{0,6-x}{x} = \sqrt{\frac{252}{63}} = \sqrt{4} = 2$$

$$0,6 - x = 2 \cdot x \rightarrow x = \frac{0,6}{3} = 0,2 \text{ m}$$

b) Al ser las esferas conductoras y de igual radio, cuando las esferas *A* y *C* se ponen en contacto la carga de ambas se reparte a partes iguales entre las dos. La carga de estas esferas será:

$$q'_A = q'_C = \frac{1+7}{2} = 4 \ \mu\text{C}$$

Por tanto, la carga de las dos esferas es la misma e igual a 4 μC.

La posición de equilibrio de la esfera *C* será, ahora, el punto medio del segmento *AB,* ya que en ese punto las fuerzas ejercidas por las esferas *A* y *B* sobre *C* son iguales y de sentido contrario:

$$|\vec{F}'_{AC}| = |\vec{F}'_{BC}| = 9 \cdot 10^9 \cdot \frac{4 \cdot 10^{-6} \cdot 4 \cdot 10^{-6}}{0,3^2} = 1,6 \text{ N}$$

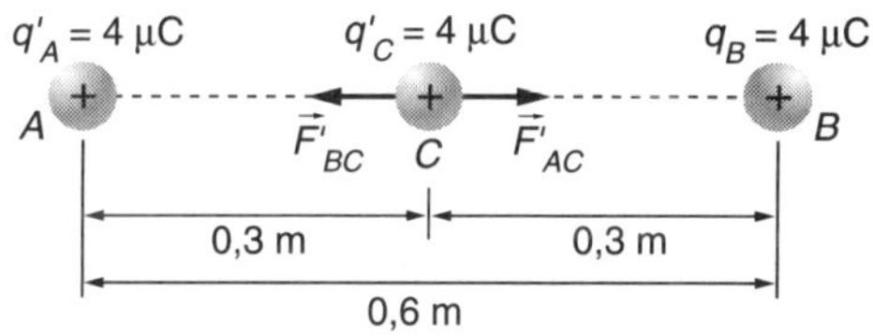

2 Este problema pertenece al tema de movimiento ondulatorio.

a) La ecuación general de una onda unidimensional se puede expresar como:

$$y\,(x, t) = A \cdot sen\,[(\omega \cdot t \pm k \cdot x) + \varphi_0]$$

$$y\,(x, t) = A \cdot sen\left[2 \cdot \pi \cdot \left(\frac{t}{T} \pm \frac{x}{\lambda}\right) + \varphi_0\right]$$

El signo es negativo si viaja en el sentido positivo del eje *X;* en este problema será positivo porque viaja en el sentido negativo del eje *X.*

En la ecuación de la onda, *A* es la amplitud, *A* = 0,5 m, y ω es la pulsación, cuyo valor en este caso es:

$$\omega = \frac{2 \cdot \pi}{T} = 2 \cdot \pi \cdot f = 2 \cdot \pi \cdot 250 \text{ rad/s}$$

La longitud de onda es λ. Su valor se puede calcular aplicando la ecuación que relaciona las magnitudes características de las ondas:

$$\lambda = v \cdot T = \frac{v}{f} = \frac{200}{250} = 0{,}8 \text{ m}$$

La ecuación de la onda, a falta de conocer la fase inicial, φ_0, será:

$$y\ (x,\ t) = 0{,}5 \cdot sen \left[2 \cdot \pi \cdot \left(250 \cdot t + \frac{250}{200} \cdot x\right) + \varphi_0\right]$$

Para calcular φ_0 sustituimos el dato del enunciado que nos indica que la elongación inicial en el origen es nula:

$$0 = y\ (0,\ 0) = 0{,}5 \cdot sen \left[2 \cdot \pi \cdot \left(250 \cdot 0 + \frac{250}{200} \cdot 0\right) + \varphi_0\right]$$

$$0 = sen\ \varphi_0 \quad \rightarrow \quad \varphi_0 = 0$$

Por tanto, la ecuación de la onda será:

$$y\ (x,\ t) = 0{,}5 \cdot sen \left[2 \cdot \pi \cdot \left(250 \cdot t + \frac{250}{200} \cdot x\right)\right]$$

b) La velocidad transversal de la onda se obtiene derivando con respecto al tiempo la ecuación de la posición:

$$v\ (x,\ t) = 0{,}5 \cdot 2 \cdot \pi \cdot 250 \cdot cos \left[2 \cdot \pi \cdot \left(250 \cdot t + \frac{250}{200} \cdot x\right)\right]$$

La velocidad máxima se alcanzará cuando el coseno tenga su valor máximo. La velocidad máxima será:

$$v_{máx.}\ (x,\ t) = 0{,}5 \cdot 2 \cdot \pi \cdot 250 = 250 \cdot \pi = 785{,}4 \text{ m/s}$$

Cuestiones

3 Esta cuestión pertenece al tema de la luz y sus propiedades.

Cuando la luz pasa de un medio transparente a otro de distinto índice de refracción, experimenta un cambio de dirección, cumpliéndose las leyes de Snell de la refracción:

1. El rayo incidente, la normal y el rayo reflejado están en el mismo plano.
2. Los ángulos de incidencia y de refracción están relacionados con los índices de refracción de cada medio según la expresión:

$$n_1 \cdot sen\ \hat{i} = n_2 \cdot sen\ \hat{r}$$

La siguiente figura representa la refracción o cambio en la dirección de propagación que sufre un rayo de luz al pasar de un medio a otro menos refringente.

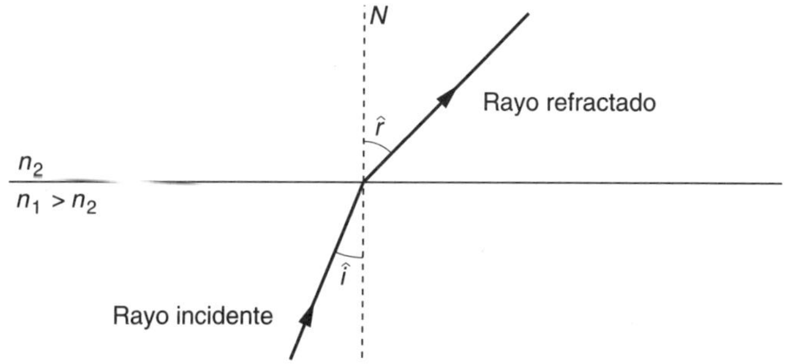

Cuando el rayo pasa de un medio con cierto índice de refracción a otro medio con un índice menor (por ejemplo, del agua al aire), si el ángulo de incidencia es suficientemente grande, el rayo ya no consigue refractarse y salir al aire, solo se refleja:

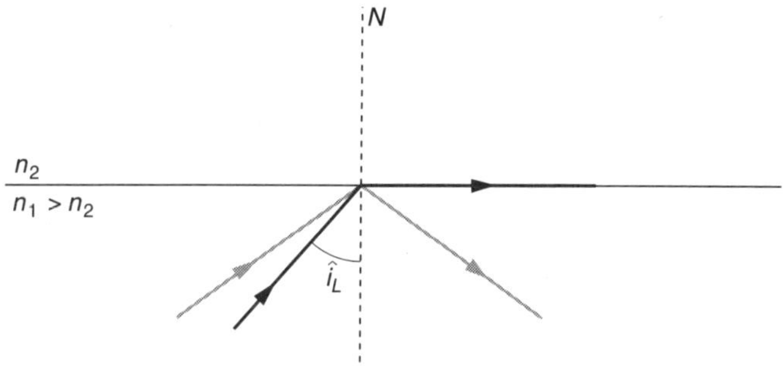

El rayo incidente con un ángulo de incidencia mayor que el límite, permanece en el medio de mayor índice de refracción.

Ángulo límite, $\hat{i}_L$, es el ángulo de incidencia al cual corresponde un ángulo de refracción de 90°. Todos los rayos que lleguen a la superficie de separación con un ángulo de incidencia mayor que el límite, se reflejarán en el mismo medio.

4 **Esta cuestión pertenece al tema de física nuclear.**

Consulta tu libro de texto para responder a esta cuestión.

COMUNIDAD VALENCIANA

9

PRUEBA DE SELECTIVIDAD

ACLARACIONES PREVIAS

El alumno realizará una opción de cada uno de los bloques.

La puntuación máxima de cada problema es de 2 puntos, y la de cada cuestión, de 1,5 puntos.

Tiempo disponible: 90 minutos.

Bloque I – Problemas

A Una sonda espacial de masa $m = 1\,200$ kg se sitúa en una órbita circular de radio $r = 6\,000$ km, alrededor de un planeta. Si la energía cinética de la sonda es $E_c = 5{,}4 \cdot 10^9$ J, calcula:

a) El período orbital de la sonda. (1 punto)

b) La masa del planeta. (1 punto)

Dato: $G = 6{,}7 \cdot 10^{-11}$ N · m²/kg².

B Febos es un satélite que gira en una órbita circular de radio $r = 14\,460$ km alrededor del planeta Marte con un período de 14 horas, 39 minutos y 25 segundos. Sabiendo que el radio de Marte es $R_M = 3\,394$ km, calcula:

a) La aceleración de la gravedad en la superficie de Marte. (1,2 puntos)

b) La velocidad de escape de Marte de una nave espacial situada en Febos. (0,8 puntos)

Bloque II – Cuestiones

A Una partícula de masa *m* oscila con frecuencia angular ω según un movimiento armónico simple de amplitud *A*. Deduce la expresión que proporciona la energía mecánica de esta partícula en función de los anteriores parámetros.

B La amplitud de una onda que se desplaza en la dirección positiva del eje *X* es 20 cm, su frecuencia es 2,5 Hz y tiene una longitud de onda de 20 m. Escribe la ecuación que describe el movimiento de esta onda.

Bloque III – Cuestiones

A Demuestra, mediante trazado de rayos, que una lente divergente no puede formar una imagen real de un objeto. Considera los casos en que la distancia entre el objeto y la lente sea mayor y menor que la distancia focal.

B Para poder observar con detalle objetos pequeños puede emplearse una lupa. ¿Qué tipo de lente es, convergente o divergente? ¿Dónde debe situarse el objeto a observar? ¿Cómo es la imagen que se forma, real o virtual?

Bloque IV – Cuestiones

A ¿Qué relación hay entre el potencial y el campo eléctricos? ¿Cómo se expresa matemáticamente esa relación en el caso de un campo eléctrico uniforme?

B Menciona dos aplicaciones del electromagnetismo. Indica con qué fenómeno electromagnético se encuentran relacionadas.

Bloque V – Problemas

A La gráfica de la figura adjunta representa el potencial del frenado, V_f de una célula fotoeléctrica en función de la frecuencia, ν, de la luz incidente. La ordenada en el origen tiene el valor –2 V.

a) Deduce la expresión teórica de V_f en función de ν. (1 punto)

b) ¿Qué parámetro característico de la célula fotoeléctrica podemos determinar a partir de la ordenada en el origen? Determina su valor y razona la respuesta. (0,5 puntos)

c) ¿Qué valor tendrá la pendiente de la recta de la figura? Dedúcelo. (0,5 puntos)

Datos: $e = 1,6 \cdot 10^{-19}$ C; $h = 6,6 \cdot 10^{-34}$ J · s.

B a) Calcula la actividad de una muestra radiactiva de masa 5 g que tiene una constante radiactiva $\lambda = 3 \cdot 10^{-9}\ s^{-1}$ y cuya masa atómica es 200 u. (1,2 puntos)

b) ¿Cuántos años deberíamos esperar para que la masa radiactiva de la muestra se reduzca a la décima parte de la inicial? (0,8 puntos)

Dato: $N_A = 6{,}0 \cdot 10^{23}\ mol^{-1}$.

Bloque VI – Cuestiones

A La fisión de un núcleo de $^{235}_{92}U$ se desencadena al absorber un neutrón, produciéndose un isótopo de Xe con número atómico 54, un isótopo de Sr con número másico 94 y 2 neutrones. Escribe la reacción ajustada.

B Explica por qué la masa de un núcleo atómico es menor que la suma de las masas de las partículas que lo constituyen.

Comunidad Valenciana. Junio, 2006.

SOLUCIÓN DE LA PRUEBA

Bloque I – Problemas

A **Este problema pertenece al tema de campo gravitatorio.**

a) El período es el tiempo que tarda la sonda espacial en dar una vuelta completa alrededor del planeta:

$$T = \frac{2 \cdot \pi \cdot R}{v} \qquad [1]$$

donde R es el radio de la órbita, T es el período y v es la velocidad orbital.

La velocidad orbital se calcula a partir del dato de la energía cinética de la sonda:

$$E_c = \frac{1}{2} \cdot m_s \cdot v^2 \quad ; \quad 5{,}4 \cdot 10^9 = \frac{1}{2} \cdot 1\,200 \cdot v^2 \rightarrow v = 3\,000 \text{ m/s}$$

Sustituyendo valores en la expresión [1], obtenemos:

$$T = \frac{2 \cdot \pi \cdot 6 \cdot 10^6}{3\,000} = 12{,}57 \cdot 10^3 \text{ s} = 3{,}49 \text{ horas}$$

b) Para calcular la masa del planeta partimos de la expresión de la velocidad orbital.

Para obtener la expresión de la velocidad orbital, tenemos en cuenta que si la sonda esta girando alrededor del planeta, la fuerza gravitatoria actúa como una fuerza normal, y aplicamos el segundo principio de la dinámica:

$$\left.\begin{array}{l} F_G = G \cdot \dfrac{M_P \cdot m_s}{R^2} \\ F_n = m_s \cdot a_n = m_s \cdot \dfrac{v^2}{R} \end{array}\right\} F_G = F_n$$

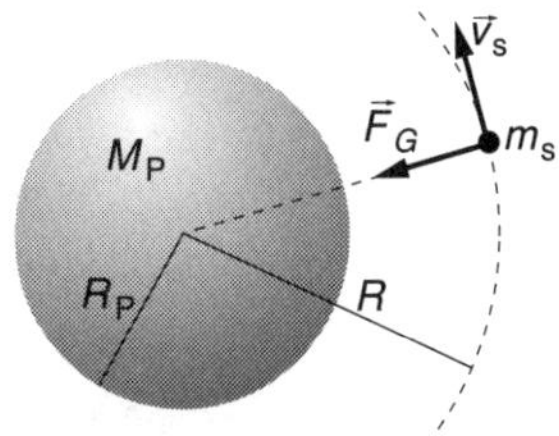

$$\frac{G \cdot M_P \cdot m_s}{R^2} = \frac{m_s \cdot v^2}{R} \rightarrow v = \sqrt{\frac{G \cdot M_P}{R}}$$

Elevando al cuadrado, despejando y sustituyendo valores, obtenemos:

$$v^2 = \frac{G \cdot M_P}{R} \quad \rightarrow \quad M_P = \frac{3\,000^2 \cdot 6 \cdot 10^6}{6{,}7 \cdot 10^{-11}} = 8{,}06 \cdot 10^{23} \text{ kg}$$

B Este problema pertenece al tema de campo gravitatorio.

a) La aceleración de la gravedad, g_M, en la superficie del planeta Marte, de masa M_M, y radio R_M, viene dada por:

$$g_M = \frac{G \cdot M_M}{{R_M}^2}$$

El producto $G \cdot M_M$ lo calculamos con los datos del período, del radio de la órbita y con la expresión de la velocidad orbital del satélite Febos deducida en el problema anterior:

$$\left.\begin{array}{l} v = \dfrac{2 \cdot \pi \cdot R}{T} \\ v = \sqrt{\dfrac{G \cdot M_M}{R}} \end{array}\right\} \frac{2 \cdot \pi \cdot R}{T} = \sqrt{\frac{G \cdot M_M}{R}} \rightarrow G \cdot M_M = \frac{4 \cdot \pi^2 \cdot R^3}{T^2}$$

Sustituyendo valores, obtenemos:

$$G \cdot M_M = \frac{4 \cdot \pi^2 \cdot (14\,460 \cdot 10^3)^3}{(14 \cdot 60 \cdot 60 + 39 \cdot 60 + 25)^2} = 4{,}29 \cdot 10^{13}$$

La aceleración de la gravedad en Marte es, por tanto:

$$g_M = \frac{G \cdot M_M}{R_M{}^2} \quad \rightarrow \quad g_M = \frac{4{,}29 \cdot 10^{13}}{(3\,394 \cdot 10^3)^2} = 3{,}72 \text{ m/s}^2$$

b) La velocidad de escape de una nave espacial es la velocidad que hay que comunicarle para que pueda alejarse y escapar de la influencia gravitatoria del planeta en que se encuentra.

En la superficie de Febos, la nave tiene energía potencial. Para que pueda escapar de la influencia gravitatoria de Marte, hay que comunicarle una energía cinética suficiente para que la energía mecánica en Febos sea igual a la energía mecánica en el infinito:

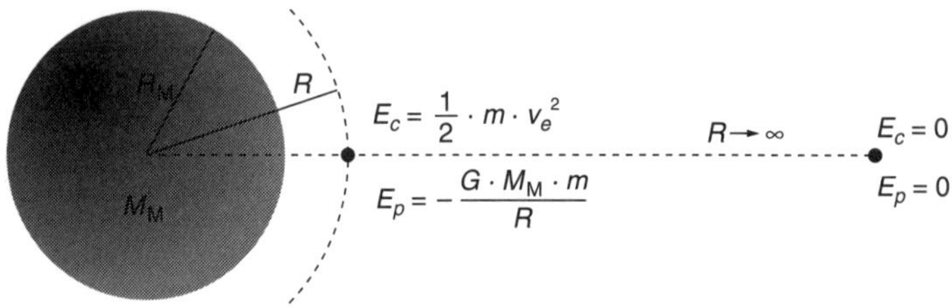

$$(E_{mec})_{\text{Febos}} = (E_{mec})_{\infty}$$

Por tanto:

$$-\frac{G \cdot M_M \cdot m}{R} + \frac{1}{2} \cdot m \cdot v_e^2 = 0 \quad \rightarrow \quad v_e = \sqrt{\frac{2 \cdot G \cdot M_M}{R}}$$

$$v_e = \sqrt{\frac{2 \cdot 4{,}29 \cdot 10^{13}}{14\,460 \cdot 10^3}} = 2\,435{,}9 \text{ m/s}$$

Nota: Se ha calculado la velocidad de escape de una nave espacial situada a la misma distancia de Marte que Febos; es decir, a 14 460 km. Si la nave estuviese sobre Febos, como dice el enunciado, deberíamos considerar la energía potencial de la nave debida a Febos, pero no hay datos en el enunciado para hacerlo así.

Bloque II – Cuestiones

A **Esta cuestión pertenece al tema de movimiento armónico simple.**

La ecuación de un movimiento armónico simple es:

$$x = A \cdot sen\,(\omega \cdot t + \varphi)$$

donde A es la amplitud; ω, la pulsación, y φ, la fase inicial.

La ecuación de la velocidad se obtiene al derivar la ecuación de la posición con respecto al tiempo:

$$v = \frac{dx}{dt} = A \cdot \omega \cdot cos\,(\omega \cdot t + \varphi)$$

Cualquier sistema material que esté animado de m.a.s. recibe el nombre de oscilador mecánico. Se llama así porque posee energía mecánica: cinética y potencial.

– La energía cinética viene dada por:

$$E_c = \frac{1}{2} \cdot m \cdot v^2 \qquad [1]$$

donde m es la masa de la partícula que oscila y v, su velocidad.

La velocidad de la partícula, en función de la elongación, viene dada por la expresión:

$$v = A \cdot \omega \cdot cos\,(\omega \cdot t + \varphi) = A \cdot \omega \cdot \left(\pm \sqrt{1 - sen^2\,(\omega \cdot t + \varphi}\right) = \pm\,\omega \cdot \sqrt{A^2 - x^2}$$

Sustituyendo en [1]:

$$E_c = \frac{1}{2} \cdot m \cdot \omega^2 \cdot (A^2 - x^2)$$

La energía cinética tiene su valor máximo en la posición de equilibrio.

– La energía potencial de un oscilador es:

$$E_p = \frac{1}{2} \cdot m \cdot \omega^2 \cdot x^2$$

Por tanto, la expresión de la energía mecánica es:

$$E_m = E_p + E_c = \frac{1}{2} \cdot m \cdot \omega^2 \cdot A^2$$

B **Esta cuestión pertenece al tema de movimiento ondulatorio.**

La ecuación general de una onda armónica que se propaga según el eje X viene dada por:

$$y\,(x, t) = A \cdot sen\,(\omega \cdot t - k \cdot x + \varphi_0) = A \cdot sen\left(2 \cdot \pi \cdot f \cdot t - \frac{2 \cdot \pi}{\lambda} \cdot x + \varphi_0\right)$$

Sustituyendo valores, la ecuación de la onda será:

$$y\,(x, t) = 0{,}2 \cdot sen\left(5 \cdot \pi \cdot t - \frac{\pi}{10} \cdot x + \varphi_0\right)$$

$$y\,(x, t) = 0{,}2 \cdot sen\,(5 \cdot \pi \cdot t - 0{,}1 \cdot \pi \cdot x + \varphi_0)$$

Bloque III – Cuestiones

A **Esta cuestión pertenece al tema de óptica geométrica.**

La imagen formada por una lente divergente de un objeto siempre es virtual, derecha y de menor tamaño que el objeto, independientemente del valor de la distancia objeto.

La construcción de la imagen en una lente se puede hacer dibujando, al menos, dos rayos de trayectorias conocidas y hallando su intersección después de refractarse en la lente. Elegimos los siguientes rayos:

– Un rayo paralelo al eje óptico, que una vez refractado pasa por el foco imagen.

– Un rayo que pase por el centro geométrico de la lente (centro óptico), pues este no se desvía.

Las construcciones geométricas son:

– Si el objeto está situado a una distancia menor que la distancia focal:

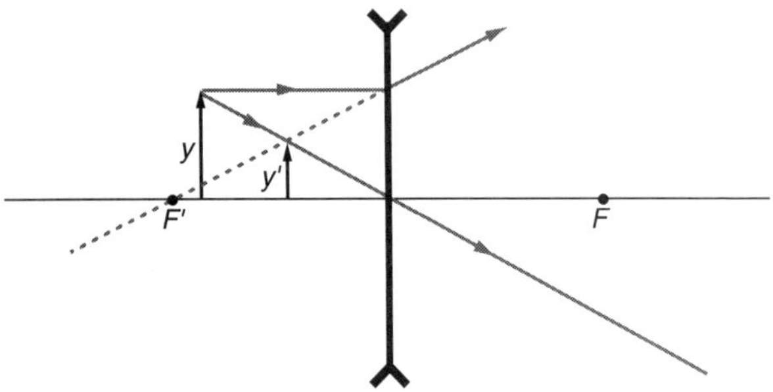

– Si el objeto está situado a una distancia mayor que la distancia focal:

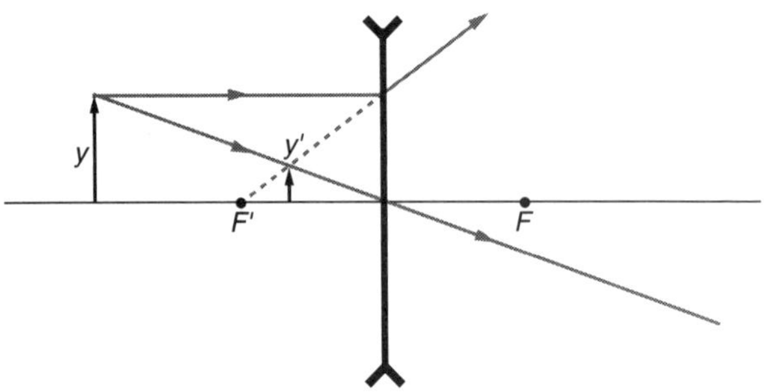

B **Esta cuestión pertenece al tema de óptica geométrica.**

Una lupa o microscopio simple es una lente convergente; generalmente, biconvexa.

Para ver un objeto con nitidez debemos situarlo a unos 25 cm del ojo. La lupa permite aproximar el objeto al ojo, ampliando el ángulo de visión de modo que el objeto parece tener mayor tamaño.

El objeto se sitúa dentro de la distancia focal de la lente, aproximadamente en el foco de esta, y se obtiene una imagen virtual, derecha y de mayor tamaño que el objeto, como se muestra en la figura de la página siguiente.

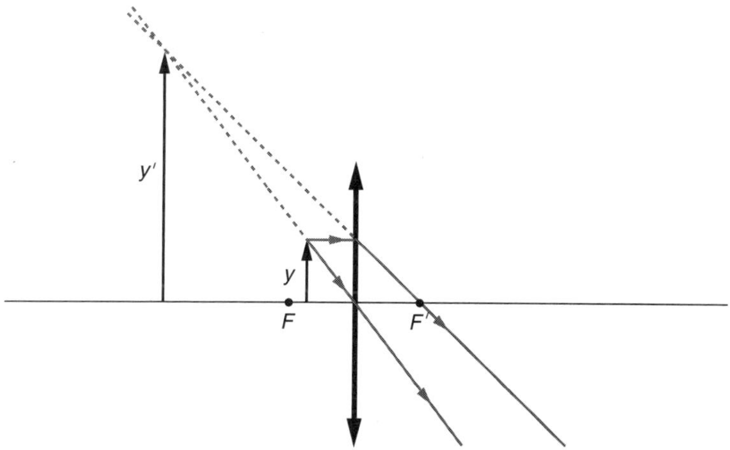

Bloque IV – Cuestiones

A Esta cuestión pertenece al tema de campo eléctrico.

Para una carga puntual Q se cumple que:

$$V = \frac{K \cdot Q}{r} \; ; \; |\vec{E}| = \frac{K \cdot Q}{r^2} \; \rightarrow \; V = |\vec{E}| \cdot r$$

Y, en general, para cualquier distribución de carga, el campo y el potencial están relacionados mediante las expresiones:

$$dV = -\vec{E} \cdot d\vec{r} \; \rightarrow \; \Delta V = -\oint \vec{E} \cdot d\vec{r}$$

En un campo eléctrico uniforme la diferencia de potencial varía linealmente con la distancia, decreciendo en el sentido del campo:

$$\Delta V = -E \cdot d$$

Consulta tu libro de texto y tus apuntes para ampliar la cuestión.

B Esta cuestión pertenece al tema de electromagnetismo.

La acción de un campo magnético sobre cargas eléctricas en movimiento tiene las siguientes aplicaciones:

– Pantallas de televisión, ordenador, osciloscopio…

– Aceleradores de partículas.

– Microscopio electrónico.

Consulta tu libro de texto y tus apuntes para ampliar la cuestión.

A Este problema pertenece al tema de física cuántica.

El efecto fotoeléctrico consiste en la liberación de electrones de un metal por acción de la luz y con ello se puede producir una corriente eléctrica.

Cada electrón extraído del metal adquiere una energía cinética, E_c:

$$E_c = \frac{1}{2} \cdot m_e \cdot v^2$$

donde m_e es la masa del electrón y v, la velocidad que alcanza.

Para determinar la energía cinética de los electrones que salen de la superficie del metal, se puede aplicar al sistema una diferencia de potencial de sentido opuesto al de salida de electrones, de forma que si llamamos potencial de frenado, V_f, a la diferencia de potencial que anula totalmente la corriente eléctrica de los electrones que salen de la superficie con velocidad v, entonces si $\Delta V = V_f$, resulta que:

$$\Delta V \cdot e = V_f \cdot e = \left(\frac{1}{2} \cdot m_e \cdot v^2\right)_{máx.}$$

donde ΔV es la diferencia de potencial aplicado y e la carga del electrón.

Einstein explicó el efecto fotoeléctrico aplicando a la luz las ideas de Planck sobre la radiación térmica. Según Einstein, toda la energía de un fotón se transmite a un electrón del metal y cuando este salta de la superficie metálica posee energía cinética, cumpliéndose la siguiente ecuación:

$$E_{fotón} = W_e + E_c$$

donde W_e es el trabajo de extracción o energía mínima necesaria para que el electrón escape de la superficie del metal y E_c, la energía cinética del electrón después de saltar de la superficie.

a) Si la energía necesaria para que se desprenda un electrón de la superficie de un metal es W_e, la energía cinética máxima de los electrones emitidos será:

$$\left(\frac{1}{2} \cdot m \cdot v^2\right)_{máx.} = e \cdot V_f = h \cdot \nu - W_e \rightarrow V_f = \frac{h \cdot \nu}{e} - \frac{W_e}{e} \qquad [1]$$

La magnitud W_e es una característica del metal. La expresión anterior es la expresión teórica del potencial de frenado frente a la frecuencia.

b) De la expresión [1] se deduce que la ordenada en el origen es:

$$ordenada = \frac{W_e}{e} = 2\ \text{V}$$

A partir de la ordenada en el origen podemos calcular el trabajo de extracción o energía mínima que el electrón necesita para escapar de la superficie del metal:

$$W_e = 2 \cdot e = 2 \cdot 1{,}6 \cdot 10^{-19} = 3{,}2 \cdot 10^{-19}\ \text{J}$$

El trabajo de extracción es:

$$W_e = h \cdot \nu_0$$

donde h es la constante de Planck y ν_0 la frecuencia umbral (frecuencia mínima necesaria para arrancar el electrón). Sustituyendo valores, el valor de la frecuencia umbral es:

$$\nu_0 = \frac{W_e}{h} = \frac{3{,}2 \cdot 10^{-19}\ \text{J}}{6{,}6 \cdot 10^{-34}\ \text{J} \cdot \text{s}} = 4{,}85 \cdot 10^{14}\ \text{s}^{-1}$$

c) A partir de la expresión [1], variando la frecuencia de la radiación incidente podemos obtener una serie de valores del potencial de frenado, de forma que al representarlos gráficamente se tiene una línea recta, como la de la figura del enunciado, cuya pendiente es:

$$tg\ \alpha = \frac{h}{e} \qquad [2]$$

donde h es la constante de Planck y e la carga del electrón. Esta pendiente no depende de la naturaleza de la sustancia emisora. Su valor es:

$$tg\ \alpha = \frac{6{,}6 \cdot 10^{-34}}{1{,}6 \cdot 10^{-19}} = 4{,}125 \cdot 10^{-15}\ \frac{\text{J} \cdot \text{s}}{\text{C}} = 4{,}125 \cdot 10^{-15}\ \text{V} \cdot \text{s}$$

B Este problema pertenece al tema de física atómica y nuclear.

a) La actividad de una sustancia radiactiva es el número de núcleos que se desintegran por unidad de tiempo:

$$A = \lambda \cdot N$$

En ella, N es el número de núcleos existentes en un determinado instante y λ es la constante radiactiva.

La masa atómica es $M = 200$ g/mol. Por tanto, como en un mol de átomos hay tantos átomos como indica la constante de Avogadro, en $m = 5$ g hay:

$$N = \frac{m}{M} \cdot N_A = \frac{5}{200} \cdot 6 \cdot 10^{23} = 1{,}5 \cdot 10^{22}\ \text{átomos}$$

Por tanto, la actividad de la muestra es:

$$A = \lambda \cdot N = 3 \cdot 10^{-9} \cdot 1{,}5 \cdot 10^{22} = 4{,}5 \cdot 10^{13}\ \text{Bq}$$

b) La ley de desintegración radiactiva se puede expresar en función del número de átomos, N, o de la masa, m:

$$N = N_0 \cdot e^{-\lambda \cdot t} \quad ; \quad m = m_0 \cdot e^{-\lambda \cdot t}$$

Siendo N el número de núclidos radiactivos en cualquier instante; m, su masa; N_0 y m_0, las cantidades iniciales, y λ, la constante de desintegración radiactiva. Sustituyendo en la ecuación de las masas, se obtiene:

$$\frac{m_0}{10} = m_0 \cdot e^{-3 \cdot 10^{-9} \cdot t} \quad \rightarrow \quad ln \frac{1}{10} = -3 \cdot 10^{-9} \cdot t \rightarrow$$

$$\rightarrow \quad t = 7{,}67 \cdot 10^8 \text{ s} = 24{,}32 \text{ años}$$

Bloque VI – Cuestiones

A Esta cuestión pertenece al tema de física atómica y nuclear.

En las reacciones nucleares se conservan la carga y el número másico:

$$^{235}_{92}\text{U} + {}^{1}_{0}n \rightarrow {}^{a}_{54}\text{Xe} + {}^{94}_{b}\text{Sr} + 2\,{}^{1}_{0}n$$

$$235 + 1 = a + 94 + 2 \cdot 1 \quad \rightarrow \quad a = 140$$

$$92 = 54 + b \quad \rightarrow \quad b = 38$$

Los isótopos del Xe y del Sr son $^{140}_{54}\text{Xe}$ y $^{94}_{38}\text{Sr}$, respectivamente.

B Esta cuestión pertenece al tema de física nuclear.

Experimentalmente, se ha comprobado que la masa de los núcleos atómicos es menor que la suma de las masas de los nucleones (protones y neutrones) que forman el núcleo.

Esa pérdida de masa, llamada defecto másico, es:

$$\Delta m = Z \cdot m_p + (A - Z) \cdot m_n - M$$

Esa masa perdida se transforma en energía según la ecuación de Einstein:

$$E = \Delta m \cdot c^2$$

La energía desprendida, que se conoce como energía de enlace, es la que hace que el núcleo sea más estable que los nucleones por separado.

Consulta tu libro de texto y tus apuntes para ampliar la cuestión.

10

EXTREMADURA

PRUEBA DE SELECTIVIDAD

ACLARACIONES PREVIAS

El alumno elegirá uno de los dos repertorios siguientes.

Cada una de las cuestiones se calificará con 2 puntos.

Tiempo disponible para la prueba: 1 hora y 30 minutos.

Repertorio A

1 Magnitudes características de las ondas: enuncia cinco magnitudes y explica sus significados físicos.

2 Explica qué es un campo eléctrico y define la intensidad de campo eléctrico.

3 Di si la siguiente frase es CIERTA o FALSA y razona la respuesta: “El trabajo que se realiza al trasladar una masa entre dos puntos de una misma superficie equipotencial es cero”.

4 Dibuja la imagen de un objeto situado delante de una lente delgada a una distancia el doble de la distancia focal, realizando un esquema de la marcha de los rayos. Indica las características de la imagen.

5 Calcula la longitud de la onda de materia asociada a un balón de fútbol de 500 g de masa que se mueve a una velocidad de 72 km/h.

Dato: Constante de Planck: $h = 6,6 \cdot 10^{-34}$ J · s.

Repertorio B

1 Ley de la gravitación universal: enunciado y expresión matemática indicando las magnitudes que aparecen.

2 Describe el fenómeno de la refracción y enuncia sus leyes.

3 Di si la siguiente frase es CIERTA o FALSA y razona la respuesta: "La radiación gamma es la emisión de electrones desde el núcleo de un elemento radiactivo".

4 Se dispone de un muelle elástico sujeto por un extremo al techo de una habitación. Si colgamos por el otro extremo un cuerpo de 6 kg de masa, el muelle se alarga 20 cm. Calcula:

a) La constante elástica del muelle.

b) El período de las oscilaciones que realizará si se le aparta de su posición de equilibrio y se le deja libremente para que ejecute un movimiento armónico simple.

5 Un electrón penetra dentro de un campo magnético uniforme, de intensidad 0,001 T, perpendicular a su velocidad. Si el radio de la trayectoria que describe el electrón es de 5 cm, halla: a) la velocidad; b) el período del movimiento de la órbita que describe.

Datos: Masa del electrón: $9{,}1 \cdot 10^{-31}$ kg; carga del electrón: $1{,}6 \cdot 10^{-19}$ C.

Extremadura. Junio, 2006.

SOLUCIÓN DE LA PRUEBA

Repertorio A

1 Esta cuestión pertenece al tema de movimiento ondulatorio.

Amplitud, *A*: es el valor máximo que puede tomar la elongación, es decir, la máxima separación entre la posición de un punto y la posición de equilibrio de ese punto. Su unidad en el S.I. es el m.

Período, *T*: es el tiempo que tarda el movimiento en repetirse, es decir, el tiempo transcurrido desde que el punto está en una posición (por ejemplo, en el punto de equilibrio moviéndose hacia abajo) hasta que vuelve a estar en la misma posición haciendo lo mismo (en el punto de equilibrio moviéndose hacia abajo). Su unidad en el S.I. es el s.

Frecuencia, *f* o ν: es el número de vibraciones completas que realiza una partícula en un segundo. Es la inversa del período:

$$f = \frac{1}{T}$$

Su unidad en el S.I. es el s^{-1} o Hz.

Longitud de onda, λ: es la distancia que se ha propagado la onda en un período, mientras que cada punto ha realizado una vibración completa.

Velocidad de propagación, *v*: es la velocidad con que se transmite la perturbación. También se llama velocidad de fase y, si el medio es homogéneo e isótropo, se mantiene constante y es igual en todas las direcciones.

La relación entre estas magnitudes características de las ondas viene dada por la expresión:

$$\lambda = v \cdot T = \frac{v}{f}$$

Se puede observar que es la ecuación del movimiento rectilíneo uniforme ($s = v \cdot t$); si como espacio recorrido se toma una longitud de onda λ, el tiempo empleado es un período, *T*.

En la siguiente figura se representan la amplitud y la longitud de onda de una onda monodimensional:

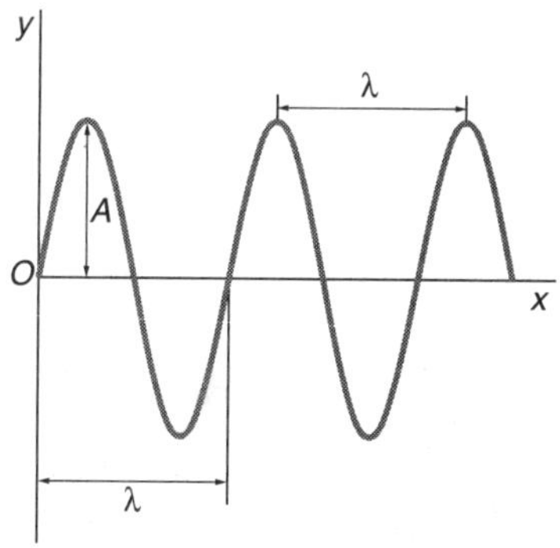

2 Esta cuestión pertenece al tema de campo eléctrico.

Se dice que en una región del espacio existe un campo eléctrico si al colocar una carga de prueba, *q*, en un punto de esa región, la carga experimenta una fuerza eléctrica.

Los campos creados por las cargas $+Q$ o $-Q$ puntuales (no son la carga de prueba, q) son radiales:

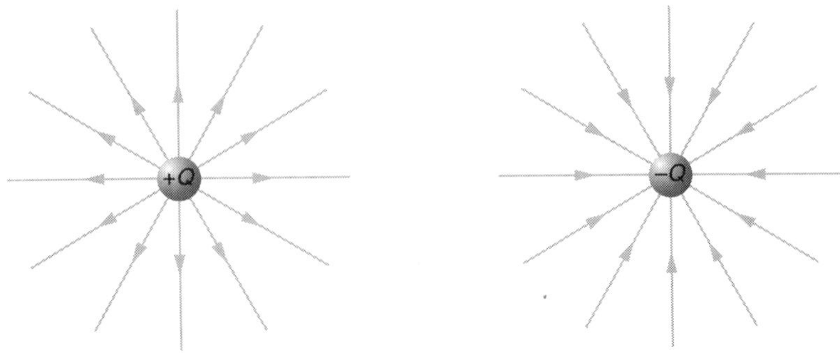

Las líneas de fuerza indicadas son los caminos que seguiría una carga de prueba $+q$ dejada libre en las cercanías de $+Q$ o $-Q$:

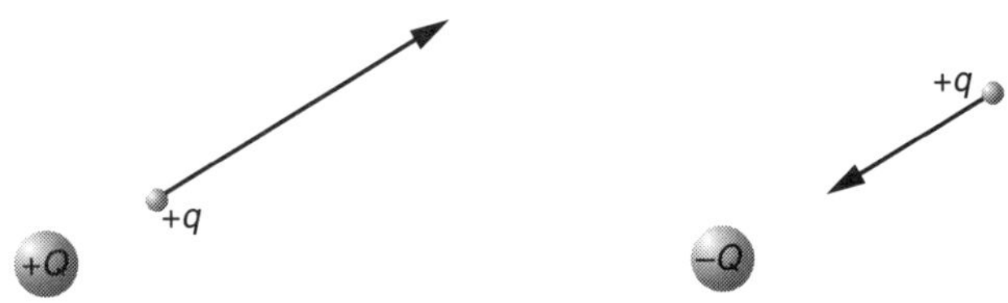

Se define el campo eléctrico o intensidad de campo, $\vec{E}$, en un punto como la fuerza que actúa por unidad de carga de prueba positiva colocada en ese punto:

$$|\vec{E}| = \frac{|\vec{F}|}{q'} = K \cdot \frac{Q}{r^2}$$

3 Esta cuestión pertenece al tema de campo gravitatorio.

Es cierta. El trabajo para trasladar una masa entre dos puntos es igual al producto de la masa por la diferencia de potencial entre esos puntos:

$$W = m \cdot (V_A - V_B)$$

En la superficie equipotencial todos los puntos están al mismo potencial, así que esa diferencia de potencial es cero.

El potencial gravitatorio en un punto P del campo creado por la masa M viene dado por:

$$V = -\frac{G \cdot M}{R}$$

El potencial en *P* es el trabajo necesario para traer la unidad de masa *m* desde el infinito hasta *P:*

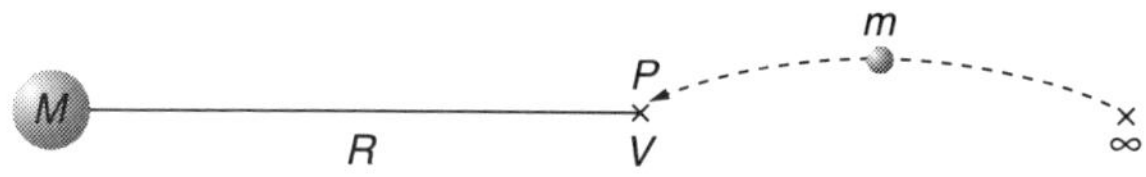

Todos los puntos que estén a la misma distancia de *M* tienen el mismo potencial; por tanto, las superficies equipotenciales son superficies esféricas centradas en la masa:

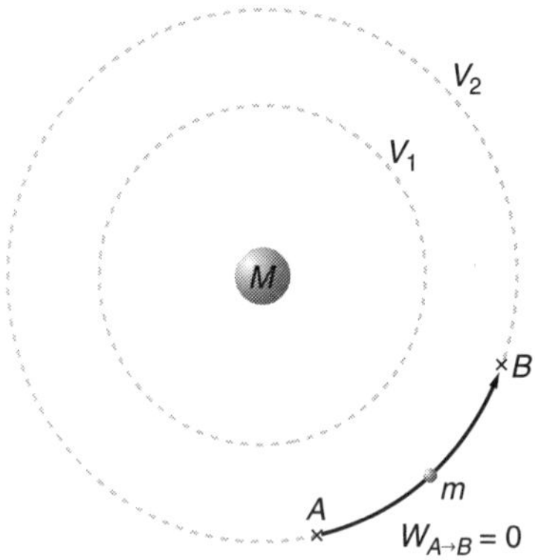

4 Esta cuestión pertenece al tema de óptica geométrica.

Para construir la imagen de un objeto en una lente delgada, se deben dibujar al menos dos rayos de trayectorias conocidas y hallar su intersección después de refractarse en la lente. Los rayos principales son los siguientes:

- Un rayo paralelo al eje óptico, que pasa por el foco imagen, *F´*, después de refractarse en la lente.
- Un rayo que pasa por el foco objeto, *F*, y sale paralelo al eje óptico después de refractarse en la lente.
- Un rayo que pasa por el centro óptico y no se desvía.

a) Si la lente es convergente, la construcción geométrica de la imagen es:

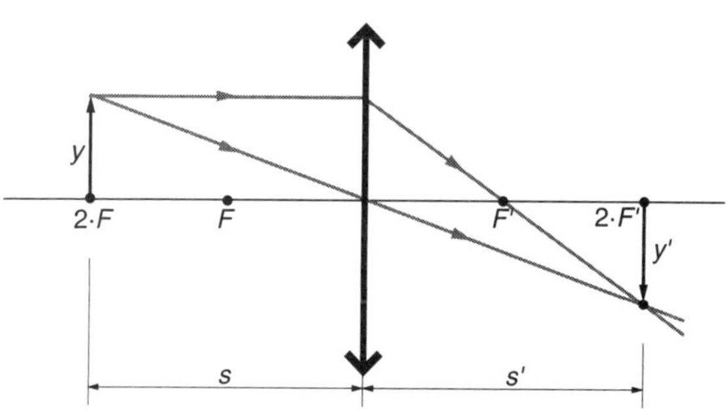

La imagen es real ya que se forma directamente con los rayos refractados y no con las prolongaciones. Es de igual tamaño e invertida. Se forma en $2 \cdot F'$, a una distancia de la lente igual a la que hay entre el objeto y la lente.

b) Si la lente es divergente, la construcción geométrica de la imagen es:

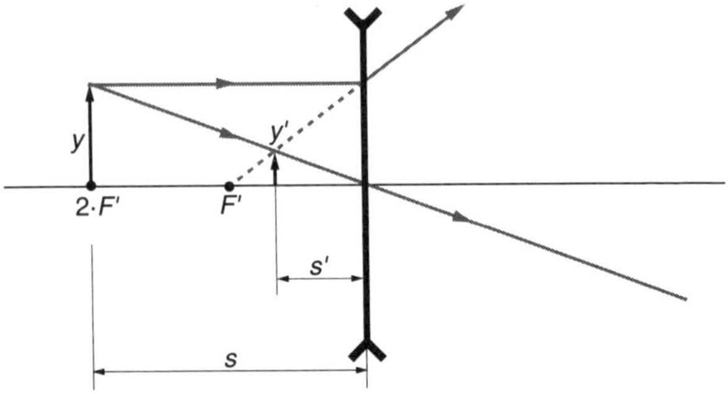

La imagen es virtual ya que se forma con las prolongaciones de los rayos. Es de menor tamaño y derecha. Está al mismo lado de la lente que el objeto, entre el foco y la lente.

5 **Esta cuestión pertenece al tema de física cuántica.**

Según la hipótesis de De Broglie, cada partícula en movimiento lleva asociada una onda, cuya longitud de onda viene dada por la ecuación:

$$\lambda = \frac{h}{p} = \frac{h}{m \cdot v}$$

En la expresión anterior, h es la constante de Planck.

Sustituyendo valores en unidades del S.I. en la expresión anterior, se obtiene la longitud de onda asociada al balón:

$$v = 72 \text{ km/h} = 20 \text{ m/s}$$

$$\lambda = \frac{6{,}6 \cdot 10^{-34}}{0{,}5 \cdot 20} = 6{,}6 \cdot 10^{-35} \text{ m}$$

Repertorio B

1 **Esta cuestión pertenece al tema de campo gravitatorio.**

Según la ley de gravitación universal, la fuerza con que se atraen dos cuerpos es directamente proporcional al producto de sus masas e inversamente proporcional al cuadrado de la distancia que los separa:

$$\vec{F} = -G \cdot \frac{m \cdot m'}{r^2} \cdot \vec{u}_r$$

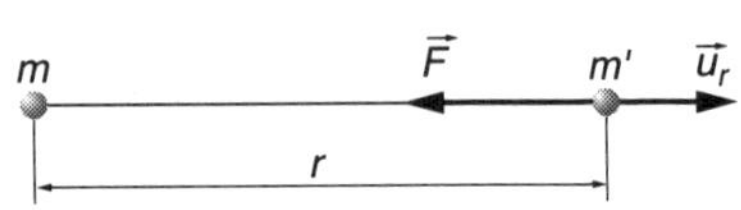

En la expresión anterior, G es la constante de proporcionalidad; m y m', las masas de los cuerpos, y r, la distancia que los separa.

Consulta tu libro de texto o tus apuntes para ampliar la cuestión.

2 Esta cuestión pertenece al tema de la luz y sus propiedades.

Refracción es el cambio de dirección que experimenta una onda, como la luz, cuando pasa de un medio material a otro.

Leyes de la refracción:

1. Primera ley de Snell: el rayo incidente, la normal y el rayo refractado están en el mismo plano.

2. Segunda ley de Snell: los índices de refracción de cada medio y los ángulos de incidencia y de refracción están relacionados por la expresión:

$$n_1 \cdot sen\ \hat{i} = n_2 \cdot sen\ \hat{r}$$

Si pasamos de un medio menos refringente (menor índice de refracción) a otro más refringente (mayor índice de refracción), el rayo refractado se acerca a la normal, como sucede en la figura inferior. En caso contrario, el rayo refractado se aleja de la normal.

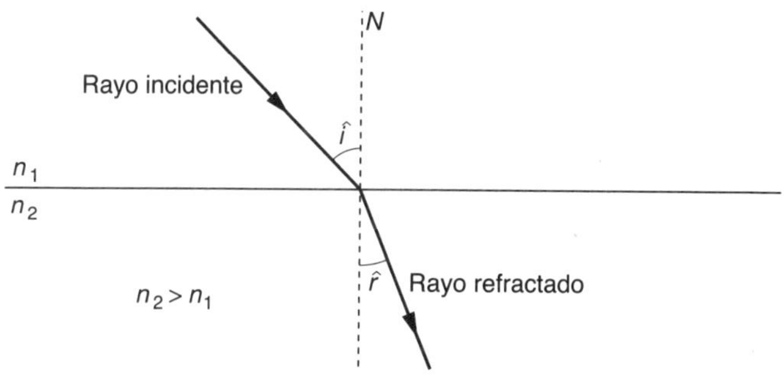

3 Esta cuestión pertenece al tema de física atómica y nuclear.

Es falsa. La radiación γ son ondas electromagnéticas con frecuencias muy altas y se emiten cuando un núcleo que se encuentra en un estado excitado vuelve a su estado fundamental (de menor energía).

4 Este problema pertenece al tema de movimiento armónico simple.

a) Un muelle, al que se le cuelga una masa m, se estira hasta que alcanza el equilibrio, es decir, hasta que el peso es contrarrestado por la fuerza recuperadora del muelle.

La fuerza recuperadora del muelle es proporcional a la elongación, como establece la ley de Hooke:

$$\vec{F}_{rec} = -k \cdot \vec{y} \qquad [1]$$

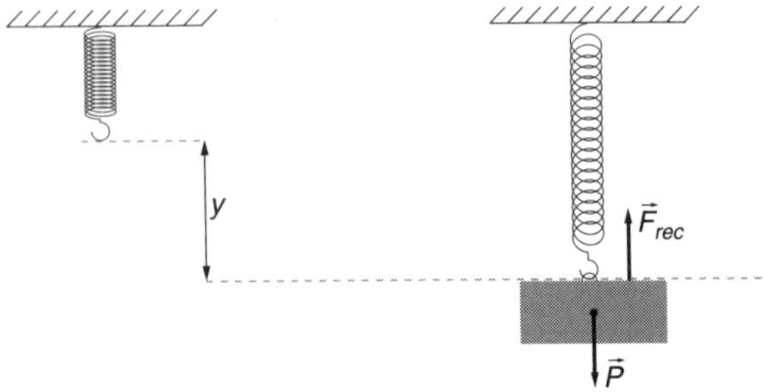

Aplicando escalarmente la ecuación fundamental de la dinámica, operando y sustituyendo valores, obtenemos el valor de la constante elástica del resorte:

$$|\vec{F}_{rec}| = |\vec{p}\,| \quad \rightarrow \quad k \cdot y = m \cdot g$$

$$k = \frac{m \cdot g}{y} = \frac{6 \cdot 9{,}8}{0{,}2} = 294 \text{ N/m}$$

b) Si desplazamos el sistema desde su posición de equilibrio, el muelle tratará de recuperarla. Se establece así un m.a.s. de amplitud *A*:

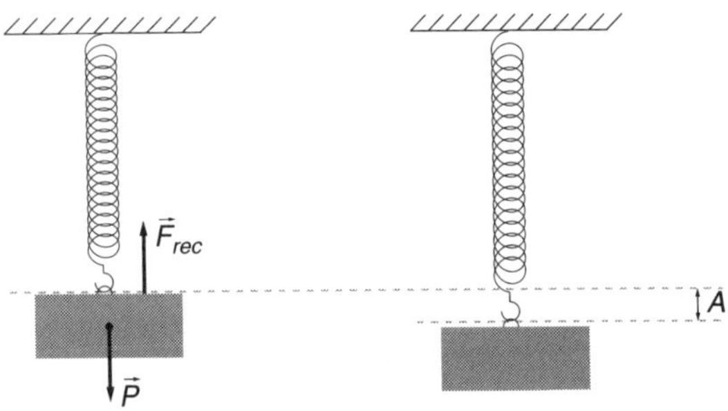

La ecuación de la posición en el movimiento armónico simple es:

$$y = A \cdot cos\,(\omega \cdot t + \varphi_0)$$

donde *A* es la amplitud, ω es la pulsación, y φ_0, la fase inicial.

Derivando dos veces respecto al tiempo la ecuación de la posición, se obtiene la ecuación de la aceleración del m.a.s.:

$$v = \frac{dv}{dt} = -A \cdot \omega \cdot sen\,(\omega \cdot t + \varphi_0)$$

$$a = \frac{dv}{dt} = -A \cdot \omega^2 \cdot cos\,(\omega \cdot t + \varphi_0) = -\omega^2 \cdot x$$

Aplicando el segundo principio de la dinámica, la fuerza recuperadora se puede expresar en la forma:

$$F = m \cdot a \quad \rightarrow \quad F_{rec} = -m \cdot \omega^2 \cdot x \qquad [2]$$

Comparando las ecuaciones [1] y [2], obtenemos la relación entre k y la frecuencia angular:

$$-k \cdot y = -m \cdot \omega^2 \cdot x \quad \rightarrow \quad k = m \cdot \omega^2 \quad \rightarrow \quad \omega = \sqrt{\frac{k}{m}}$$

Sustituyendo valores se obtiene el valor de la frecuencia angular y, a partir de esta, el período de las oscilaciones:

$$\omega = \sqrt{\frac{k}{m}} = \sqrt{\frac{294}{6}} = 7 \text{ rad/s} \quad \rightarrow \quad T = \frac{2 \cdot \pi}{\omega} = \frac{2 \cdot \pi}{7} = 0{,}9 \text{ s}$$

5 Este problema pertenece al tema de electromagnetismo.

a) Cuando una carga eléctrica penetra en el interior de un campo magnético, el campo ejerce una fuerza sobre la carga. Esta fuerza, llamada fuerza de Lorentz, viene definida por la ecuación vectorial:

$$\vec{F} = q \cdot \vec{v} \times \vec{B}$$

Si la velocidad es perpendicular a la inducción magnética, la carga describe una circunferencia, y toda partícula que describe una curva está sometida a una aceleración centrípeta. En este caso, la fuerza centrípeta es originada por la fuerza de Lorentz y, por tanto, se cumple:

$$|\vec{F}_c| = |\vec{F}|$$

$$m \cdot \frac{v^2}{R} = q \cdot v \cdot B \cdot sen\, 90° \quad \rightarrow \quad m \cdot \frac{v}{R} = q \cdot B$$

La velocidad del electrón se obtiene despejándola de la anterior igualdad y sustituyendo los valores conocidos:

$$v = \frac{R \cdot q \cdot B}{m} \rightarrow v = \frac{5 \cdot 10^{-2} \cdot 1{,}6 \cdot 10^{-19} \cdot 10^{-3}}{9{,}1 \cdot 10^{-31}} = 8{,}79 \cdot 10^6 \text{ m/s}$$

b) El período del movimiento del electrón viene dado por la expresión:

$$T = \frac{2 \cdot \pi \cdot R}{v} = \frac{2 \cdot \pi \cdot 5 \cdot 10^{-2}}{8{,}79 \cdot 10^6} = 3{,}57 \cdot 10^{-8} \text{ s}$$

GALICIA

11

PRUEBA DE SELECTIVIDAD

ACLARACIONES PREVIAS

Elige y desarrolla una de las dos opciones propuestas.

Puntuación máxima: Problemas, 6 puntos (1,5 cada apartado). Cuestiones, 4 puntos (1 cada cuestión, teórica o práctica).

No se valorará la simple anotación de un ítem como solución a las cuestiones teóricas.

Puede usarse calculadora siempre que no sea programable ni memorice texto.

Opción 1

Problemas

1 Un satélite artificial de 100 kg describe órbitas circulares a una altura de 6 000 km sobre la superficie de la Tierra. Calcula:

a) El tiempo que tarda en dar una vuelta completa.

b) El peso del satélite a esa altura.

Datos: $g_0 = 9{,}80$ m/s^2; $R_T = 6\,400$ km.

2 Dado un espejo esférico de 50 cm de radio y un objeto de 5 cm de altura situado sobre el eje óptico a una distancia de 30 cm del espejo, calcula analítica y gráficamente la posición y el tamaño de la imagen:

a) Si el espejo es cóncavo.

b) Si el espejo es convexo.

Cuestiones teóricas

Razona las respuestas a las siguientes cuestiones:

1 Las líneas del campo magnético, $\vec{B}$, creado por una bobina ideal:

a) Nacen en la cara norte y mueren en la cara sur de la bobina.

b) Son líneas cerradas sobre sí mismas que atraviesan la sección de la bobina.

c) Son líneas cerradas alrededor de la bobina y que nunca la atraviesan.

2 Cuando se bombardea nitrógeno $^{14}_{7}N$ con partículas alfa se genera el isótopo $^{17}_{8}O$ y otras partículas.

La reacción es:

a) $^{14}_{7}N + ^{4}_{2}\alpha \rightarrow ^{17}_{8}O + p$

b) $^{14}_{7}N + ^{4}_{2}\alpha \rightarrow ^{17}_{8}O + n$

c) $^{14}_{7}N + ^{4}_{2}\alpha \rightarrow ^{17}_{8}O + p + n + \gamma$

3 Cuando la luz atraviesa la zona de separación de dos medios, experimenta:

a) Difracción.

b) Refracción.

c) Polarización.

Cuestión práctica

En la experiencia para la medida de la constante elástica de un resorte por el método dinámico:

a) ¿Qué precauciones debes tomar con respecto al número y amplitud de las oscilaciones?

b) ¿Cómo varía la frecuencia de oscilación si se duplica la masa oscilante?

Opción 2

Problemas

1 En una muestra de $^{131}_{53}I$ radiactivo, con un período de semidesintegración de 8 días, había inicialmente $1{,}2 \cdot 10^{21}$ átomos y actualmente solo hay $0{,}2 \cdot 10^{20}$. Calcula:

a) La antigüedad de la muestra.

b) La actividad de la muestra transcurridos 50 días desde el instante inicial.

2 Una onda se transmite a lo largo de una cuerda. El punto situado en $x = 0$ oscila según la ecuación $y = 0{,}1 \cdot cos\,(10 \cdot \pi \cdot t)$ y otro punto situado en $x = 0{,}03$ m oscila según la ecuación $y = 0{,}1 \cdot cos\,(10 \cdot \pi \cdot t - \pi/4)$. Calcula:

a) La constante de propagación, la velocidad de propagación y la longitud de onda.

b) La velocidad de oscilación de un punto cualquiera de la cuerda.

Cuestiones teóricas

Razona las respuestas a las siguientes cuestiones:

1 Dos conductores rectos paralelos y muy largos con corrientes I en el mismo sentido:

a) Se atraen.

b) Se repelen.

c) No interaccionan.

2 Si a una altura de 500 metros sobre la Tierra se colocan dos objetos, uno de masa m y otro de masa $2 \cdot m$, y se dejan caer libremente (en ausencia de rozamientos y empujes) ¿cuál llegará antes al suelo?

a) El de masa m.

b) El de masa $2 \cdot m$.

c) Los dos al mismo tiempo.

3 En las lentes divergentes la imagen siempre es:

a) Derecha, menor y virtual.

b) Derecha, mayor y real.

c) Derecha, menor y real.

Cuestión práctica

Describe brevemente el procedimiento seguido para medir la gravedad en el laboratorio por medio de un péndulo simple.

Galicia. Junio, 2006.

SOLUCIÓN DE LA PRUEBA

Opción 1

Problemas

1 Este problema pertenece al tema de campo gravitatorio.

a) El tiempo que tarda un satélite en dar una vuelta completa a la Tierra se denomina período, y se representa por T. Al ser un movimiento uniforme, el período será el cociente entre la longitud de la órbita (una circunferencia de radio R) y la velocidad orbital:

$$T = \frac{2 \cdot \pi \cdot R}{v}$$

Para determinar la velocidad orbital, tenemos en cuenta que la Tierra ejerce sobre el satélite una fuerza normal, que es la fuerza gravitatoria:

$$|\vec{F}_g| = |\vec{F}_n| \quad \rightarrow \quad \frac{G \cdot M_T \cdot m}{R^2} = m \cdot \frac{v^2}{R} \quad \rightarrow \quad v = \sqrt{\frac{G \cdot M_T}{R}}$$

No conocemos la masa de la Tierra, pero esta se puede expresar en función de g_0:

$$g_0 = \frac{G \cdot M_T}{R_T{}^2} \quad \rightarrow \quad G \cdot M_T = g_0 \cdot R_T{}^2$$

Sustituyendo valores, obtenemos la velocidad orbital:

$$v = \sqrt{\frac{g_0 \cdot R_T{}^2}{R}} = \sqrt{\frac{9{,}8 \cdot (6\,400 \cdot 10^3)^2}{(6\,400 + 6\,000) \cdot 10^3}} = 5\,689{,}6 \text{ m/s}$$

El período será:

$$T = \frac{2 \cdot \pi \cdot (6\,400 + 6\,000) \cdot 10^3}{5\,689{,}6} = 13\,693{,}67 \text{ s} = 3{,}8 \text{ h}$$

b) El peso del satélite a una altura de 6 000 km es:

$$P = m \cdot g$$

donde m es la masa del satélite, y g, la intensidad del campo gravitatorio a dicha altura. Su valor se obtiene a partir de la expresión:

$$g = \frac{G \cdot M_T}{R^2} = \frac{g_0 \cdot R_T{}^2}{R^2} = \frac{9{,}8 \cdot (6\,400 \cdot 10^3)^2}{(12\,400 \cdot 10^3)^2} = 2{,}61 \text{ m/s}$$

Por tanto, el valor del peso del satélite a esa altura es:

$$P = 100 \cdot 2{,}61 = 261 \text{ N}$$

2 **Este problema pertenece al tema de óptica geométrica.**

En los espejos esféricos, la distancia focal es igual a la mitad del radio:

$$f = \frac{R}{2}$$

Para hallar la imagen de un objeto, se usan dos rayos de trayectoria conocida; allí donde se corten después de reflejarse en el espejo, estará la imagen del objeto. Elegiremos dos de los tres rayos principales:

- Un rayo que pasa por el foco y, después de reflejarse en el espejo, sale paralelo al eje óptico.
- Un rayo proveniente del objeto que sale del objeto paralelo al eje óptico y, después de reflejarse en el espejo, pasa por el foco.
- Un rayo que sale del objeto y pasa por el centro de curvatura, se refleja en el espejo y vuelve a pasar por *C*.

La ecuación fundamental de los espejos esféricos es:

$$\frac{1}{s'} + \frac{1}{s} = \frac{1}{f}$$

La ecuación del aumento lateral es:

$$\frac{y'}{y} = -\frac{s'}{s}$$

a) El objeto está a 30 cm del espejo, entre *C* y *F*. La distancia focal es:

$$f = \frac{R}{2} = \frac{-50}{2} = -25 \text{ cm}$$

Aplicando la ecuación fundamental:

$$\frac{1}{s'} + \frac{1}{-30} = \frac{1}{-25} \quad \rightarrow \quad s' = -150 \text{ cm}$$

La distancia imagen es negativa; en consecuencia, la imagen está a la izquierda del espejo, como el objeto y, por tanto, la imagen se ha formado con los rayos; es una imagen real.

Aplicando la ecuación del aumento lateral:

$$\frac{y'}{5} = -\frac{-150}{-30} \quad \rightarrow \quad y' = -25 \text{ cm}$$

El signo negativo indica que la imagen está invertida; además, es mayor que el objeto, como se muestra en el siguiente diagrama de rayos:

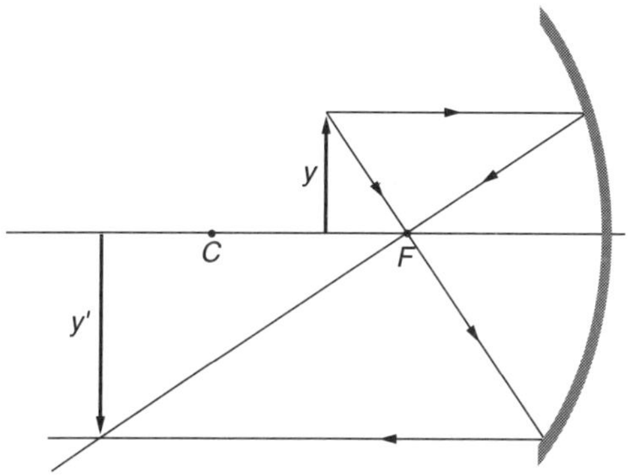

b) El objeto está a 30 cm de un espejo convexo ($f = 25$ cm).

Aplicando la ecuación fundamental en este caso, tenemos:

$$\frac{1}{s'} + \frac{1}{-30} = \frac{1}{25} \quad \rightarrow \quad s' = 13{,}6 \text{ cm}$$

La distancia imagen es positiva; en consecuencia, la imagen está a la derecha del espejo. Por tanto, la imagen se ha formado con las prolongaciones de los rayos: es una imagen virtual.

Aplicando la ecuación del aumento lateral:

$$\frac{y'}{5} = -\frac{13{,}6}{-30} \quad \rightarrow \quad y' = 2{,}27 \text{ cm}$$

El signo positivo indica que la imagen está derecha; además, es menor que el objeto, como se muestra en el siguiente diagrama de rayos:

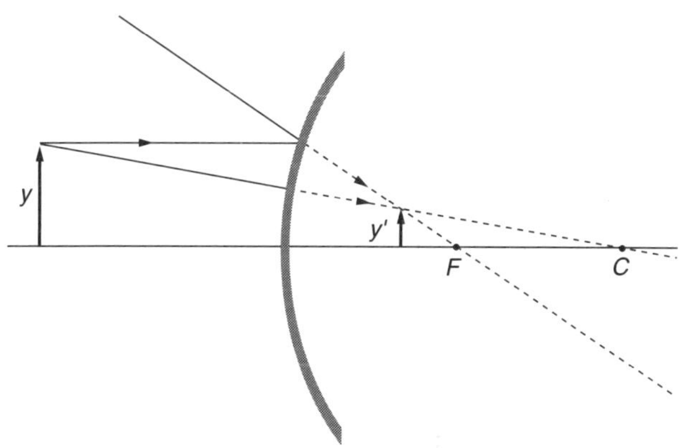

Cuestiones teóricas

1 Esta cuestión pertenece al tema de campo magnético.

Una bobina es un conjunto de espiras yuxtapuestas que han sido arrolladas siguiendo un eje rectilíneo.

Las líneas de fuerza del campo magnético que crea una bobina son líneas cerradas sobre sí mismas que atraviesan la sección de la bobina como puede observarse en la siguiente figura:

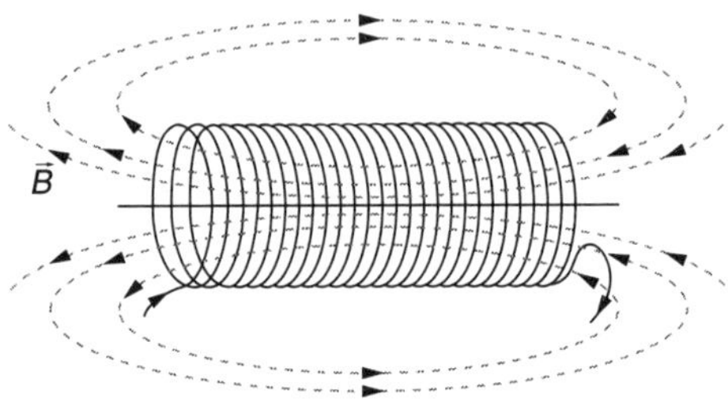

2 Esta cuestión pertenece al tema de física atómica y nuclear.

En las reacciones nucleares se conservan la carga y el número másico:

$$^{14}_{7}N + ^{4}_{2}\alpha \rightarrow ^{17}_{8}O + ^{a}_{b}X$$

$$\left.\begin{aligned} 14 + 4 = 17 + a \rightarrow a = 1 \\ 7 + 2 = 8 + b \rightarrow b = 1 \end{aligned}\right\} \rightarrow ^{1}_{1}X = ^{1}_{1}p$$

Por tanto, la reacción que se produce es:

$$^{14}_{7}N + ^{4}_{2}\alpha \rightarrow ^{17}_{8}O + ^{1}_{1}p$$

3 Esta cuestión pertenece al tema de la luz y sus propiedades.

Cuando la luz atraviesa la superficie de separación de dos medios, experimenta el fenómeno de la refracción.

La refracción es el cambio de dirección y de velocidad de propagación que experimenta un rayo de luz cuando pasa oblicuamente de un medio a otro:

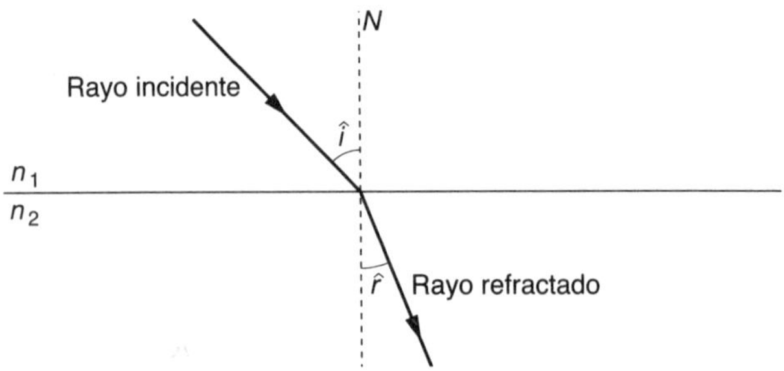

Las leyes de la refracción son:

– El rayo incidente, la normal y el rayo refractado se encuentran en el mismo plano.

– La relación entre el seno del ángulo de incidencia y el seno del ángulo de refracción es una constante característica de los dos medios:

$$n_1 \cdot sen\ \hat{i} = n_2 \cdot sen\ \hat{r} \ \rightarrow \ n_{2,1} = \frac{n_2}{n_1} = \frac{sen\ \hat{i}}{sen\ \hat{r}}$$

Cuestión práctica

Cuando un muelle se estira ligeramente al colocarle distintas masas, al soltarlo comienza a oscilar alrededor de su posición de equilibrio inicial con un período:

$$T = 2 \cdot \pi \cdot \sqrt{\frac{m}{k}} \ \rightarrow \ T^2 = 4 \cdot \pi^2 \cdot \frac{m}{k} \ \rightarrow \ k = \frac{m \cdot 4 \cdot \pi^2}{T^2} = m \cdot 4 \cdot \pi^2 \cdot f^2$$

donde k es la constante elástica del muelle, y m, la masa cuyo peso le mantiene estirado.

Para realizar la práctica tomamos una varilla horizontal unida a un soporte de donde se cuelga el muelle objeto de estudio. En el extremo libre del muelle se sitúan sucesivamente distintas masas.

Se estira el muelle verticalmente con la mano y se suelta, por lo que comenzará a oscilar:

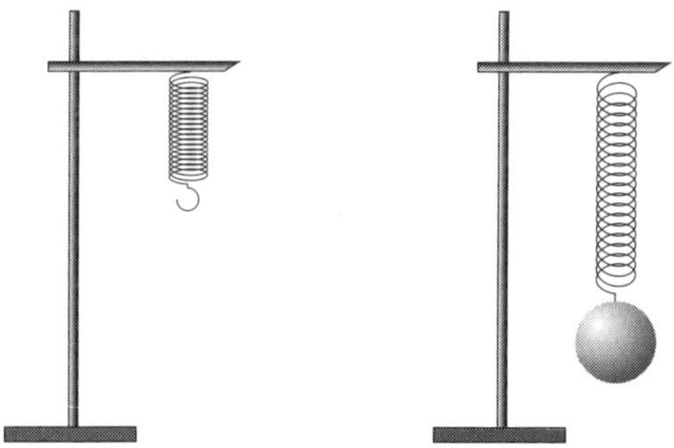

a) Se debe medir el tiempo que tarda en realizar al menos 10 vibraciones, para cada una de las masas suspendidas, repitiendo las medidas varias veces (por ejemplo, 4 veces). Para cada masa es conveniente estirar el muelle cantidades distintas con el fin de comprobar que el período no depende de la amplitud. Antes de comenzar a contar las oscilaciones se deben dejar pasar unas cuantas hasta que la oscilación sea regular.

b) Aplicamos la relación $k = m \cdot 4 \cdot \pi^2 \cdot f^2$, y calculamos el valor de la constante elástica para cada masa y su correspondiente período de vibración.

Como valor de la constante elástica se elige el valor medio. La constante elástica es una característica de cada muelle.

Teniendo en cuenta la relación $k = m \cdot 4 \cdot \pi^2 \cdot f^2$, y que k es constante para cada oscilador, se deduce que si se duplica la masa oscilante:

$$m' = 2 \cdot m$$

$$\left.\begin{aligned} k = m' \cdot 4 \cdot \pi^2 \cdot (f')^2 = 2 \cdot m \cdot 4 \cdot \pi^2 \cdot (f')^2 \\ k = m \cdot 4 \cdot \pi^2 \cdot f^2 \end{aligned}\right\} \frac{k}{k} = \frac{2 \cdot m \cdot 4 \cdot \pi^2 \cdot (f')^2}{m \cdot 4 \cdot \pi^2 \cdot f^2}$$

$$2 \cdot (f')^2 = f^2 \quad \rightarrow \quad f' = \frac{1}{\sqrt{2}} \cdot f$$

Opción 2

Problemas

1 Este problema pertenece al tema de física atómica y nuclear.

a) La ley de desintegración radiactiva se puede expresar en función del número de átomos, N:

$$N = N_0 \cdot e^{-\lambda \cdot t} \qquad [1]$$

siendo N el número de átomos radiactivos en cualquier instante; N_0, el número de átomos iniciales, y λ, la constante de desintegración radiactiva.

La constante de desintegración, λ, se obtiene a partir del período de semidesintegración:

$$\lambda = \frac{ln\ 2}{T_{1/2}} = \frac{0{,}693}{8 \cdot 24 \cdot 3\,600} = 10^{-6}\ \text{s}^{-1}$$

Sustituyendo valores en la ecuación [1] y tomando logaritmos neperianos, obtenemos la antigüedad de la muestra:

$$0{,}2 \cdot 10^{20} = 1{,}2 \cdot 10^{21} \cdot e^{-10^{-6} \cdot t}$$

$$\ln 0{,}0167 = -10^{-6} \cdot t \quad \rightarrow \quad t = 4{,}09 \cdot 10^6\ \text{s} = 47{,}34\ \text{días}$$

b) La actividad de una sustancia radiactiva es el número de núcleos que se desintegran por unidad de tiempo.

$$A = \frac{dN}{dt} = N \cdot \lambda$$

En ella, N es el número de núcleos existentes en un determinado instante, y λ es la constante radiactiva.

La actividad de la muestra transcurridos 50 días se obtiene a partir de la ecuación fundamental de las desintegraciones radiactivas:

$$A = A_0 \cdot e^{-\lambda \cdot t} \qquad [2]$$

donde A es la actividad de la muestra transcurrido un determinado tiempo y A_0 es la actividad inicial.

La actividad inicial de la muestra es:

$$A_0 = N_0 \cdot \lambda = 1{,}2 \cdot 10^{21} \cdot 10^{-6} = 1{,}2 \cdot 10^{15}\ \text{Bq}$$

Sustituyendo valores en [2], se obtiene:

$$A = 1{,}2 \cdot 10^{15} \cdot e^{-10^{-6} \cdot 50 \cdot 24 \cdot 3600} = 1{,}6 \cdot 10^{13}\ \text{Bq}$$

2 Este problema pertenece al tema de movimiento ondulatorio.

a) Para calcular el período, T, la longitud de onda, λ, la amplitud, A, y la velocidad de propagación, v, comparamos las distintas expresiones de la onda con la ecuación de una onda en su forma más general:

$$y = A \cdot cos\ (\omega \cdot t - k \cdot x + \varphi_0)$$

$$x = 0 \quad \rightarrow \quad y = 0{,}1 \cdot cos\ (10 \cdot \pi \cdot t) \quad \rightarrow \quad \varphi_0 = 0$$

$$x = 0{,}03\ \text{m} \quad \rightarrow \quad y = 0{,}1 \cdot cos\ (10 \cdot \pi \cdot t - \pi/4)$$

De ese modo, obtenemos:

$$A = 0{,}1\ \text{m}$$

$$\omega = 10 \cdot \pi\ \text{rad/s}\ ; \quad \omega = \frac{2 \cdot \pi}{T} = 10 \cdot \pi \quad \rightarrow \quad T = 0{,}2\ \text{s}$$

$$\text{para } x = 0{,}03\ \text{m} \quad \rightarrow \quad k \cdot 0{,}03 = \frac{\pi}{4} \quad \rightarrow \quad k = \frac{\pi}{0{,}12}\ \text{m}^{-1}$$

$$k = \frac{2 \cdot \pi}{\lambda} = \frac{\pi}{0{,}12} \quad \rightarrow \quad \lambda = 0{,}24\ \text{m}$$

$$v = \frac{\lambda}{T} = \frac{0{,}24}{0{,}2} = 1{,}2\ \text{m/s}$$

b) Para hallar la velocidad de un punto de la cuerda derivamos respecto al tiempo la ecuación de la onda:

$$y = 0{,}1 \cdot cos \left(10 \cdot \pi \cdot t - \frac{\pi}{0{,}12} \cdot x\right)$$

$$v = \frac{dy}{dt} = -0{,}1 \cdot 10 \cdot \pi \cdot sen \left(10 \cdot \pi \cdot t - \frac{\pi}{0{,}12} \cdot x\right)$$

$$v = -\pi \cdot sen \left(10 \cdot \pi \cdot t - \frac{\pi}{0{,}12} \cdot x\right)$$

Cuestiones teóricas

1 Esta cuestión pertenece al tema de campo magnético.

Para conocer la fuerza de interacción entre dos conductores rectos paralelos y por los que circulan corrientes del mismo sentido hay que calcular el campo que cada una de ellas crea donde se encuentra la otra. Así, el módulo del campo creado por la corriente I_1 donde está I_2 es:

$$B_{1,2} = \frac{\mu_0 \cdot I_1}{2 \cdot \pi \cdot d}$$

Su dirección es perpendicular al plano del papel, y su sentido, entrante:

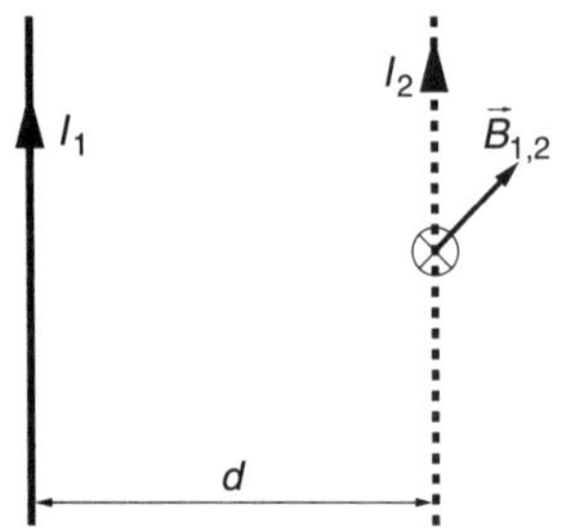

El módulo de la fuerza magnética por unidad de longitud que experimenta la corriente I_2 debido a ese campo es (ver examen de Aragón, opción B, problema 3):

$$\frac{F_{1,2}}{l_2} = I_2 \cdot B_{1,2} = I_2 \cdot \frac{\mu_0 \cdot I_1}{2 \cdot \pi \cdot d}$$

La dirección de la fuerza es perpendicular a $\vec{B}$ y al conductor 2, y su sentido, hacia el conductor 1:

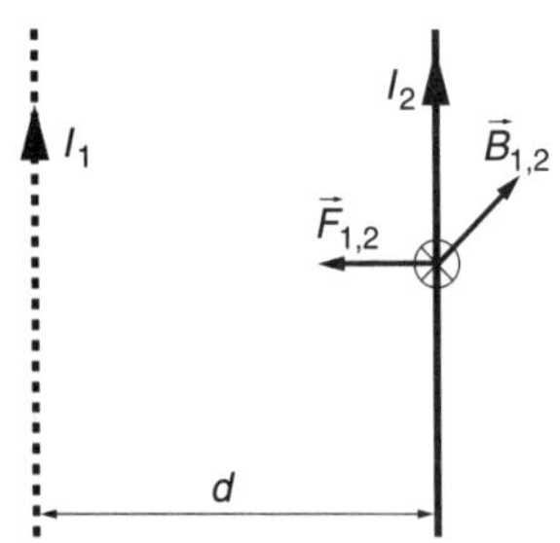

El módulo del campo creado por la corriente I_2 donde está I_1 es:

$$B_{2,1} = \frac{\mu_0 \cdot I_2}{2 \cdot \pi \cdot d}$$

Su dirección es perpendicular al plano del papel, y su sentido, saliente:

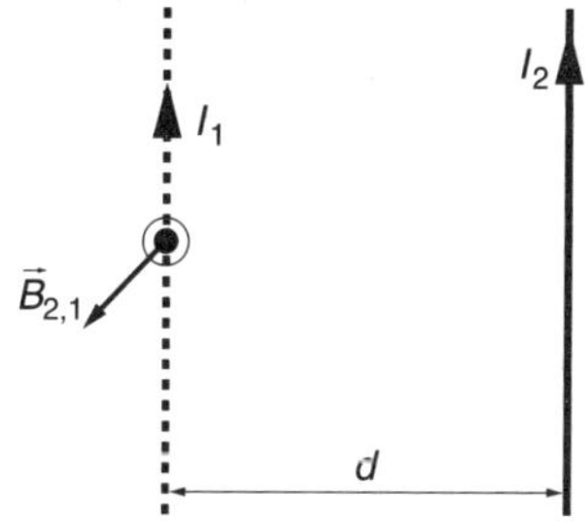

El módulo de la fuerza magnética por unidad de longitud que experimenta la corriente I_1 debido a ese campo es:

$$\frac{F_{2,1}}{l_1} = I_1 \cdot B_{2,1} = I_1 \cdot \frac{\mu_0 \cdot I_2}{2 \cdot \pi \cdot d}$$

La dirección de la fuerza es perpendicular a $\vec{B}$ y al conductor 1, y su sentido, hacia el conductor 2:

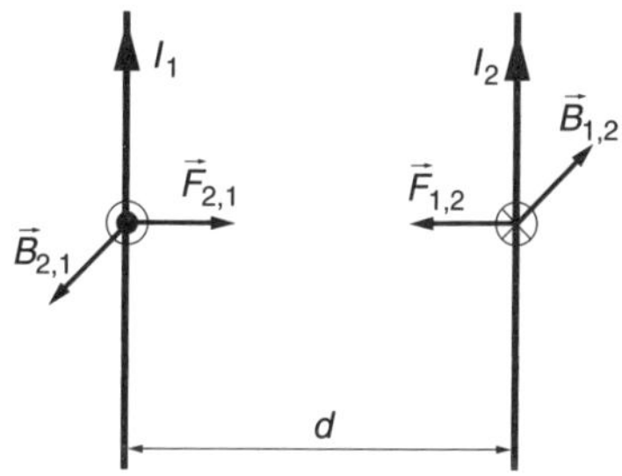

Ambas fuerzas tienen el mismo módulo y dirección, y sus sentidos son contrarios. Por tanto, las corrientes paralelas que circulan en el mismo sentido se atraen.

2 Esta cuestión pertenece al tema de campo gravitatorio.

Sobre un cuerpo situado en puntos próximos a la superficie de la Tierra, solo actúa la fuerza de la gravedad. Como esta fuerza es conservativa, la energía mecánica se mantiene constante.

$$\Delta E_m = \text{cte}$$

Si tomamos como sistema de referencia la superficie de la Tierra, se cumple que la energía mecánica a una altura h es igual a la energía mecánica en la superficie:

$$E_{m_h} = E_{m_{sup.}}$$

$$E_{p_h} + E_{c_h} = E_{p_{sup.}} + E_{c_{sup.}}$$

Como las masas se dejan caer libremente, la velocidad inicial (a la altura h) y la energía cinética a esa altura son cero. La velocidad con que llegan las masas a la superficie de la Tierra no depende de las masas de los objetos:

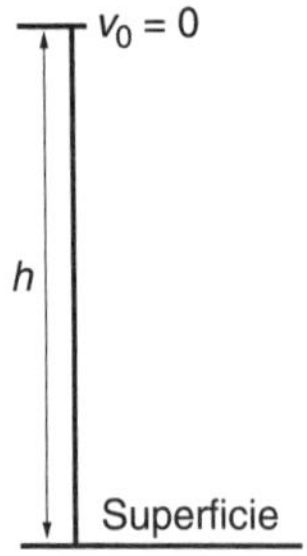

$$E_{p_h} = E_{c_{sup.}}$$

$$m \cdot g \cdot h = \frac{1}{2} \cdot m \cdot v_{sup.}^2 \quad \rightarrow \quad v_{sup.} = \sqrt{2 \cdot g \cdot h}$$

Como el movimiento de caída es uniformemente variado, el módulo de la velocidad es:

$$|v| = g \cdot t$$

Sustituyendo y despejando, se comprueba que el tiempo en caer no depende de las masas de los cuerpos. Por tanto, los dos cuerpos llegarán al mismo tiempo al suelo:

$$g \cdot t = \sqrt{2 \cdot g \cdot h} \quad \rightarrow \quad t = \frac{\sqrt{2 \cdot g \cdot h}}{g} = \sqrt{\frac{2 \cdot h}{g}}$$

3 Esta cuestión pertenece al tema de óptica geométrica.

Las imágenes formadas por lentes divergentes siempre son virtuales, derechas y de menor tamaño que el objeto.

Consulta tu libro de texto o tus apuntes para ampliar la cuestión.

Cuestión práctica

Esta cuestión está ya resuelta en la cuestión 1 de la Opción A de la prueba de Canarias.

12

LA RIOJA

PRUEBA DE SELECTIVIDAD

ACLARACIONES PREVIAS

*El alumno elegirá **una** sola de las opciones de problemas, así como **cuatro** de las cinco cuestiones propuestas. No deben resolverse problemas de opciones diferentes, ni tampoco más de cuatro cuestiones.*

Cada problema se calificará sobre tres puntos y cada cuestión sobre uno.

Opción de problemas 1

A Dos conductores esféricos cargados, de radios $R_1 = 6$ cm y $R_2 = 2$ cm, están separados por una distancia mucho mayor que 6 cm y conectados mediante un alambre conductor. Se sitúa una carga $Q = +\,80$ nC sobre una de las esferas.

a) ¿Cuál es el campo eléctrico en la proximidad de la superficie de cada esfera?

b) ¿Cuál es el potencial en el centro de cada esfera? Supón que la carga sobre el alambre de conexión es despreciable.

B La masa de la Luna es igual a 0,01255 veces la de la Tierra y su radio es igual a 0,273 veces el de la Tierra. ¿Cuál es la aceleración de un cuerpo que cae libremente cerca de la superficie de la Luna?

Opción de problemas 2

A Una persona de 1,65 m de estatura está situada delante de un espejo plano. Sus ojos están a 1,55 m del suelo.

a) ¿Cuál debe ser la altura mínima del espejo para que pueda contemplarse de cuerpo entero?

b) ¿A qué altura sobre el suelo debe estar el borde inferior del espejo?

B Dada una onda estacionaria: $y = 10 \cdot cos\,(\pi \cdot x/6) \cdot cos\,(10 \cdot \pi \cdot t)$, donde x e y se miden en cm y t en segundos, halla:

a) La amplitud y la velocidad de las ondas componentes.

b) La distancia entre dos nodos y entre un nodo y un vientre.

c) La velocidad de una partícula situada en el punto $x = 3$ cm, en cualquier instante.

Cuestiones

1 Define energía potencial electrostática.

2 Si la amplitud de un oscilador armónico simple se triplica, ¿en qué factor se modifica la energía? Razónalo.

3 ¿Cuál es el ángulo límite para la reflexión total interna en el agua de un lago? El índice de refracción del agua es 1,33.

4 ¿Cuál debe ser la velocidad de una varilla para que su longitud sea la tercera parte que en reposo?

5 Recientemente se han descubierto varios objetos de un tamaño similar a Plutón, girando alrededor del Sol. ¿Cómo podrías estimar su distancia al Sol si conoces el período de cada objeto?

La Rioja. Junio, 2006.

SOLUCIÓN DE LA PRUEBA

Opción de problemas 1

A **Este problema pertenece al tema de campo eléctrico.**

a) La carga de 80 nC se coloca sobre una de las esferas, pero como están unidas por un alambre conductor, la carga se reparte entre ambas hasta que están al mismo potencial (recuerda que las cargas positivas se mueven de mayor a menor potencial). El potencial de una esfera es:

$$V = K \cdot \frac{Q}{r}$$

Si la carga que queda en la esfera 1 es Q_1, la que queda en la esfera 2 es $80 \cdot 10^{-9} - Q_1$. El potencial en la esfera 1 será:

$$V_1 = K \cdot \frac{Q_1}{R_1} \qquad [1]$$

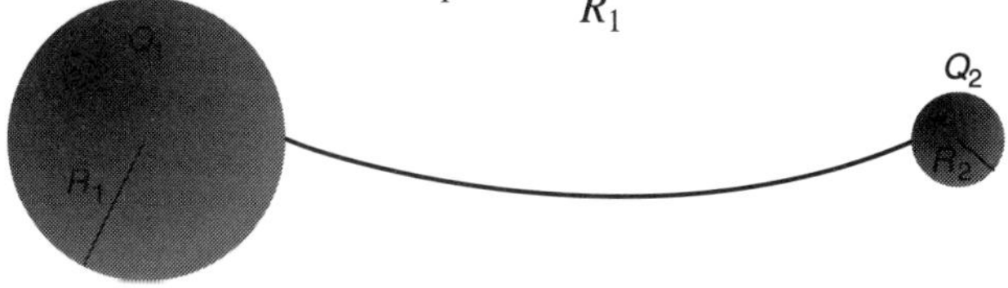

El potencial en la esfera 2 es igual que el potencial en la esfera 1 y valdrá:

$$V_2 = K \cdot \frac{Q_2}{R_2} = K \cdot \frac{80 \cdot 10^{-9} - Q_1}{R_2} \qquad [2]$$

Igualando las potencias de ambas esferas y despejando Q_1:

$$\frac{Q_1}{R_1} = \frac{80 \cdot 10^{-9} - Q_1}{R_2} \quad \rightarrow \quad Q_1 = \frac{(80 \cdot 10^{-9} - Q_1) \cdot 6 \cdot 10^{-2}}{2 \cdot 10^{-2}}$$

$$2 \cdot Q_1 = 480 \cdot 10^{-9} - 6 \cdot Q_1$$

$$8 \cdot Q_1 = 480 \cdot 10^{-9}\ \text{C}$$

$$Q_1 = 60 \cdot 10^{-9}\ \text{C} = 60\ \text{nC}$$

En la esfera 1, de $R_1 = 6$ cm, habrá una carga de 60 nC y en la esfera 2, de $R_2 = 2$ cm, una de 20 nC; como ves, la carga que tienen es proporcional a su tamaño.

El campo eléctrico creado por una esfera en un punto exterior en la proximidad de su superficie viene dado por:

$$|\vec{E}| = K \cdot \frac{Q}{R^2}$$

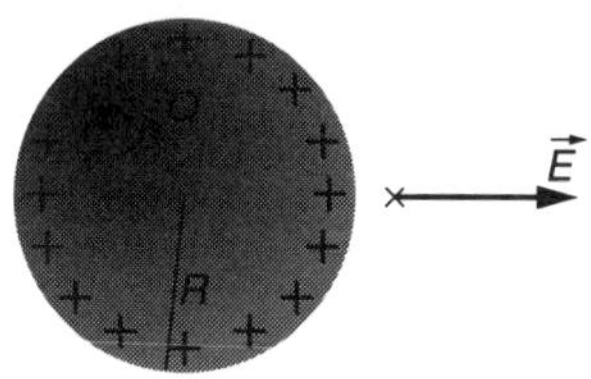

El campo eléctrico cerca de la esfera 1, será:

$$|\vec{E}_1| = K \cdot \frac{Q_1}{R_1^{\,2}} = 9 \cdot 10^9 \cdot \frac{60 \cdot 10^{-9}}{(6 \cdot 10^{-2})^2} = 1{,}5 \cdot 10^5\ \text{N/C}$$

El campo eléctrico cerca de la esfera 2, será:

$$|\vec{E}_2| = K \cdot \frac{Q_2}{R_2^{\,2}} = 9 \cdot 10^9 \cdot \frac{20 \cdot 10^{-9}}{(2 \cdot 10^{-2})^2} = 4{,}5 \cdot 10^5\ \text{N/C}$$

El potencial en puntos próximos a la superficie de cada esfera se obtiene sustituyendo en [1] y/o [2]:

$$V_1 = 9 \cdot 10^9 \cdot \frac{60 \cdot 10^{-9}}{6 \cdot 10^{-2}} = 9 \cdot 10^3 \text{ V}$$

$$V_2 = 9 \cdot 10^9 \cdot \frac{20 \cdot 10^{-9}}{2 \cdot 10^{-2}} = 9 \cdot 10^3 \text{ V}$$

Es el mismo para ambas esferas, como habíamos considerado.

b) El campo eléctrico dentro de la esfera es $\vec{E} = 0$, ya que la esfera es conductora y todas las cargas estarán en la superficie, lo más lejos posible unas de otras. Si el campo es cero, la diferencia de potencial entre dos puntos del interior es también cero, ya que:

$$\Delta V = |\vec{E}| \cdot d \quad ; \quad |\vec{E}| = 0 \quad \rightarrow \quad \Delta V = 0$$

Si la diferencia de potencial entre dos puntos es cero, es que el potencial en esos dos puntos es el mismo: todos los puntos del interior de la esfera tienen el mismo potencial. ¿Cuál es ese potencial constante? El potencial de un punto interior próximo a la superficie será, en la esfera 1:

$$V_1 = K \cdot \frac{Q_1}{R_1}$$

Que ya hemos visto que tenía un valor de $9 \cdot 10^{-3}$ V. Ese será el potencial de todos los puntos del interior de la esfera.

El potencial de un punto próximo a la superficie será, en la esfera 2:

$$V_2 = K \cdot \frac{Q_2}{R_2}$$

Que ya hemos visto que tenía el mismo valor de $9 \cdot 10^{-3}$ V. También en la esfera 2 todos sus puntos están a este mismo potencial.

B Este problema pertenece al tema de campo gravitatorio.

La fuerza gravitatoria con que un cuerpo de masa *M* atrae a otro de masa *m* situado en un punto *P* a una distancia *d*, viene dada por la ley de gravitación universal de Newton:

$$F_G = \frac{G \cdot M \cdot m}{d^2} = g \cdot m = Peso$$

$$g = \frac{G \cdot M}{d^2}$$

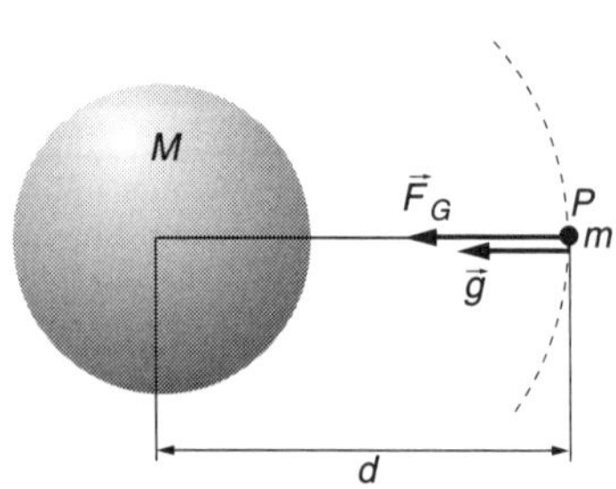

donde g es el campo gravitatorio creado por la masa M en el punto P y es también la aceleración, aceleración de la gravedad, con la que el cuerpo m cae hacia M.

En la superficie de la Tierra, el valor de la aceleración gravitatoria vale $g_T = 9{,}8\ m/s^2$:

$$9{,}8 = \frac{G \cdot M_T}{{R_T}^2}$$

En la superficie de la Luna, su valor será:

$$g_L = \frac{G \cdot M_L}{{R_L}^2}$$

Sustituyendo la masa y el radio de la Luna por sus valores expresados en función de la masa y el radio de la Tierra:

$$g_L = \frac{G \cdot 0{,}01255 \cdot M_T}{(0{,}273 \cdot R_T)^2} = \frac{0{,}01255}{0{,}273^2} \cdot \frac{G \cdot M_T}{{R_T}^2} = 0{,}168 \cdot \frac{G \cdot M_T}{{R_T}^2}$$

Sustituyendo $G \cdot M_T/{R_T}^2$ por su valor de $9{,}8\ m/s^2$:

$$g_L = 0{,}168 \cdot 9{,}8 = 1{,}65\ m/s^2$$

Opción de problemas 2

A Este problema pertenece al tema de óptica geométrica.

a) En un espejo plano la imagen se forma detrás del espejo, es virtual, es del mismo tamaño que el objeto y la distancia espejo-imagen es la misma que la distancia espejo-objeto.

Si la persona es AB y el espejo está en la vertical PP', la imagen será $A'B'$ (igual tamaño que AB), siendo $BP' = B'P'$:

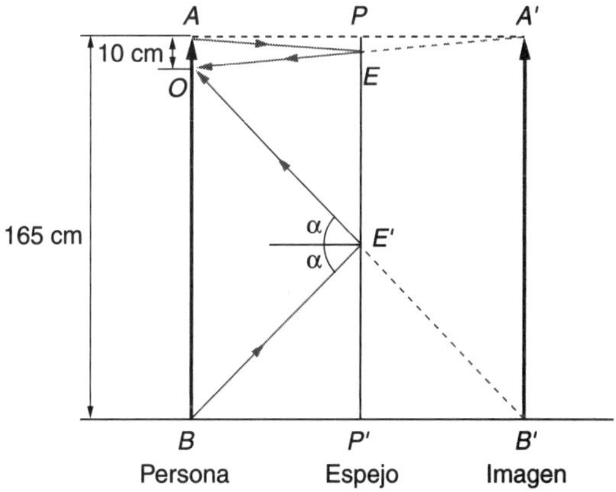

El ojo de la persona recibe la imagen de sus pies, B, a través del rayo $BE'O$, que se refleja en el espejo en el punto E', aunque al ojo le parece que viene del punto B'.

Del mismo modo, el ojo recibe la imagen de la parte superior de su cabeza, A, a través del rayo, AEO, que se refleja en el espejo en el punto E, aunque al ojo le parece que viene del punto A'.

El tamaño del espejo ha de ser, como mínimo, igual a la distancia EE' para que el ojo pueda recibir simultáneamente la imagen de la cabeza y los pies.

Por semejanza de los triángulos OEE' y $OA'B'$:

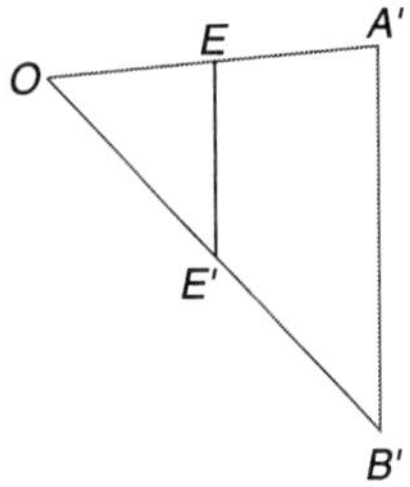

$$\frac{EE'}{A'B'} = \frac{OE'}{OB'} \qquad [1]$$

Por semejanza de los triángulos $OB'B$ y $E'B'P'$:

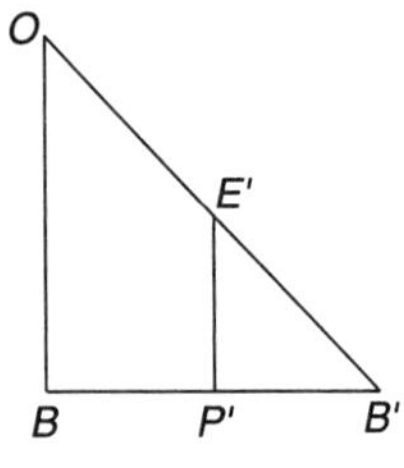

$$\frac{OE'}{OB'} = \frac{BP'}{BB'} = \frac{1}{2} \qquad [2]$$

Igual a 1/2 porque el espejo está a la mitad de distancia entre la persona y su imagen.

Relacionando [1] y [2]:

$$\frac{EE'}{A'B'} = \frac{1}{2}$$

Como el tamaño AB de la persona es igual al tamaño $A'B'$ de la imagen:

$$\frac{EE'}{AB} = \frac{1}{2} \qquad EE' = \frac{1}{2} \cdot AB$$

El tamaño del espejo, EE', ha de ser, como mínimo, la mitad del tamaño de la persona; es decir, ha de tener un tamaño mayor o igual de 165/2 cm:

$$EE' \geq 82{,}5 \text{ cm}$$

b) Como se observa en la figura, el punto E es intermedio entre la altura del extremo de la cabeza, A, y los ojos, O:

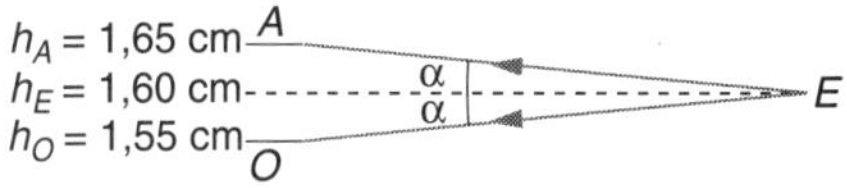

Como la cabeza está a 1,65 m del suelo y los ojos a 1,55 m del suelo, el extremo superior del espejo, E, debe estar a 1,60 m del suelo.

Como el tamaño del espejo ha de ser de 82,5 cm, el borde inferior del espejo deberá situarse a una altura del suelo de 160 – 82,5 = 77,5 cm.

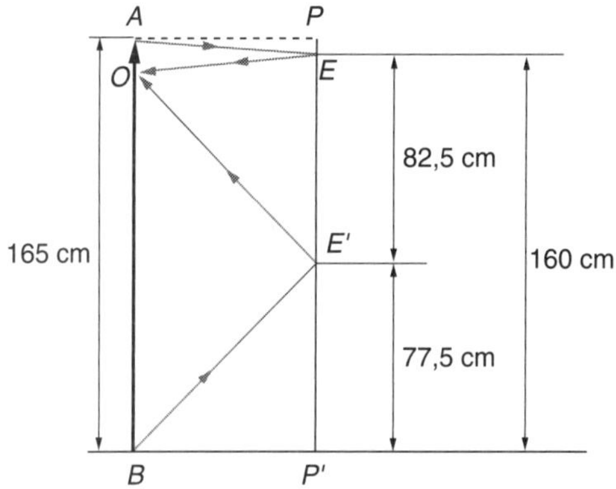

B **Este problema pertenece al tema de movimiento ondulatorio.**

Una onda armónica que viaja en el eje X hacia la derecha viene dada por la ecuación:

$$y(x, t) = A \cdot cos(\omega \cdot t - k \cdot x) \quad \begin{cases} \omega = \dfrac{2 \cdot \pi}{T} = 2 \cdot \pi \cdot f \\ k = \dfrac{2 \cdot \pi}{\lambda} \end{cases}$$

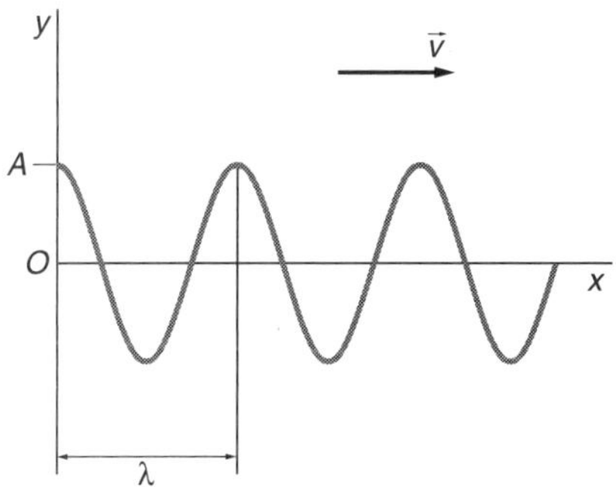

Su onda reflejada es otra onda de la misma amplitud, longitud de onda y frecuencia, que viaja en sentido contrario según la ecuación:

$$y\ (x,\ t) = A \cdot cos\ (\omega \cdot t + k \cdot x)$$

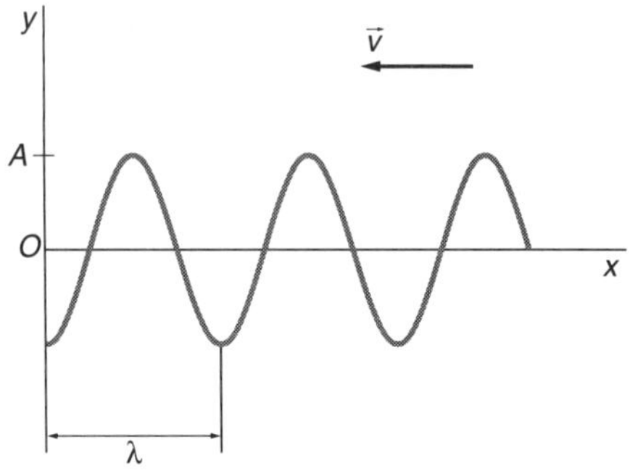

Cuando estas dos ondas chocan, se origina una onda estacionaria de ecuación:

$$y\ (x,\ t) = 2 \cdot A \cdot cos\ (\omega \cdot t) \cdot cos\ (k \cdot x) \qquad [1]$$

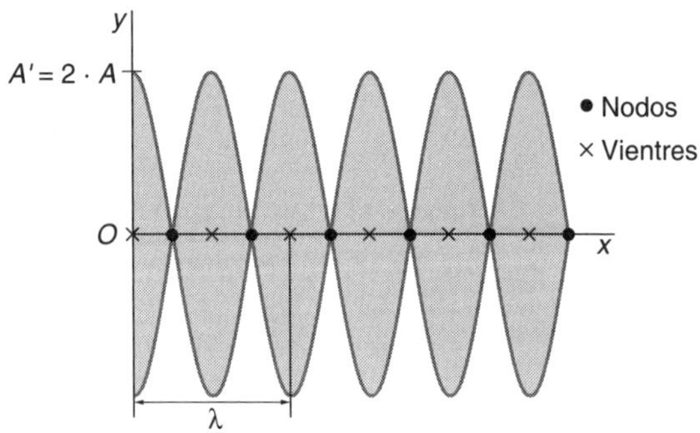

La onda estacionaria tiene la misma longitud de onda y frecuencia que las originarias, pero su amplitud es el doble.

a) Comparando la ecuación general [1] con la dada en el problema:

$$y = 10 \cdot cos\ \left(\frac{\pi \cdot x}{6}\right) \cdot cos\ (10 \cdot \pi \cdot t)$$

se puede deducir la amplitud, A', de la onda estacionaria:

$$A' = 10 \text{ cm}$$

La amplitud, A, de las ondas componentes será:

$$A' = 2 \cdot A \quad \rightarrow \quad A = \frac{A'}{2} = \frac{10}{2} = 5 \text{ cm}$$

La longitud de onda, λ, es:

$$k = \frac{2 \cdot \pi}{\lambda} = \frac{\pi}{6} \quad \rightarrow \quad \lambda = \frac{2 \cdot \pi \cdot 6}{\pi} = 12 \text{ cm}$$

La frecuencia es:

$$\omega = \frac{2 \cdot \pi}{T} = 2 \cdot \pi \cdot f = 10 \cdot \pi \quad \rightarrow \quad f = \frac{10 \cdot \pi}{2 \cdot \pi} = 5 \text{ Hz}$$

Las ondas se propagan con movimiento uniforme ($s = v \cdot t$). Si se toma como espacio una longitud de onda, λ, el tiempo empleado en avanzar una longitud de onda será el período, T:

$$\lambda = v \cdot T = \frac{v}{f}$$

Despejando la velocidad y sustituyendo valores:

$$v = \lambda \cdot f = 12 \text{ cm} \cdot 5 \text{ Hz} = 60 \text{ cm/s}$$

b) Como se observa en la figura anterior, la distancia entre dos nodos consecutivos es igual a la longitud de onda partida por dos:

$$d_{nodos} = \frac{12}{2} = 6 \text{ cm}$$

La distancia entre un nodo y un vientre es igual a la longitud de onda partida por cuatro:

$$d_{vientre\text{-}nodo} = \frac{12}{4} = 3 \text{ cm}$$

c) La velocidad transversal se obtiene derivando respecto al tiempo la ecuación de la posición:

$$v\,(x, t) = -10 \cdot 10 \cdot \pi \cdot cos \left(\frac{\pi \cdot x}{6}\right) \cdot sen\,(10 \cdot \pi \cdot t) =$$

$$= -100 \cdot \pi \cdot cos \left(\frac{\pi \cdot x}{6}\right) \cdot sen\,(10 \cdot \pi \cdot t)$$

La ecuación de la velocidad de la partícula que se sitúa en el punto $x = 3$ cm será:

$$v\,(3, t) = -100 \cdot \pi \cdot cos\, \frac{\pi \cdot 3}{6} \cdot sen\,(10 \cdot \pi \cdot t) = 0$$

ya que $cos\,(\pi \cdot 3/6) = cos\,\pi/2 = 0$.

Por tanto, el punto $x = 3$ cm es un nodo, su velocidad es cero en cualquier instante.

Cuestiones

1 Esta cuestión pertenece al tema de campo eléctrico.

La energía potencial electrostática de una carga q en un punto P en el que existe un potencial V, es el trabajo necesario para traer la carga q desde el infinito hasta P:

Como la fuerza electrostática es conservativa, el trabajo es independiente del camino, solo depende de las posiciones inicial y final.

Si imaginamos una carga Q fija, esa carga crea en el punto P un potencial dado por:

$$V = K \cdot \frac{Q}{d}$$

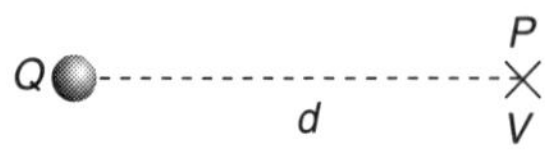

Si en ese punto P se coloca la carga q, la energía potencial de q en P será:

$$E_p = V \cdot q = K \cdot \frac{Q \cdot q}{d}$$

2 Esta cuestión pertenece al tema de movimiento armónico simple.

La energía mecánica de un oscilador armónico simple es (se puede ver la demostración en el examen de Madrid, opción B, problema 2):

$$E_{mec} = \frac{1}{2} \cdot k \cdot A^2$$

Si la amplitud se triplica, $A' = 3 \cdot A$, la nueva energía mecánica, E'_{mec}, será:

$$E'_{mec} = \frac{1}{2} \cdot k \cdot (A')^2 = \frac{1}{2} \cdot k \cdot (3 \cdot A)^2 = 9 \cdot \frac{1}{2} \cdot k \cdot A^2 = 9 \cdot E_{mec}$$

Cuando la amplitud se triplica, la energía mecánica se multiplica por nueve.

3 Esta cuestión pertenece al tema de óptica geométrica.

Cuando un rayo de luz pasa de un medio con mayor índice de refracción a otro con menor índice de refracción, se aleja de la normal. Las leyes de Snell de la refracción establecen:

- El rayo incidente, la normal y el rayo refractado están en el mismo plano.
- Los ángulos de incidencia y de refracción están relacionados según la expresión:

$$n_1 \cdot sen\ \hat{i} = n_2 \cdot sen\ \hat{r}$$

La siguiente figura representa el cambio de dirección que sufre un rayo de luz al pasar de un medio a otro de menor índice de refracción:

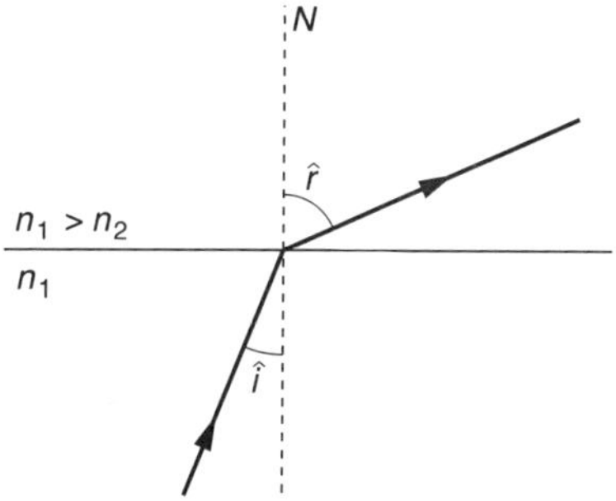

Se llama ángulo límite, $\hat{i}_{lím}$, al ángulo de incidencia al que corresponde un ángulo de refracción de 90º. Para el rayo de luz que quiere salir del agua al aire, el ángulo límite será:

$$1{,}33 \cdot sen\ \hat{i}_{lím} = 1 \cdot sen\ 90°$$

$$sen\ \hat{i}_{lím} = \frac{1}{1{,}33}$$

$$\hat{i}_{lím} = 48{,}75°$$

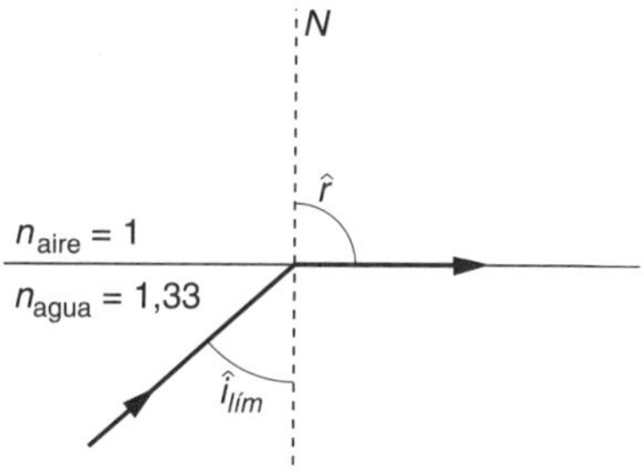

Cualquier rayo que incida con un ángulo mayor que 48,75° no podrá refractarse y se reflejará:

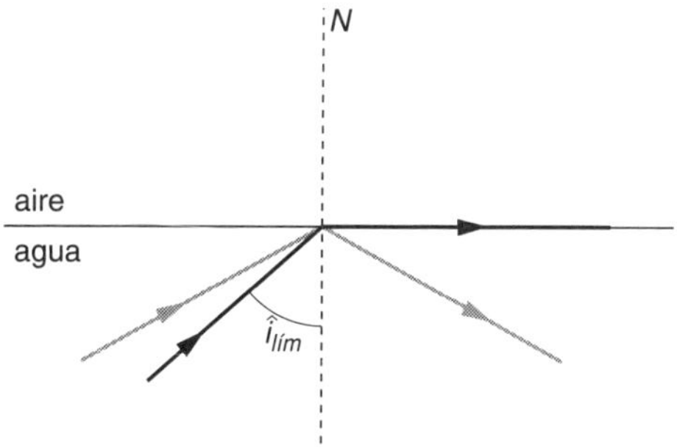

4 Esta cuestión pertenece al tema de física relativista.

Cuando se mide la longitud, l, de un objeto en un sistema de referencia respecto al cual el objeto se está moviendo, siempre es menor que la longitud propia, l_0. La relación entre ambas longitudes es:

$$l = l_0 \cdot \sqrt{1 - \frac{v^2}{c^2}}$$

Sustituyendo l por el valor dado, $l_0/3$, y despejando v:

$$\frac{l_0}{3} = l_0 \cdot \sqrt{1 - \frac{v^2}{c^2}} \rightarrow \frac{1}{3} = \sqrt{1 - \frac{v^2}{c^2}} \rightarrow \frac{1}{9} = 1 - \frac{v^2}{c^2}$$

$$\frac{1}{9} = \frac{c^2 - v^2}{c^2} \rightarrow c^2 = 9 \cdot c^2 - 9 \cdot v^2 \rightarrow 9 \cdot v^2 = 8 \cdot c^2$$

$$v = \sqrt{\frac{8 \cdot c^2}{9}} = \sqrt{8} \cdot \frac{c}{3} \rightarrow v = 0{,}943 \cdot c$$

A una velocidad de 0,943 veces la velocidad de la luz la longitud del objeto se reduce a la tercera parte.

5 Esta cuestión pertenece al tema de campo gravitatorio.

La tercera ley de Kepler para los planetas relaciona los períodos y los semiejes mayores de las órbitas:

$$\frac{T^2}{R^3} = \text{cte}$$

Como se conoce el período de la Tierra y el radio de su órbita, se puede calcular la distancia de cualquier planeta al Sol si se conoce su período:

$$\frac{T^2_{\text{Tierra}}}{R^3_{\text{órb. Tierra}}} = \frac{T^2_{\text{planeta}}}{R^3_{\text{órb. planeta}}}$$

$$R_{\text{órb. planeta}} = \sqrt[3]{\frac{T^2_{\text{planeta}} \cdot R^3_{\text{órb. Tierra}}}{T^2_{\text{Tierra}}}}$$

13

MADRID

PRUEBA DE SELECTIVIDAD

ACLARACIONES PREVIAS

La prueba consta de dos partes:

La ***primera parte*** *consiste en un conjunto de cinco cuestiones de tipo teórico, conceptual o teórico-práctico, de las cuales el alumno debe responder solamente a* ***tres.***

La ***segunda parte*** *consiste en dos repertorios,* ***A*** *y* ***B,*** *cada uno de ellos constituido por* ***dos*** *problemas. El alumno debe optar por* ***uno*** *de los dos repertorios y resolver sus* ***dos*** *problemas.*

El alumno podrá hacer uso de calculadora científica no programable.

Duración de la prueba: Una hora y treinta minutos.

Cada cuestión, debidamente justificada y razonada con la solución correcta, se calificará con un máximo de ***2 puntos.***

Cada problema, debidamente planteado y desarrollado con la solución correcta, se calificará con un máximo de ***2 puntos.***

En aquellas cuestiones y problemas que consten de varios apartados, la calificación será la misma para todos ellos, salvo indicación expresa en los enunciados.

Primera parte

Cuestiones

1 Llamando g_0 y V_0 a la intensidad de campo gravitatorio y al potencial gravitatorio en la superficie terrestre, respectivamente, determina, en función del radio de la Tierra:

a) La altura sobre la superficie terrestre a la cual la intensidad de campo gravitatorio es $g_0/2$.

b) La altura sobre la superficie terrestre a la cual el potencial gravitatorio es $V_0/2$.

2 Una onda sonora que se propaga en el aire tiene una frecuencia de 260 Hz.

a) Describe la naturaleza de la onda sonora e indica cuál es la dirección en la que tiene lugar la perturbación, respecto a la dirección de propagación.

b) Calcula el período de esta onda y su longitud de onda.

Dato: velocidad del sonido en el aire: $v = 340 \text{ m} \cdot \text{s}^{-1}$.

3 Una carga puntual de valor Q ocupa la posición (0, 0) del plano XY en el vacío. En un punto A del eje X el potencial es $V = -120$ V y el campo eléctrico es $\vec{E} = -80 \cdot \vec{i}$ N/C, siendo $\vec{i}$ el vector unitario en el sentido positivo del eje X. Si las coordenadas están dadas en metros, calcula:

a) La posición del punto A y el valor de Q.

b) El trabajo necesario para llevar un electrón desde el punto B (2, 2) hasta el punto A.

Datos: Valor absoluto de la carga del electrón: $e = 1{,}6 \cdot 10^{-19}$ C.

Constante de la ley de Coulomb en el vacío: $K = 9 \cdot 10^9 \text{ N} \cdot \text{m}^2 \cdot \text{C}^{-2}$.

4 Explica dónde debe estar situado un objeto respecto a una lente delgada para obtener una imagen virtual y derecha:

a) Si la lente es convergente.

b) Si la lente es divergente.

Realiza, en ambos casos, las construcciones geométricas e indica si la imagen es mayor o menor que el objeto.

5 Calcula en los dos casos siguientes la diferencia de potencial con que debe ser acelerado un protón que parte del reposo para que después de atravesar dicho potencial:

a) El momento lineal del protón sea $10^{-21} \text{ kg} \cdot \text{m} \cdot \text{s}^{-1}$.

b) La longitud de onda de De Broglie asociada al protón sea $5 \cdot 10^{-13}$ m.

Datos: Carga del protón: $q_p = 1{,}6 \cdot 10^{-19}$ C.

Masa del protón: $m_p = 1{,}67 \cdot 10^{-27}$ kg.

Constante de Planck: $h = 6{,}63 \cdot 10^{-34} \text{ J} \cdot \text{s}$.

Segunda parte

Repertorio A

1 Un satélite artificial describe una órbita circular alrededor de la Tierra. En esta órbita, la energía mecánica del satélite es $-4{,}5 \cdot 10^9$ J y su velocidad es $7\,610 \text{ m} \cdot \text{s}^{-1}$. Calcula:

a) El módulo del momento lineal del satélite y el módulo del momento angular del satélite respecto al centro de la Tierra.

b) El período de la órbita y la altura a la que se encuentra el satélite.

Datos: Constante de gravitación universal: $G = 6{,}67 \cdot 10^{-11}\ \text{N} \cdot \text{m}^2 \cdot \text{kg}^{-2}$.

Masa de la Tierra: $M_T = 5{,}98 \cdot 10^{24}$ kg.

Radio de la Tierra: $R_T = 6{,}37 \cdot 10^6$ m.

2 Sobre un prisma de ángulo 60° como el de la figura, situado en el vacío, incide un rayo luminoso monocromático que forma un ángulo de 41,3° con la normal a la cara *AB*. Sabiendo que en el interior del prisma el rayo es paralelo a la base *AC*:

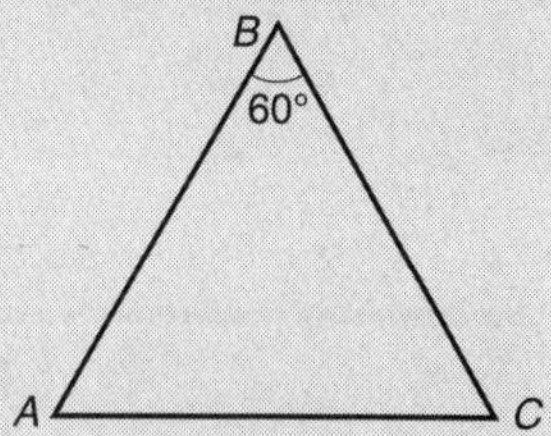

a) Calcula el índice de refracción del prisma.

b) Realiza el esquema gráfico de la trayectoria seguida por el rayo a través del prisma.

c) Determina el ángulo de desviación del rayo al atravesar el prisma.

d) Explica si la frecuencia y la longitud de onda correspondientes al rayo luminoso son distintas, o no, dentro y fuera del prisma.

Repertorio B

1 Una espira cuadrada de 1,5 Ω de resistencia está inmersa en un campo magnético uniforme $B = 0{,}03$ T dirigido según el sentido positivo del eje *X*. La espira tiene 2 cm de lado y forma un ángulo α variable con el plano *YZ* como se muestra en la figura.

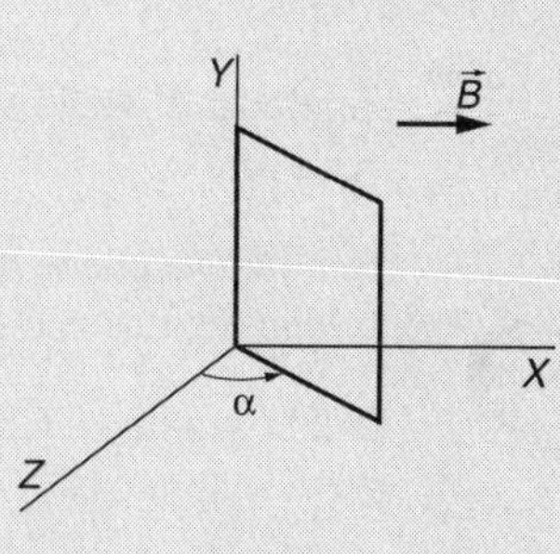

a) Si se hace girar la espira alrededor del eje *Y* con una frecuencia de rotación de 60 Hz, siendo $\alpha = \pi/2$ en el instante $t = 0$, obtén la expresión de la fuerza electromotriz inducida en la espira en función del tiempo.

b) ¿Cuál debe ser la velocidad angular de la espira para que la corriente máxima que circule por ella sea de 2 mA?

2 Una masa puntual de valor 150 g unida a un muelle horizontal de constante elástica $k = 65\ \text{N} \cdot \text{m}^{-1}$ constituye un oscilador armónico simple. Si la amplitud del movimiento es de 5 cm, determina:

a) La expresión de la velocidad de oscilación de la masa en función de la elongación.

b) La energía potencial elástica del sistema cuando la velocidad de oscilación es nula.

c) La energía cinética del sistema cuando la velocidad de oscilación es máxima.

d) La energía cinética y la energía potencial elástica del sistema cuando el módulo de la aceleración de la masa es igual a 13 m · s^{-2}.

Madrid. Junio, 2006.

SOLUCIÓN DE LA PRUEBA

Primera parte

Cuestiones

1 Esta cuestión pertenece al tema de campo gravitatorio.

a) La intensidad del campo gravitatorio creado por una masa *M* en un punto *P* es un vector de módulo:

$$|\vec{g}| = \frac{G \cdot M}{R^2}$$

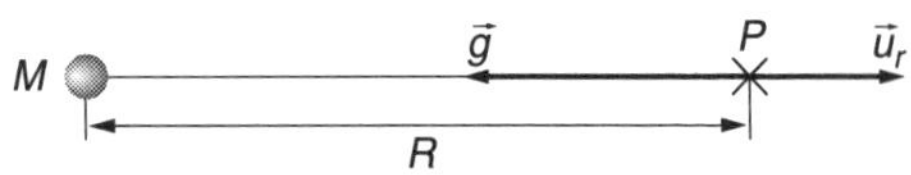

siendo su dirección la de la recta que une *M* y *P* y su sentido hacia la masa *M*.

También se puede definir como la fuerza que ejerce el campo sobre la unidad de masa colocada en ese punto.

En el caso de la Tierra, la intensidad del campo gravitatorio en su superficie será g_0:

$$g_0 = \frac{G \cdot M_T}{R_T^2} \qquad [1]$$

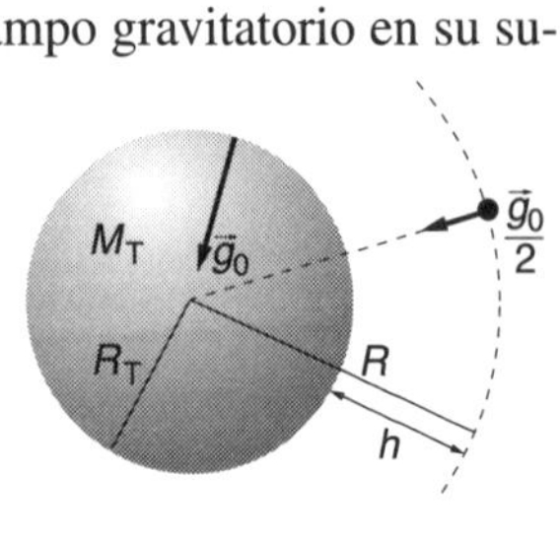

A una cierta distancia, R, del centro de la Tierra, el valor del campo gravitatorio será $g_0/2$:

$$\frac{g_0}{2} = \frac{G \cdot M_T}{R^2} \qquad [2]$$

Comparando las expresiones [1] y [2] obtenemos el valor de dicha distancia en función del radio de la Tierra:

$$\frac{G \cdot M_T}{R_T^2} = \frac{2 \cdot G \cdot M_T}{R^2} \quad \rightarrow \quad R^2 = 2 \cdot R_T^2 \quad \rightarrow \quad R = R_T \cdot \sqrt{2}$$

La altura sobre la superficie terrestre para la cual el campo vale $g_0/2$ será:

$$h = R - R_T$$

$$h = R_T \cdot \sqrt{2} - R_T = R_T \cdot (\sqrt{2} - 1) = 0{,}41 \cdot R_T$$

b) El potencial gravitatorio creado por una masa M en un punto P es un escalar de valor:

$$V = -\frac{G \cdot M}{R}$$

También se puede definir como el trabajo necesario para trasladar la unidad de masa desde el infinito hasta el punto P.

Para resolver este apartado procederemos como en el apartado anterior. En el caso de la Tierra, el potencial gravitatorio en su superficie será V_0:

$$V_0 = \frac{G \cdot M_T}{R_T} \qquad [3]$$

A una cierta distancia R del centro de la Tierra, el valor del potencial gravitatorio es $V_0/2$:

$$\frac{V_0}{2} = \frac{G \cdot M_T}{R} \qquad [4]$$

Comparando las expresiones [3] y [4]:

$$\frac{G \cdot M_T}{R_T} = \frac{2 \cdot G \cdot M_T}{R} \quad \rightarrow \quad R = 2 \cdot R_T$$

La altura sobre la superficie terrestre para la cual el potencial gravitatorio vale $V_0/2$ será:

$$h = R - R_T = 2 \cdot R_T - R_T = R_T$$

2 Esta cuestión pertenece al tema de movimiento ondulatorio.

a) Una onda sonora se produce en un medio material a través de sucesivas compresiones y descompresiones o enrarecimientos; por tanto, la dirección de la perturbación y de propagación es la misma.

Las ondas en que las direcciones de vibración y de propagación coinciden, como en las ondas sonoras, se llaman longitudinales. Como en este caso se propaga en el aire, lo hace en las tres dimensiones, es una onda tridimensional. Y como necesita un medio material para propagarse, es una onda mecánica.

b) Las ondas se propagan con movimiento uniforme ($s = v \cdot t$); el tiempo que tarda en recorrer una longitud de onda, λ, es el período, T:

$$\lambda = v \cdot T = \frac{v}{f} \qquad [1]$$

Período y frecuencia son inversas; por tanto, el valor del período será:

$$T = \frac{1}{f} = \frac{1}{260} = 3{,}8 \cdot 10^{-3}\ \text{s}$$

El valor de la longitud de onda se obtiene sustituyendo en [1]:

$$\lambda = v \cdot T = \frac{v}{f} = \frac{340}{260} = 1{,}31\ \text{m}$$

3 Esta cuestión pertenece al tema de campo eléctrico.

a) El campo eléctrico creado por una carga q en un punto P a una distancia r de q es un vector que tiene de módulo:

$$|\vec{E}| = K \cdot \frac{q}{r^2}$$

Su dirección es la de la recta que une q y P, y su sentido, hacia q si esta es negativa y en sentido contrario si es positiva:

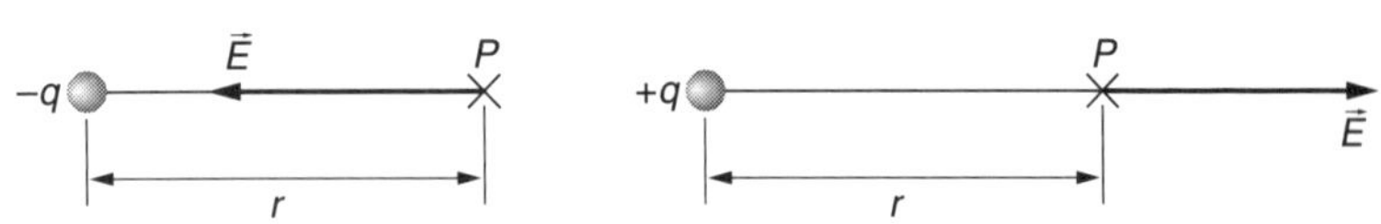

El potencial eléctrico creado por una carga q en un punto P es un escalar dado por:

$$V = K \cdot \frac{q}{r}$$

El potencial tomará valores positivos o negativos según el signo de la carga que lo cree. En este caso, el potencial es negativo, $V = -120$ V; por tanto, la carga q que lo crea es negativa:

$$q = -Q$$

El sentido del campo está orientado hacia las cargas negativas; como en este caso el campo es $\vec{E} = -80 \cdot \vec{i}$ N/C, el punto A está a la derecha de q, en los valores positivos del eje X:

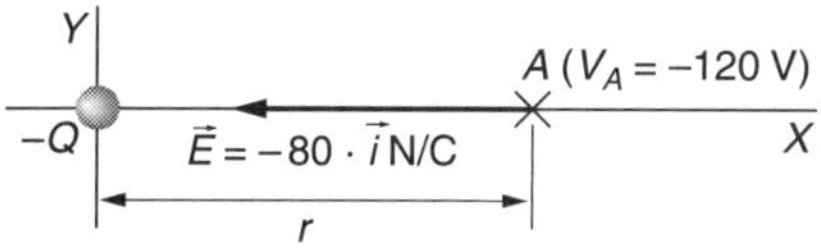

Sustituyendo en las expresiones del potencial y del módulo del campo eléctrico:

$$-120 = 9 \cdot 10^9 \cdot \frac{-Q}{r} \quad ; \quad 80 = 9 \cdot 10^9 \cdot \frac{Q}{r^2}$$

Despejando Q/r en ambas ecuaciones e igualando, obtenemos:

$$\frac{120}{9 \cdot 10^9} = \frac{80 \cdot r}{9 \cdot 10^9} \quad \rightarrow \quad r = \frac{120}{80} = 1{,}5 \text{ m}$$

Y el valor absoluto de la carga resulta:

$$-120 = 9 \cdot 10^9 \cdot \frac{-Q}{1{,}5} \quad \rightarrow \quad Q = \frac{120 \cdot 1{,}5}{9 \cdot 10^9} = 2 \cdot 10^{-8} \text{ C}$$

b) Las cargas negativas, como el electrón, se mueven libremente desde los puntos de menor potencial a los de mayor potencial; la pérdida de energía potencial es igual a lo que aumenta su energía cinética:

$$-\Delta E_p = \Delta E_c \quad \rightarrow \quad -q \cdot \Delta V = \frac{1}{2} \cdot m \cdot v^2$$

Ya conocemos el potencial en el punto A, $V = -120$ V; ahora, debemos calcular el potencial en el punto B (2, 2):

$$V_B = 9 \cdot 10^9 \cdot \frac{-2 \cdot 10^{-8}}{\sqrt{8}} = -63{,}6 \text{ V}$$

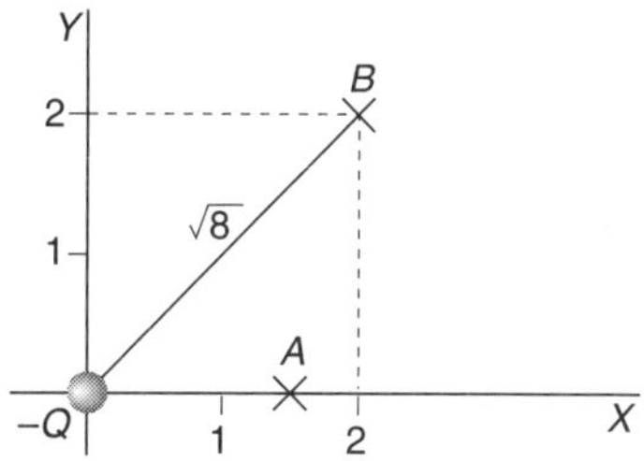

Como $V_B > V_A$, el electrón no se mueve libremente desde B hasta A;es necesaria una fuerza externa, que habrá de realizar un trabajo:

$$W = q \cdot (V_A - V_B)$$

$$W = -1{,}6 \cdot 10^{-19} \cdot (-120 + 63{,}6) = 9{,}0 \cdot 10^{-18} \text{ J}$$

4 **Esta cuestión pertenece al tema de óptica geométrica.**

a) Si la lente es convergente, para obtener una imagen virtual el objeto debe estar entre el foco y la lente. La lente actúa entonces como una lupa:

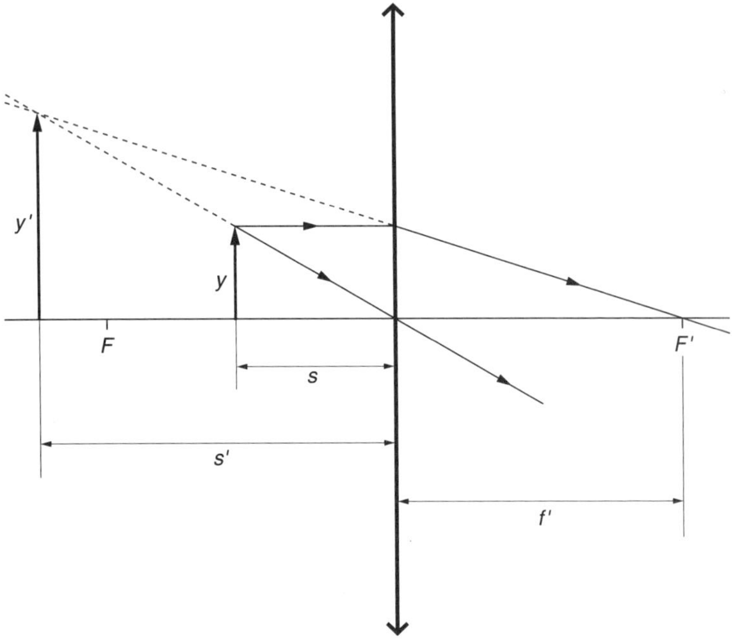

La imagen es, además de virtual y derecha, mayor que el objeto.

b) Las imágenes en las lentes divergentes son siempre virtuales:

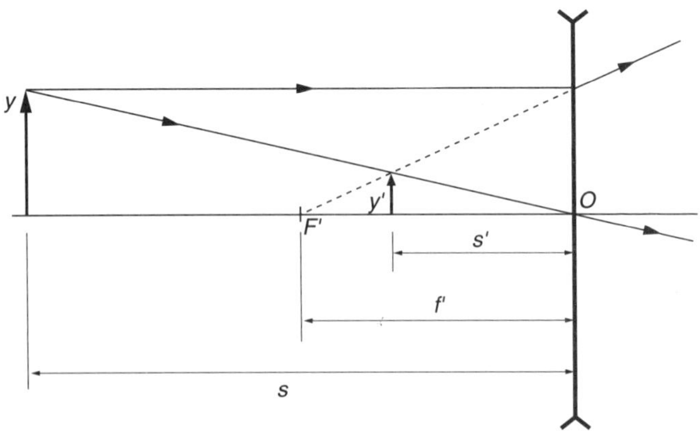

La imagen es, además de virtual y derecha, menor que el objeto.

5 Esta cuestión pertenece a los temas de campo eléctrico y física cuántica.

El campo eléctrico hace un trabajo sobre el protón que viene dado por:

$$W = q \cdot \Delta V$$

Ese trabajo lo almacena el protón en forma de energía cinética:

$$q \cdot \Delta V = \frac{1}{2} \cdot m \cdot v^2$$

Como el momento lineal es $p = m \cdot v$, la expresión anterior se puede escribir en la forma:

$$q \cdot \Delta V = \frac{p^2}{2 \cdot m}$$

a) Despejando ΔV en la ecuación anterior:

$$\Delta V = \frac{p^2}{2 \cdot m \cdot q} \qquad [1]$$

Sustituyendo los datos, se obtiene el valor de la diferencia de potencial necesaria para cambiar el momento lineal del protón de cero al valor indicado en el enunciado:

$$\Delta V = \frac{(10^{-21})^2}{2 \cdot 1{,}67 \cdot 10^{-27} \cdot 1{,}6 \cdot 10^{-19}} = 1871{,}3 \text{ V}$$

b) Según De Broglie, cada partícula en movimiento lleva asociada una onda y la relación entre la longitud de onda y la velocidad de la partícula, o su momento lineal, viene dada por:

$$\lambda = \frac{h}{m \cdot v} = \frac{h}{p}$$

Despejando el momento lineal y sustituyendo valores, se obtiene el momento lineal del protón:

$$p = \frac{h}{\lambda} = \frac{6{,}63 \cdot 10^{-34}}{5 \cdot 10^{-13}} = 1{,}33 \cdot 10^{-21} \text{ kg} \cdot \text{m/s}$$

El valor de la diferencia de potencial necesaria para que el protón adquiera este momento lineal se obtiene sustituyendo valores en [1]:

$$\Delta V = \frac{p^2}{2 \cdot m \cdot q} = \frac{(1{,}33 \cdot 10^{-21})^2}{2 \cdot 1{,}67 \cdot 10^{-27} \cdot 1{,}6 \cdot 10^{-19}} = 3\,310 \text{ V}$$

Segunda parte

Repertorio A

1 Este problema pertenece al tema de campo gravitatorio.

a) Sobre el satélite, que gira alrededor de la Tierra, esta ejerce una fuerza gravitatoria que es perpendicular a la velocidad del satélite. La relación entre la fuerza gravitatoria y la velocidad del satélite la proporciona el segundo principio de la dinámica:

$$\vec{F} = m \cdot \vec{a} \rightarrow \vec{F}_G = \vec{F}_n$$

Siendo:

$$F_n = m \cdot a_n = m \cdot \frac{v^2}{R}$$

Por tanto:

$$\frac{G \cdot M \cdot m}{R^2} = m \cdot \frac{v^2}{R} \qquad [1]$$

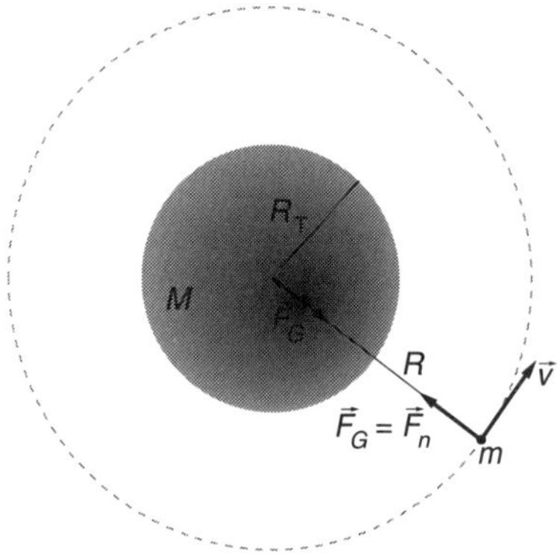

La velocidad del satélite en la órbita será:

$$v = \sqrt{\frac{G \cdot M}{R}}$$

En cuanto a su energía, la energía potencial viene dada por:

$$E_p = -\frac{G \cdot M \cdot m}{R}$$

y la cinética:

$$E_c = \frac{1}{2} \cdot m \cdot v^2 = \frac{1}{2} \cdot m \cdot \frac{G \cdot M}{R}$$

La energía mecánica total del satélite en la órbita será la suma de sus energías potencial y cinética:

$$E_{mec} = E_p + E_c = -\frac{G \cdot M \cdot m}{R} + \frac{G \cdot M \cdot m}{2 \cdot R} = -\frac{G \cdot M \cdot m}{2 \cdot R}$$

Sustituyendo:

$$\frac{G \cdot M}{R} = v^2 \qquad \rightarrow \qquad E_{mec} = -\frac{v^2 \cdot m}{2}$$

Despejando m y sustituyendo valores, resulta:

$$m = -\frac{2 \cdot E_{mec}}{v^2} = -\frac{2 \cdot (-4{,}5 \cdot 10^9)}{7\,610^2} = 155{,}4 \text{ kg}$$

El momento lineal del satélite tendrá por módulo:

$$p = m \cdot v = 155{,}4 \cdot 7\,610 = 1{,}18 \cdot 10^6 \text{ kg} \cdot \text{m/s}$$

El momento angular o cinético, $\vec{L}$, del satélite respecto al centro de la Tierra es el producto vectorial del vector posición, $\vec{R}$, por el vector cantidad de movimiento o momento lineal, $\vec{p}$:

$$\vec{L} = \vec{R} \times \vec{p} = \vec{R} \times m \cdot \vec{v}$$

El vector $\vec{L}$ estará situado en el centro de la Tierra, será perpendicular al plano de la órbita, su sentido será el de avance del sacacorchos al ir de $\vec{R}$ a $\vec{v}$ por el camino más corto (en la figura, saliendo del papel) y tendrá de módulo:

$$|\vec{L}| = R \cdot m \cdot v \cdot sen\,(R, v) =$$

$$= R \cdot m \cdot v$$

Los vectores $\vec{R}$ y $\vec{v}$ son perpendiculares en la órbita circular y, por tanto, el seno del ángulo que forman es $sen\ 90° = 1$.

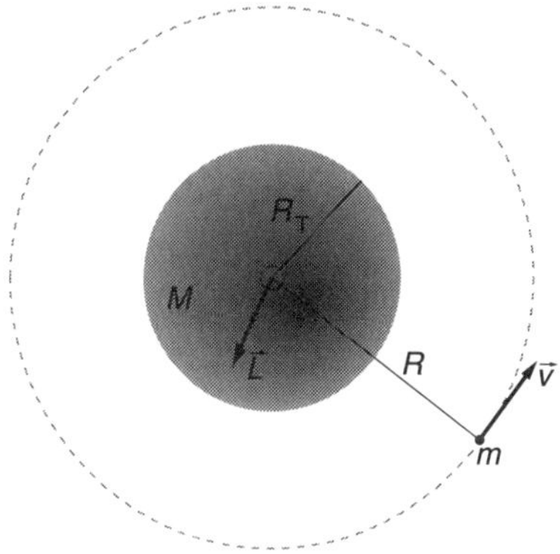

Se puede calcular el radio, R, de la órbita despejando en la expresión [1] y sustituyendo valores:

$$R = \frac{G \cdot M}{v^2} = \frac{6{,}67 \cdot 10^{-11} \cdot 5{,}98 \cdot 10^{24}}{7\,610^2} = 6{,}89 \cdot 10^6 \text{ m}$$

El módulo del momento angular o cinético será:

$$|\vec{L}| = 6{,}89 \cdot 10^6 \cdot 155{,}4 \cdot 7\,610 = 8{,}15 \cdot 10^{12} \text{ kg} \cdot \text{m}^2 \cdot \text{s}^{-1}$$

b) El período es el tiempo que tarda el satélite en dar una vuelta completa alrededor de la Tierra:

$$T = \frac{2 \cdot \pi \cdot R}{v}$$

Sustituyendo valores:

$$T = \frac{2 \cdot \pi \cdot 6{,}89 \cdot 10^6}{7\,610} = 5\,689 \text{ s} = 1{,}58 \text{ horas}$$

La altura del satélite sobre la superficie terrestre será:

$$h = R - R_T = 6{,}89 \cdot 10^6 - 6{,}37 \cdot 10^6 = 5{,}2 \cdot 10^5 \text{ m}$$

2 Este problema pertenece al tema de óptica geométrica.

a) La ley de Snell de la refracción dice que cuando un rayo de luz atraviesa la superficie de separación entre dos medios, experimenta un cambio de dirección, cumpliéndose:

$$n_1 \cdot sen\,\hat{i} = n_2 \cdot sen\,\hat{r}$$

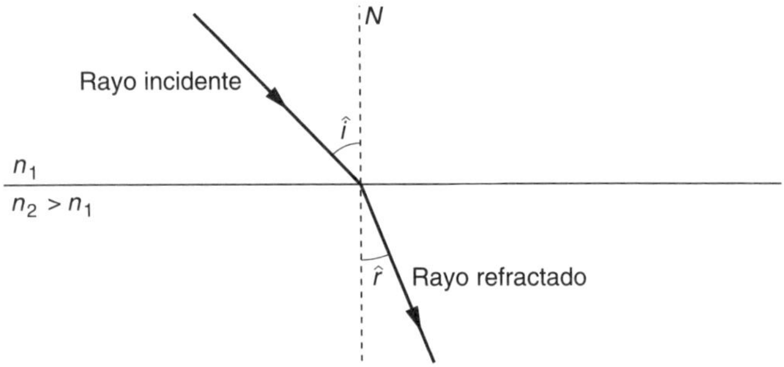

En la figura se pueden observar los ángulos implicados en el problema:

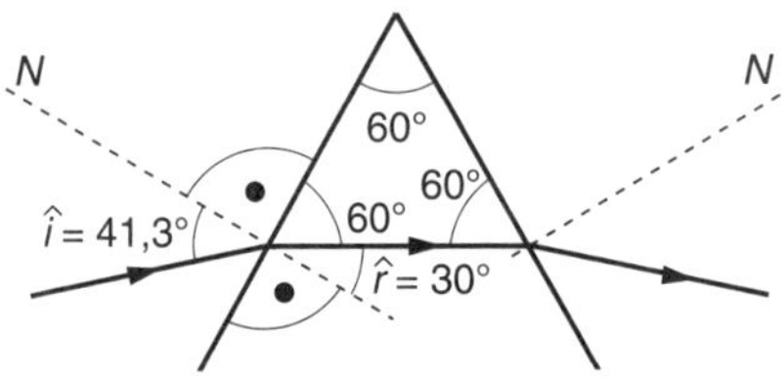

Al ser el rayo dentro del prisma paralelo a la base, los tres ángulos del triángulo formado por ese rayo y el vértice del prisma son de 60°.

Las normales forman con las caras del prisma ángulos de 90°. El ángulo $\hat{r}$, que es el ángulo de refracción de la primera cara, es el ángulo complementario de 60°; es decir, $\hat{r} = 30°$.

Como se conocen los ángulos de incidencia y refracción en la primera cara, la ley de Snell proporciona el índice de refracción del prisma:

$$1 \cdot sen\,41{,}3° = n \cdot sen\,30° \quad \rightarrow \quad n = \frac{sen\,41{,}3°}{sen\,30°} = 1{,}32$$

b) El esquema de la trayectoria seguida por el rayo es:

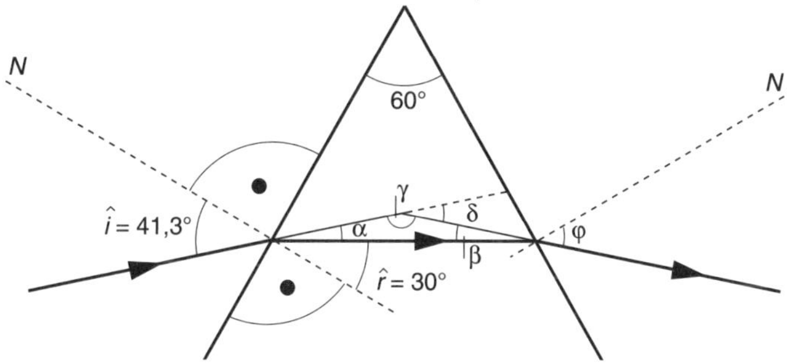

donde se cumple:

$$30 + \alpha = 41{,}3° \quad \rightarrow \quad \alpha = 11{,}3° \quad \rightarrow \quad \beta = \alpha = 11{,}3° \quad ; \quad \varphi = 41{,}3°$$

por ser el rayo refractado paralelo a la base del prisma.

c) En la figura, δ es el ángulo de desviación del prisma. Se cumple que:

$$\delta + \gamma = 180° \quad ; \quad \alpha + \beta + \gamma = 180°$$

Por tanto:

$$\delta = \alpha + \beta = 11{,}3° + 11{,}3° = 22{,}6°$$

d) La frecuencia del rayo luminoso es siempre la misma, independientemente del medio en que se transmita. Pero como la velocidad del rayo varía con el medio, también la longitud de onda varía:

$$n_{vidrio} = \frac{c}{v_{vidrio}}$$

Como $c = \lambda_{aire} \cdot f$ y $v_{vidrio} = \lambda_{vidrio} \cdot f$, resulta:

$$n_{vidrio} = \frac{\lambda_{aire}}{\lambda_{vidrio}}$$

Repertorio B

1 Este problema pertenece al tema de electromagnetismo e inducción electromagnética.

a) La ley de Faraday-Lenz establece que la fuerza electromotriz inducida en una espira es igual a la variación del flujo respecto al tiempo:

$$\varepsilon = -\frac{d\Phi}{dt}$$

donde el signo negativo indica que el sentido de la corriente se opone al fenómeno que la crea (contribución de Lenz).

El flujo del campo magnético, $\vec{B}$, a través de la superficie, $\vec{S}$, viene dado por el producto escalar de los vectores campo y superficie:

$$\Phi = \vec{B} \cdot \vec{S} = B \cdot S \cdot cos\ \varphi$$

siendo φ el ángulo que forman ambos vectores.

Al girar la espira, el ángulo φ varía. La relación entre el ángulo φ y la velocidad angular ω es, tal como corresponde a un movimiento circular uniforme:

$$\varphi = \omega \cdot t + \varphi_0 \quad ; \quad \varphi = 2 \cdot \pi \cdot 60 \cdot t + \pi/2 = 120 \cdot \pi \cdot t + \pi/2$$

Ya que:

$$\omega = \frac{2 \cdot \pi}{T} = 2 \cdot \pi \cdot f = 2 \cdot \pi \cdot 60 \text{ rad/s}$$

Para calcular φ_0, hemos tenido en cuenta que la posición de la espira en $t = 0$ es $\alpha = \pi/2$.

La expresión del flujo a través de la espira en función del tiempo será:

$$\Phi = 0{,}03 \cdot 0{,}02^2 \cdot cos\ (120 \cdot \pi \cdot t + \pi/2)$$

$$\Phi = 1{,}2 \cdot 10^{-5} \cdot cos\ (120 \cdot \pi \cdot t + \pi/2)$$

Y la expresión de la fuerza electromotriz inducida en la espira en función del tiempo será:

$$\varepsilon = -\frac{d\Phi}{dt} = B \cdot S \cdot \omega \cdot sen\ (\omega \cdot t + \varphi_0) =$$

$$\varepsilon = 1{,}2 \cdot 10^{-5} \cdot 120 \cdot \pi \cdot sen\ (120 \cdot \pi \cdot t + \pi/2) =$$

$$\varepsilon = 4{,}52 \cdot 10^{-3} \cdot sen\ (120 \cdot \pi \cdot t + \pi/2)$$

Siendo la fuerza electromotriz máxima:

$$\varepsilon_{máx} = B \cdot S \cdot \omega = 4{,}52 \cdot 10^{-3}\text{ V}$$

b) La relación entre la corriente que circula y la fuerza electromotriz viene dada por la ley de Ohm:

$$I = \frac{\varepsilon}{R}$$

Para que circule una corriente máxima de 2 mA, la fuerza electromotriz máxima ha de ser:

$$2 \cdot 10^{-3} = \frac{\varepsilon_{máx}}{1{,}5} \quad \rightarrow \quad \varepsilon_{máx} = 3 \cdot 10^{-3}\text{ V}$$

Sustituyendo en la expresión de la fuerza electromotriz máxima y despejando ω, se calcula el valor de la velocidad angular de la espira para tener la corriente máxima de 2 mA:

$$\varepsilon_{máx} = B \cdot S \cdot \omega$$

$$3 \cdot 10^{-3} = 0{,}03 \cdot 0{,}02^2 \cdot \omega \qquad \rightarrow \qquad \omega = 250 \text{ rad/s}$$

Y la frecuencia sería:

$$\omega = 2 \cdot \pi \cdot f \qquad \rightarrow \qquad f = \frac{\omega}{2 \cdot \pi} = \frac{250}{2 \cdot \pi} = 39{,}8 \text{ Hz}$$

2 Este problema pertenece al tema de movimiento armónico simple.

La ecuación del movimiento armónico simple es:

$$x(t) = A \cdot cos\,(\omega \cdot t + \varphi_0)$$

donde A es la amplitud; φ_0, la fase inicial, y ω, la pulsación.

La ecuación de la velocidad se obtiene derivando respecto al tiempo la ecuación de la posición del movimiento:

$$v(t) = -A \cdot \omega \cdot sen\,(\omega \cdot t + \varphi_0)$$

La ecuación de la aceleración se obtiene derivando respecto al tiempo la ecuación de la velocidad:

$$a(t) = -A \cdot \omega^2 \cdot cos\,(\omega \cdot t + \varphi_0) = -\omega^2 \cdot x$$

La fuerza necesaria para producir esa aceleración será, según el segundo principio de la dinámica:

$$F = m \cdot a = -m \cdot \omega^2 \cdot x \qquad [1]$$

Por otra parte, un movimiento armónico simple es producido por una fuerza que siempre es proporcional a la elongación y de sentido contrario (ley de Hooke):

$$F = -k \cdot x \qquad [2]$$

Igualando [1] y [2], se encuentra la relación entre la constante elástica del movimiento, k, y la pulsación, ω:

$$k = -m \cdot \omega^2$$

La energía potencial del m.a.s., energía potencial elástica, es:

$$E_p = \frac{1}{2} \cdot k \cdot x^2$$

En los extremos del movimiento, toda la energía mecánica es energía potencial, el cuerpo está parado y su energía cinética es cero:

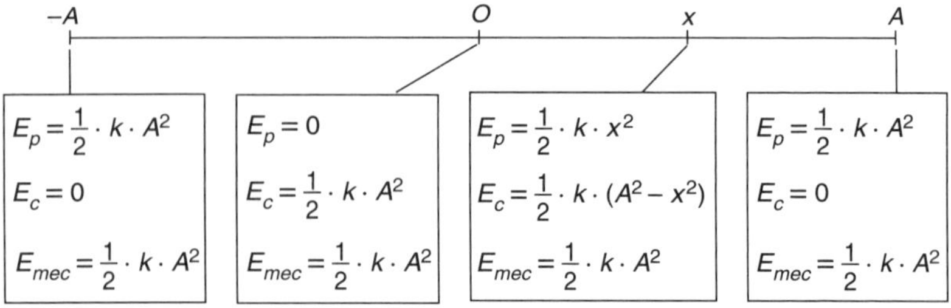

Cuando el cuerpo pasa por el punto de equilibrio, su energía potencial es cero y toda la energía mecánica es ahora cinética:

$$E_p = 0 \quad \rightarrow \quad E_c = E_{mec} = \frac{1}{2} \cdot k \cdot A^2$$

En cualquier punto de elongación x la energía mecánica tiene una parte potencial y otra cinética:

$$E_p = \frac{1}{2} \cdot k \cdot x^2 \quad ; \quad E_c = \frac{1}{2} \cdot k \cdot (A^2 - x^2)$$

$$E_c + E_p = E_{mec} = \frac{1}{2} \cdot k \cdot A^2$$

a) Sustituyendo el valor de la energía cinética y despejando v, obtenemos la relación pedida:

$$\frac{1}{2} \cdot m \cdot v^2 = \frac{1}{2} \cdot k \cdot (A^2 - x^2) \quad \rightarrow \quad v = \sqrt{\frac{k}{m} \cdot (A^2 - x^2)}$$

Teniendo en cuenta que $k/m = \omega^2$:

$$v = \sqrt{\omega^2 \cdot (A^2 - x^2)} = \omega \cdot \sqrt{A^2 - x^2}$$

b) Cuando la velocidad de oscilación es nula, la energía cinética es nula y toda la energía mecánica es potencial:

$$E_c = 0$$

$$E_{mec} = E_{p.máx} = \frac{1}{2} \cdot k \cdot A^2 = \frac{1}{2} \cdot 65 \cdot 0{,}05^2 = 8{,}125 \cdot 10^{-2}\ \text{J}$$

c) Cuando la velocidad de oscilación es máxima, la energía potencial es nula y toda la energía mecánica es cinética:

$$E_p = 0 \quad ; \quad E_{c.máx} = 8{,}125 \cdot 10^{-2}\ \text{J}$$

d) Si el módulo de la aceleración es 13 m/s^2, se puede calcular a qué elongación corresponde:

$$a = -\omega^2 \cdot x = -\frac{k}{m} \cdot x \quad \rightarrow \quad 13 = -\frac{65}{0{,}15} \cdot x \quad \rightarrow \quad x = -0{,}03 \text{ m}$$

La energía potencial del sistema en ese punto es:

$$E_p = \frac{1}{2} \cdot k \cdot x^2 = \frac{1}{2} \cdot 65 \cdot 0{,}03^2 = 2{,}925 \cdot 10^{-2} \text{ J}$$

Y la energía cinética:

$$E_c = 8{,}125 \cdot 10^{-2} - 2{,}925 \cdot 10^{-2} = 5{,}2 \cdot 10^{-2} \text{ J}$$

MURCIA

14

PRUEBA DE SELECTIVIDAD

ACLARACIONES PREVIAS

Comenta tus planteamientos de tal modo que demuestres que entiendes lo que haces. Ten en cuenta que la extensión de tus respuestas está limitada por el tiempo y el papel de que dispones. Recuerda expresar todas las magnitudes físicas con sus unidades.

Preguntas teóricas

Contesta solamente a uno de los dos bloques siguientes (A o B):

Bloque A

A1 Leyes de Kepler. (1 punto)

A2 Energía del movimiento armónico simple. (1 punto)

Bloque B

B1 Carga eléctrica. Ley de Coulomb. (1 punto)

B2 Interacciones fundamentales. (1 punto)

Cuestiones

Contesta solamente a uno de los dos bloques siguientes (C o D):

Bloque C

C1 Un fotón de luz roja de 700 nm de longitud de onda tiene una energía igual a $2,84 \cdot 10^{-19}$ J. ¿Cuál es la energía correspondiente a un fotón de luz verde de 550 nm? (1 punto)

C2 Si el campo eléctrico de una onda electromagnética viene expresado por el vector $\vec{E} = E \cdot cos\ [2 \cdot \pi \cdot (t/\lambda)] \cdot (\vec{i} + \vec{j})$, indica, justificando la respuesta, en qué dirección oscila el campo magnético. (1 punto)

Bloque D

D1 En la primera cuerda de una guitarra las ondas se propagan a 422 m/s. La cuerda mide 64 cm entre sus extremos fijos. ¿Cuánto vale la frecuencia de vibración (en el modo fundamental)? (1 punto)

D2 Justifica que, según la ley de desintegración radiactiva, el siguiente enunciado no puede ser correcto: "Una muestra contenía hace 1 día el doble de núcleos que en el instante actual, y hace 2 días el triple que en el instante actual". (1 punto)

Problemas

Contesta únicamente a dos de los tres problemas siguientes:

P1 La distancia media entre la Luna y la Tierra es $3{,}84 \cdot 10^8$ m, y la distancia media entre la Tierra y el Sol es $1\,496 \cdot 10^8$ m. Las masas valen: $1{,}99 \cdot 10^{30}$ kg; $5{,}97 \cdot 10^{24}$ kg, y $7{,}35 \cdot 10^{22}$ kg para el Sol, la Tierra y la Luna, respectivamente. Consideramos las órbitas circulares y los astros puntuales.

a) Calcula el módulo del campo gravitatorio que crea la Tierra en la Luna. (1 punto)

b) ¿Cuántas veces más rápido gira la Tierra alrededor del Sol que la Luna alrededor de la Tierra? (1 punto)

c) En el alineamiento de los tres astros que corresponde a la posición de un eclipse de Sol, calcula la fuerza neta que experimenta la Luna debido a la acción gravitatoria del Sol y de la Tierra. Indica el sentido (signo) de dicha fuerza. (1 punto)

Dato: $G = 6{,}67 \cdot 10^{-11}$ N $\cdot$ m^2/kg^2.

P2 Un protón en reposo es acelerado, en el sentido positivo del eje X, hasta una velocidad de 10^5 m/s. En ese momento, penetra en un espectrómetro de masas donde existe un campo magnético cuyo vector es $\vec{B} = 0{,}01 \cdot \vec{k}$ T.

a) Obtén la fuerza (vector) que actúa sobre el protón en el espectrómetro. (1 punto)

b) Calcula la diferencia de potencial que fue necesaria para acelerar el protón hasta los 10^5 m/s antes de entrar en el espectrómetro. (1 punto)

c) Si en lugar del protón entra en el espectrómetro un electrón, con la misma velocidad, calcula el nuevo campo magnético que habría que aplicar para que la trayectoria del electrón se confundiera con la del protón anterior. (1 punto)

Datos: $|e| = 1{,}6 \cdot 10^{-19}$ C; $m_p = 1{,}67 \cdot 10^{-27}$ kg; $m_e = 9{,}1 \cdot 10^{-31}$ kg; $1/(4 \cdot \pi \cdot \varepsilon_0) = 9 \cdot 10^9$ N · m²/C².

P3 La lente de un cierto proyector es simétrica, está hecha de un vidrio de 1,42 de índice de refracción y tiene una distancia focal de 25 cm.

a) Calcula la velocidad de la luz dentro de la lente. (1 punto)

b) Determina los radios de curvatura de las dos superficies de la lente. (1 punto)

c) ¿A qué distancia del foco objeto de la lente hay que situar una transparencia para proyectar su imagen, enfocada, sobre una pantalla situada a 3 m de la lente? (1 punto)

Murcia. Junio, 2006.

SOLUCIÓN DE LA PRUEBA

Preguntas teóricas

Consulta tu libro de texto o tus apuntes para responder a estas preguntas.

Cuestiones

Bloque C

C1 Esta cuestión pertenece al tema de física cuántica.

Según la hipótesis de Planck, la energía de un cuanto viene dada por:

$$E = h \cdot f$$

donde h es la constante de Planck, y f, la frecuencia de la radiación emitida.

Teniendo en cuenta que $f = c/\lambda$, obtenemos la expresión de la energía de un cuanto en función de λ:

$$E = h \cdot f = h \cdot \frac{c}{\lambda}$$

La energía de un fotón de luz roja es:

$$E_r = h \cdot \frac{c}{\lambda_r}$$

Y la que corresponde a un fotón de luz verde:

$$E_v = h \cdot \frac{c}{\lambda_v}$$

Hallando la relación entre la dos expresiones anteriores y despejando, obtenemos:

$$\frac{E_r}{E_v} = \frac{h \cdot c/\lambda_r}{h \cdot c/\lambda_v} \quad \rightarrow \quad \frac{E_r}{E_v} = \frac{\lambda_v}{\lambda_r} \quad \rightarrow \quad E_v = \frac{E_r \cdot \lambda_r}{\lambda_v}$$

$$E_v = \frac{2{,}84 \cdot 10^{-19} \cdot 700 \cdot 10^{-9}}{550 \cdot 10^{-9}} = 3{,}61 \cdot 10^{-19}\ \text{J}$$

C2 Esta cuestión pertenece al tema de electromagnetismo.

Las ondas electromagnéticas están formadas por un campo eléctrico y otro magnético variables que vibran en planos perpendiculares entre sí y, a su vez, perpendiculares a la dirección de propagación de la onda. Son ondas transversales.

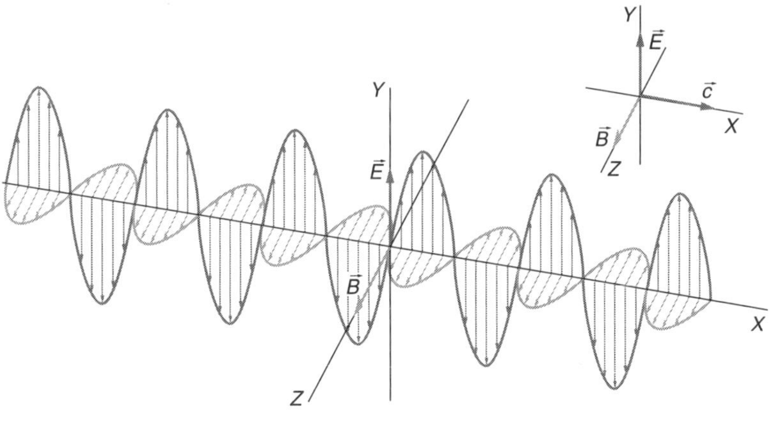

Las ecuaciones de los campos eléctrico y magnético son:

$$E = E_0 \cdot sen\left[2 \cdot \pi \cdot \left(\frac{t}{T} - \frac{x}{\lambda}\right)\right] \quad ; \quad B = B_0 \cdot sen\left[2 \cdot \pi \cdot \left(\frac{t}{T} - \frac{x}{\lambda}\right)\right]$$

donde T es el período; λ, la longitud de onda, y k es el número de ondas.

La dirección de propagación de esta onda electromagnética es a lo largo del eje X.

Según el enunciado, el vector campo eléctrico vibra en el plano *XY* (tiene componentes *x* e *y*), y su dirección de propagación es a lo largo del eje *Z* sentido positivo; por tanto, como el vector campo magnético debe oscilar en un plano perpendicular al campo eléctrico y a su vez desplazarse a lo largo del eje *Z*, sentido positivo, su expresión será:

$$\vec{E} = E_0 \cdot sen\left[2 \cdot \pi \cdot \left(\frac{t}{T} - \frac{z}{\lambda}\right)\right] \cdot (\vec{i} + \vec{j})$$

$$\vec{B} = B_0 \cdot sen\left[2 \cdot \pi \cdot \left(\frac{t}{T} - \frac{z}{\lambda}\right)\right] \cdot (-\vec{i} + \vec{j})$$

La representación de los vectores es:

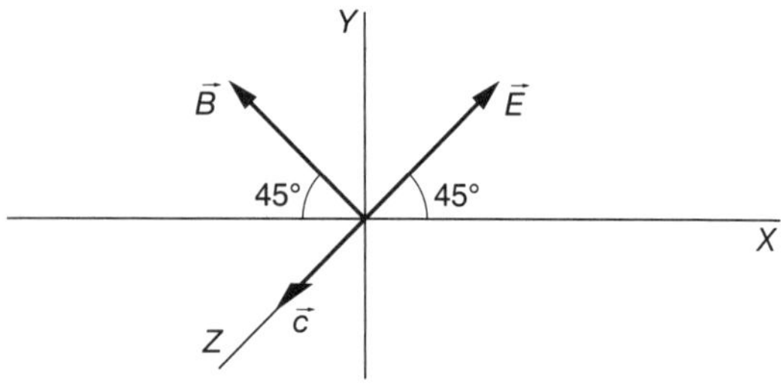

Bloque D

D1 Esta cuestión pertenece al tema de movimiento ondulatorio.

En una cuerda tensa y fija por sus extremos, las ondas que se pueden formar han de tener un nodo en los extremos, como se indica en las figuras:

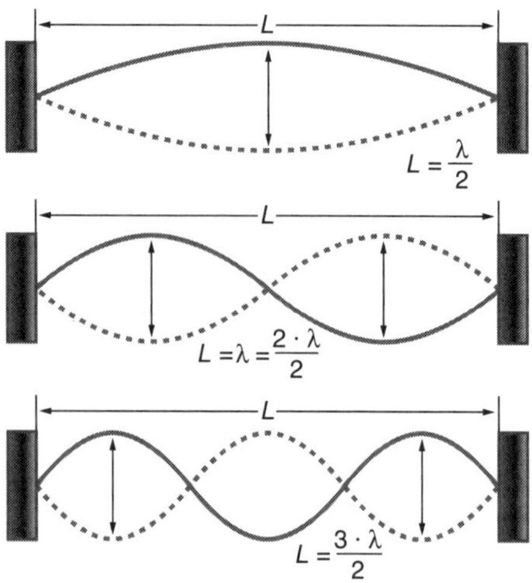

Como se observa en las figuras anteriores, L ha de ser igual a un número entero de veces la media longitud de onda:

$$L = n \cdot \frac{\lambda}{2} \quad \rightarrow \quad \lambda = \frac{2 \cdot L}{n} \quad ; \quad n = 1, 2, 3, \ldots$$

El modo fundamental, $n = 1$, tendrá nodos en los extremos y un solo vientre:

$$\lambda = \frac{2 \cdot L}{1} = 2 \cdot 0{,}64 = 1{,}28 \text{ m}$$

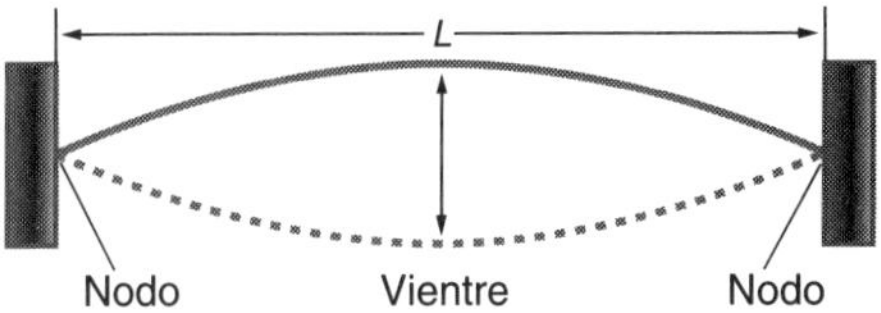

La ecuación que relaciona las magnitudes características de las ondas es:

$$\lambda = v \cdot T = \frac{v}{f} \quad \rightarrow \quad f = \frac{v}{f}$$

Sustituyendo valores y despejando, se obtiene la frecuencia de vibración:

$$f = \frac{422}{1{,}28} = 329{,}7 \text{ Hz}$$

D2 Esta cuestión pertenece al tema de física atómica y nuclear.

a) La ley de la desintegración radiactiva es:

$$N = N_0 \cdot e^{-\lambda \cdot t} \qquad [1]$$

donde N_0 es el número de núcleos iniciales de la muestra; N, es el número de núcleos de la muestra cuando ha transcurrido un determinado tiempo; λ, la constante de desintegración radiactiva, y t, el tiempo transcurrido.

Aplicando la ecuación [1] a la primera propuesta del enunciado, que indica que en un día el número de núcleos radiactivos se ha reducido a la mitad, tomando logaritmos neperianos y despejando, obtenemos la constante de desintegración radiactiva característica de cada núcleo radiactivo:

$$N_0 = 2 \cdot N \quad \rightarrow \quad N_0 = 2 \cdot N_0 \cdot e^{-\lambda \cdot 1} \quad \rightarrow \quad \frac{1}{2} = e^{-\lambda}$$

$$ln \; \frac{1}{2} = -\lambda \quad \rightarrow \quad \lambda = 0{,}693 \text{ días}^{-1}$$

Aplicando de nuevo la ecuación [1] a la segunda posibilidad dada en el enunciado (hace 2 días el número de núcleos era el triple que en el instante actual) con el valor de la constante radiactiva que hemos obtenido, se determina que el tiempo que debería transcurrir para que se cumpliese el enunciado son 1,59 días y no 2 días:

$$N_0 = 3 \cdot N \quad \rightarrow \quad N = 3 \cdot N_0 \cdot e^{-0{,}693 \cdot t} \quad \rightarrow \quad ln\,\frac{1}{3} = -0{,}693 \cdot t$$

$$t = 1{,}59 \text{ días}$$

Problemas

P1 Este problema pertenece al tema de campo gravitatorio.

a) El campo gravitatorio creado por una masa m en un punto P situado a una distancia r de ella es:

$$\vec{g} = -\frac{G \cdot m}{r^2} \cdot \vec{u}_r$$

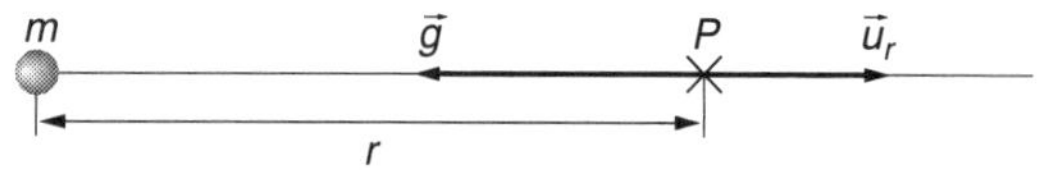

La dirección de g es la de la recta que une la masa m con el punto, y su sentido es hacia la masa que crea el campo (contrario al del vector unitario, cuyo sentido es siempre hacia fuera de la masa).

En la siguiente figura representamos el vector campo creado por la Tierra en la Luna:

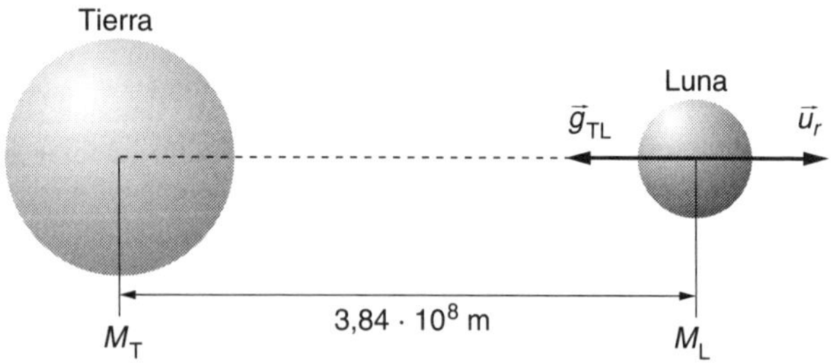

El módulo del campo gravitatorio que crea la Tierra en la Luna es:

$$|g_{TL}| = \frac{G \cdot M_T}{R^2} = \frac{6{,}67 \cdot 10^{-11} \cdot 5{,}97 \cdot 10^{24}}{(3{,}84 \cdot 10^8)^2} = 2{,}7 \cdot 10^{-3} \text{ m/s}^2$$

b) Hemos de calcular la velocidad con que gira la Tierra alrededor del Sol y la velocidad de la Luna alrededor de la Tierra. Para ello, deducimos la expresión de la velocidad.

Para que un planeta gire en una órbita circular alrededor de otro, debe estar sometido a una fuerza centrípeta. Esta fuerza centrípeta la suministra la atracción gravitatoria que ejerce un planeta sobre otro.

Por tanto, se debe cumplir:

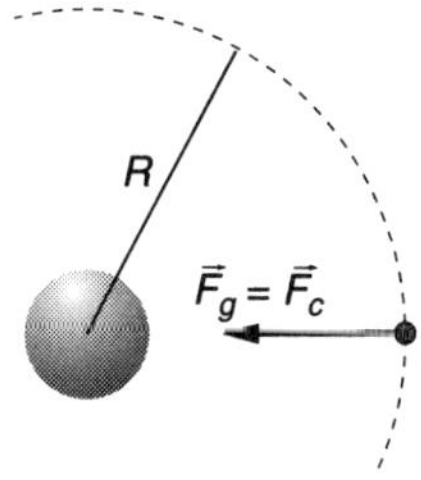

$$|\vec{F}_g| = |\vec{F}_c|$$

$$\frac{G \cdot M \cdot m}{R^2} = m \cdot a_n \rightarrow \frac{G \cdot M \cdot m}{R^2} = m \cdot \frac{v^2}{R}$$

donde M y m son las masas de los planetas y R, el radio de la órbita.

Despejando, se obtiene la velocidad en la órbita:

$$v = \sqrt{\frac{G \cdot M}{R}}$$

La velocidad de la Tierra alrededor del Sol es:

$$v_T = \sqrt{\frac{G \cdot M_S}{R_{ST}}} = \sqrt{\frac{6{,}67 \cdot 10^{-11} \cdot 1{,}99 \cdot 10^{30}}{1\,496 \cdot 10^8}} = 29\,786{,}79 \text{ m/s}$$

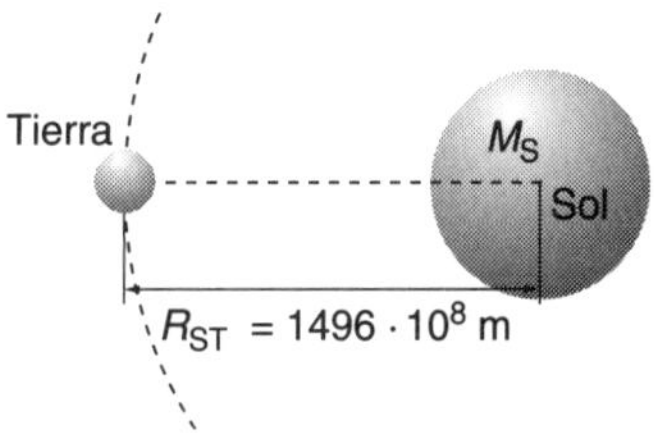

La velocidad de la Luna alrededor de la Tierra es:

$$v_L = \sqrt{\frac{G \cdot M_T}{R_{TL}}} = \sqrt{\frac{6{,}67 \cdot 10^{-11} \cdot 5{,}97 \cdot 10^{24}}{3{,}84 \cdot 10^8}} = 1\,018{,}32 \text{ m/s}$$

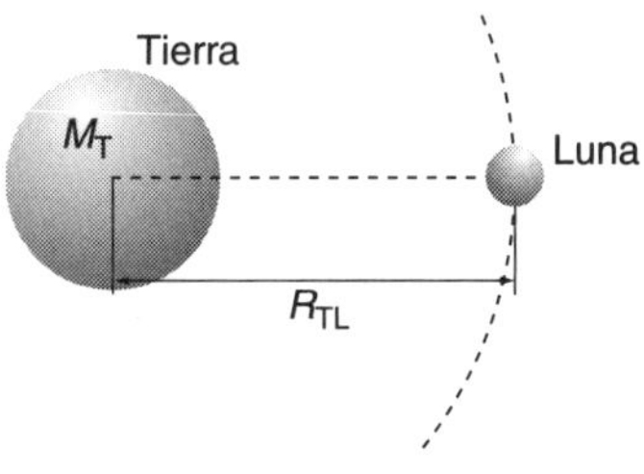

La relación entre las velocidades es:

$$\frac{v_T}{v_L} = \frac{29\,786{,}79}{1\,018{,}32} = 29{,}25 \quad \rightarrow \quad v_T = 29{,}25 \cdot v_L$$

c) La fuerza con la que se atraen dos cuerpos viene dada por la ley de gravitación universal de Newton:

$$F = -\frac{G \cdot M \cdot m}{d^2} \cdot \vec{u}_r$$

donde M y m son las masas, d, la distancia que les separa, y $\vec{u}_r$, el vector unitario (su dirección es la recta que une los dos cuerpos, y su sentido, hacia fuera).

En la siguiente figura se representan las fuerzas que ejercen el Sol y la Tierra sobre la Luna:

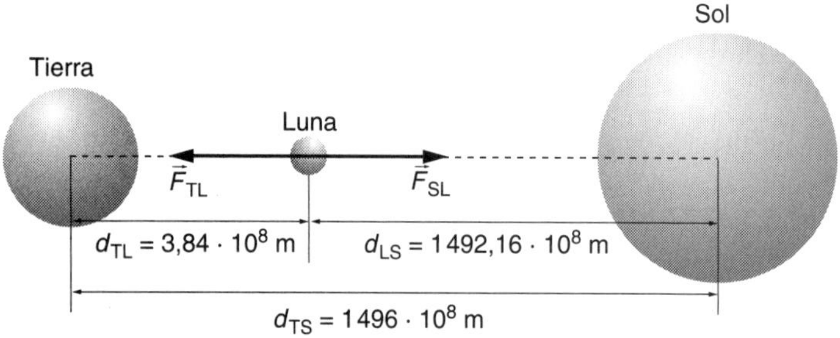

La fuerza que ejerce la Tierra sobre la Luna es:

$$\vec{F}_{TL} = -\frac{G \cdot M_T \cdot m_L}{(d_{TL})^2} \cdot \vec{u}_r = -\frac{6{,}67 \cdot 10^{-11} \cdot 5{,}97 \cdot 10^{24} \cdot 7{,}35 \cdot 10^{22}}{(3{,}84 \cdot 10^8)^2} \cdot \vec{i}$$

$$\vec{F}_{TL} = -1{,}98 \cdot 10^{20} \cdot \vec{i} \text{ N}$$

La fuerza que ejerce el Sol sobre la Luna es:

$$\vec{F}_{SL} = -\frac{G \cdot M_S \cdot m_L}{(d_{LS})^2} \cdot \vec{u}_r = \frac{6{,}67 \cdot 10^{-11} \cdot 1{,}99 \cdot 10^{30} \cdot 7{,}35 \cdot 10^{22}}{(1{,}49216 \cdot 10^{11})^2} \cdot \vec{i}$$

$$\vec{F}_{SL} = 4{,}38 \cdot 10^{20} \cdot \vec{i} \text{ N}$$

La fuerza que experimenta la Luna será la suma vectorial de las fuerzas que ejercen sobre ella la Tierra y el Sol:

$$\vec{F}_R = 4{,}38 \cdot 10^{20} \cdot \vec{i} + (-1{,}98 \cdot 10^{20} \cdot \vec{i}) = 2{,}4 \cdot 10^{20} \cdot \vec{i}\ N$$

Por tanto, el sentido de la fuerza resultante sobre la Luna es hacia el Sol y su módulo vale $2{,}4 \cdot 10^{20}$ N.

P2 Este problema pertenece al tema de campo electromagnético.

Cuando una carga eléctrica penetra con una velocidad $\vec{v}$ en el interior de un campo magnético $\vec{B}$, el campo ejerce una fuerza sobre ella.

Esta fuerza, que recibe el nombre de fuerza de Lorentz, viene definida por la siguiente expresión:

$$\vec{F}_m = q \cdot \vec{v} \times \vec{B} \quad \rightarrow \quad F_m = q \cdot v \cdot B \cdot sen\,(\vec{v}, \vec{B})$$

Su dirección es perpendicular al plano que forman $\vec{v}$ y $\vec{B}$, y su sentido, el de avance del sacacorchos cuando va de $\vec{v}$ a $\vec{B}$ por el camino más corto para las cargas positivas, y el contrario para las cargas negativas.

a) El módulo de la fuerza que experimenta el protón es:

$$|\vec{F}_m| = q \cdot v \cdot B \cdot sen\,90° = 1{,}6 \cdot 10^{-19} \cdot 10^5 \cdot 0{,}01 = 1{,}6 \cdot 10^{-16}\ \text{N}$$

Como el protón es una carga positiva, y teniendo en cuenta la dirección y sentido de los vectores velocidad y campo magnético, la fuerza magnética debe tener la dirección y el sentido de la figura:

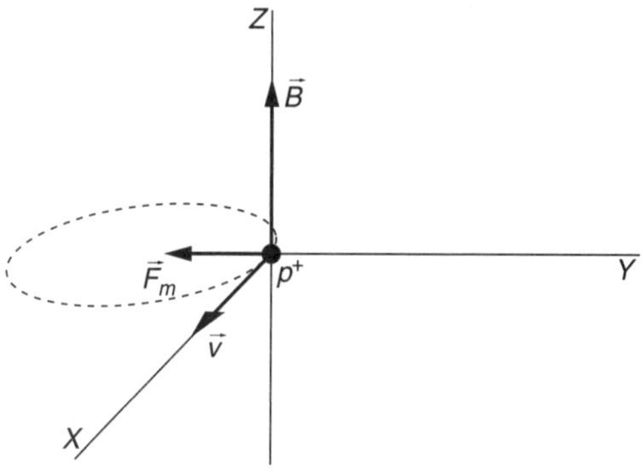

Por tanto, la fuerza magnética que actúa sobre el protón es:

$$\vec{F}_m = -1{,}6 \cdot 10^{-16} \cdot \vec{j}\ \text{N}$$

Como la fuerza magnética es perpendicular a la velocidad, cambia la dirección de esta; mientras el protón esté en el campo, la fuerza es constante, obligando al electrón a describir un movimiento circular uniforme, cuyo radio es:

$$F_m = F_c \quad \rightarrow \quad q \cdot v \cdot B = \frac{m_p \cdot v^2}{R}$$

$$R = \frac{m_p \cdot v}{q \cdot B} = \frac{1{,}67 \cdot 10^{-27} \cdot 10^5}{1{,}6 \cdot 10^{-19} \cdot 10^{-2}} \quad \rightarrow \quad R = 0{,}1\ \text{m}$$

b) El campo eléctrico es conservativo, y el trabajo realizado por el campo sobre el protón se transforma en energía cinética:

$$W = \Delta E_c \quad \rightarrow \quad q \cdot \Delta V = \Delta E_c \quad \rightarrow \quad q \cdot \Delta V = \frac{1}{2} \cdot m_p \cdot v^2$$

Despejando, la diferencia de potencial necesaria para acelerar el protón es:

$$\Delta V = \frac{m_p \cdot v^2}{2 \cdot q} = \frac{1{,}67 \cdot 10^{-27} \cdot (10^5)^2}{2 \cdot 1{,}6 \cdot 10^{-19}} = 52{,}19 \text{ V}$$

c) En este caso, para que se confundan las trayectorias circulares del protón y el electrón debe cumplirse que:

– La fuerza que se ejerza sobre el electrón tenga la misma dirección y sentido que la fuerza que se ejercía sobre el protón.

– El radio de las órbitas descritas deben ser iguales.

$$\vec{F}_e = \vec{F}_p = -1{,}6 \cdot 10^{-16} \cdot \vec{j} \text{ N} \quad ; \quad v = 10^5 \cdot \vec{i} \text{ m/s} \quad \rightarrow \quad R = 0{,}1 \text{ m}$$

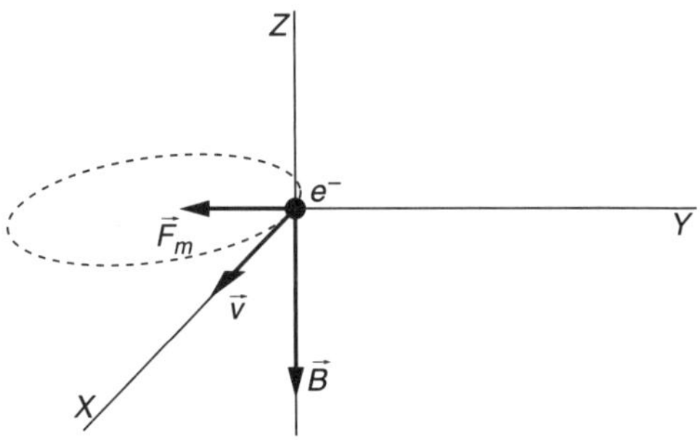

Por tanto, el vector campo magnético deberá ser:

$$F_m = F_c \quad \rightarrow \quad q \cdot v \cdot B = \frac{m_e \cdot v^2}{R}$$

$$B = \frac{m_e \cdot v}{R \cdot q} = \frac{9{,}1 \cdot 10^{-31} \cdot 10^5}{0{,}1 \cdot 1{,}6 \cdot 10^{-19}} = 5{,}69 \cdot 10^{-6} \text{ T}$$

El sentido de $\vec{B}$ será hacia los valores negativos del eje *Z:*

$$\vec{B} = -5{,}69 \cdot 10^{-6} \cdot \vec{k} \text{ T}$$

P3 Este problema pertenece al tema de óptica geométrica.

a) El índice de refracción de un medio es el cociente entre la velocidad de la luz en el vacío y en el medio:

$$n = \frac{c}{v}$$

La velocidad de la luz dentro de la lente es:

$$v = \frac{c}{n} = \frac{3 \cdot 10^8}{1{,}42} = 2{,}11 \cdot 10^8 \text{ m/s}$$

b) La distancia focal se calcula mediante la expresión:

$$\frac{1}{f'} = (n - 1) \cdot \left(\frac{1}{R_1} - \frac{1}{R_2}\right)$$

Según el convenio de signos, los datos que proporciona el enunciado son los siguientes:

$n = 1,42$

$f' = 25$ cm

$R_2 = -R_1$

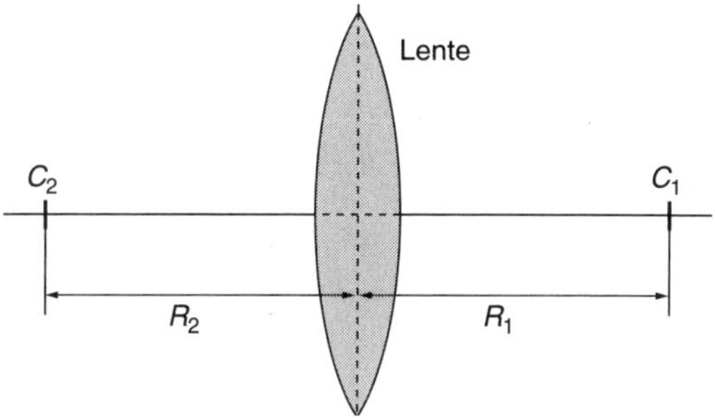

Sustituyendo valores y despejando, se obtiene:

$$\frac{1}{25} = (1,42 - 1) \cdot \left(\frac{1}{R_1} - \frac{1}{-R_1}\right) \rightarrow R_1 = 21 \text{ cm} \ ; \ R_2 = -21 \text{ cm}$$

c) Para calcular la distancia a la que hay que situar la transparencia, aplicamos la ecuación fundamental de las lentes delgadas:

$$\frac{1}{s'} - \frac{1}{s} = \frac{1}{f'}$$

Sustituyendo valores, obtenemos:

$$\frac{1}{3} - \frac{1}{s} = \frac{1}{0,25} \rightarrow s = -0,272 \text{ m} = -27,2 \text{ cm}$$

La construcción geométrica es la siguiente:

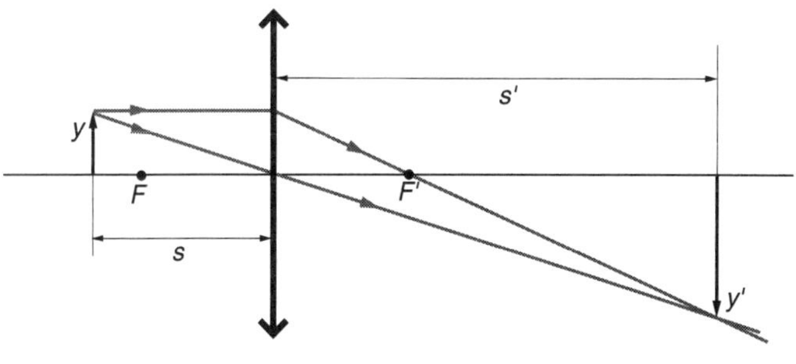

NAVARRA

15

PRUEBA DE SELECTIVIDAD

ACLARACIONES PREVIAS

Escoge uno de los dos ejercicios propuestos.

En todas las cuestiones se valorarán los siguientes aspectos:

a) Razonamiento riguroso.

b) Orden y claridad expositiva.

c) Exactitud en los cálculos y expresión correcta de las cifras significativas y unidades.

d) Presentación de gráficas y dibujos esquemáticos claros.

Ejercicio 1

1 Sean dos cargas eléctricas puntuales de valor $q_1 = -5$ nC y $q_2 = 3$ nC separadas una distancia de 7 cm. Sean dos puntos A y B situados sobre el segmento definido por las dos cargas, el primero de ellos a 1 cm de la carga negativa y el segundo a 1 cm de la carga positiva. Si se abandona en reposo un electrón en el punto A, calcula su velocidad cuando pasa por el punto B.

Datos: Constante de Coulomb $K = 9 \cdot 10^9$ N · m^2 · C^{-2};

Carga de electrón: $e = -1{,}60 \cdot 10^{-19}$ C;

Masa del electrón: $m_e = 9{,}11 \cdot 10^{-31}$ kg.

2 En una región del espacio existe un campo magnético uniforme de valor $B = 10^{-4}$ T. Un protón se mueve en dicha región con una velocidad perpendicular al campo magnético y de valor $v = 10^6$ m/s. Calcula el radio de la órbita que describe.

Datos: Carga del protón: $e = 1{,}60 \cdot 10^{-19}$ C;

Masa del protón: $m_p = 1{,}67 \cdot 10^{-27}$ kg.

3 a) Explica en qué consiste el fenómeno de la difracción de una onda.

b) Pon un ejemplo de difracción del sonido y otro de difracción de la luz.

4 Teoría: Leyes de Kepler.

Ejercicio 2

1 La distancia del planeta Mercurio al Sol es de 70,5 millones de kilómetros en su afelio y 46,5 millones de kilómetros en su perihelio. Sabiendo que su velocidad en el perihelio es de 59,7 km/s, calcula su velocidad en el afelio.

2 Sea una cuerda tensa muy larga en la que sometemos a uno de sus extremos a un movimiento armónico simple en la dirección perpendicular a la cuerda, con una amplitud de 2 cm y una frecuencia de 5 Hz. Sabiendo que la velocidad de propagación de la onda por la cuerda es de 600 m/s, escribe su ecuación de onda.

3 Se desea medir la aceleración de la gravedad mediante un péndulo simple. Se dispone de cuatro péndulos simples de distintas longitudes (l), medidas con una indeterminación de 1 cm, y también disponemos de un cronómetro con el que medimos el tiempo que tarda cada uno de los péndulos en dar 50 pequeñas oscilaciones (T_{50}), con una indeterminación de 1 s.

Los datos obtenidos son los siguientes:

l (± 1 cm)	T_{50} (± 0,1 s)
20	45
30	57
40	66
50	71

a) Añade a la tabla una columna con los valores del período de la oscilación (T) y otra con los de T^2, con sus correspondientes indeterminaciones.

b) Representa gráficamente l frente a T^2 con las correspondientes barras de error y ajusta una recta.

c) Utilizando la pendiente de la recta ajustada y la fórmula teórica correspondiente, obtén el valor de la aceleración de la gravedad.

4 Teoría: Ley de Coulomb.

Navarra. Junio, 2006.

SOLUCIÓN DE LA PRUEBA

Ejercicio 1

1 Este problema pertenece al tema de campo eléctrico.

a) Las cargas negativas se mueven libremente de los puntos de menor potencial eléctrico a los de mayor potencial; es el campo eléctrico el que empuja a la carga, y ella, al desplazarse, transforma su energía potencial en energía cinética.

En primer lugar, se calcula el potencial creado en los puntos A y B por las cargas q_1 y q_2 situados como se muestra en la figura:

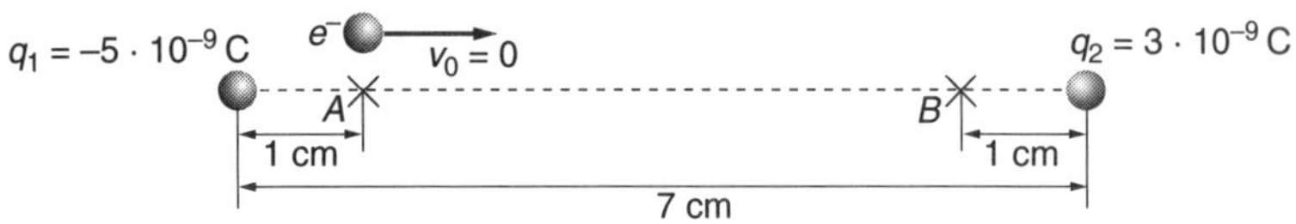

El potencial eléctrico creado por una carga q en un punto P a una distancia d de la carga es un escalar:

$$V = K \cdot \frac{q}{d}$$

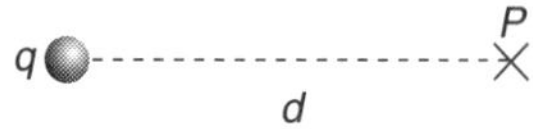

Si hay varias cargas, se calcula el potencial creado por cada una de ellas en un punto; el potencial total en dicho punto será la suma de los potenciales creados por cada carga.

El potencial creado en el punto A por la carga q_1 es:

$$V_{A,1} = 9 \cdot 10^9 \cdot \frac{-5 \cdot 10^{-9}}{1 \cdot 10^{-2}} = -4\,500 \text{ V}$$

El potencial creado en el punto A por la carga q_2 es:

$$V_{A,2} = 9 \cdot 10^9 \cdot \frac{3 \cdot 10^{-9}}{6 \cdot 10^{-2}} = 450 \text{ V}$$

El potencial total creado en el punto A por las dos cargas q_1 y q_2 es:

$$V_A = -4\,500 + 450 = -4\,050 \text{ V}$$

El potencial creado en el punto B por la carga q_1 es:

$$V_{B,1} = 9 \cdot 10^9 \cdot \frac{-5 \cdot 10^{-9}}{6 \cdot 10^{-2}} = -750 \text{ V}$$

El potencial creado en el punto B por la carga q_2 es:

$$V_{B,2} = 9 \cdot 10^9 \frac{3 \cdot 10^{-9}}{1 \cdot 10^{-2}} = 2\,700 \text{ V}$$

El potencial total creado en el punto B por las dos cargas q_1 y q_2 es:

$$V_B = -750 + 2\,700 = 1\,950 \text{ V}$$

Como A tiene menor potencial que B, el electrón que se deja en reposo en A se moverá hasta B; el campo hace un trabajo sobre el electrón:

$$W_{A \to B} = -q_e \cdot (V_B - V_A) = 1{,}6 \cdot 10^{-19} \cdot [1\,950 - (-4\,050)] = 9{,}6 \cdot 10^{-16} \text{ J}$$

Ese trabajo es igual a la energía potencial perdida por el electrón, que se transforma en energía cinética:

$$W_{A \to B} = E_{p.\ perdida} = E_{c.\ ganada} = 9{,}6 \cdot 10^{-16} \text{ J}$$

La velocidad del electrón en el momento en que llega a B será:

$$9{,}6 \cdot 10^{-16} = \frac{1}{2} \cdot m_e \cdot v_e^2$$

$$v_e = \sqrt{\frac{2 \cdot 9{,}6 \cdot 10^{-16}}{9{,}11 \cdot 10^{-31}}} = 4{,}59 \cdot 10^7 \text{ m/s}$$

Nota: Con velocidades ligeramente superiores ya habría que tener en cuenta efectos relativistas; sin embargo, en este caso no es necesario.

2 Este problema pertenece al tema de campo electromagnético.

Cuando una partícula cargada con un carga q penetra con una velocidad $\vec{v}$ en un campo magnético $\vec{B}$, aparece sobre ella una fuerza magnética $\vec{F}_m$ que viene dada por la fórmula de Lorentz:

$$\vec{F}_m = q \cdot \vec{v} \times \vec{B}$$

El módulo de esta fuerza es:

$$F_m = q \cdot v \cdot B \cdot sen\,(\vec{v}, \vec{B})$$

Su dirección es perpendicular al plano que forman $\vec{v}$ y $\vec{B}$, y su sentido es el de avance del sacacorchos cuando va de $\vec{v}$ a $\vec{B}$ por el camino más corto para las cargas positivas, y el contrario para las cargas negativas.

Si el campo está dirigido hacia dentro del papel y la partícula entra de izquierda a derecha con una velocidad $\vec{v}$ perpendicular a $\vec{B}$, la trayectoria descrita por el protón es una circunferencia recorrida en sentido antihorario (los ángulos formados por la velocidad, el campo magnético y la fuerza son de 90°).

La siguiente figura representa la situación descrita en la página anterior:

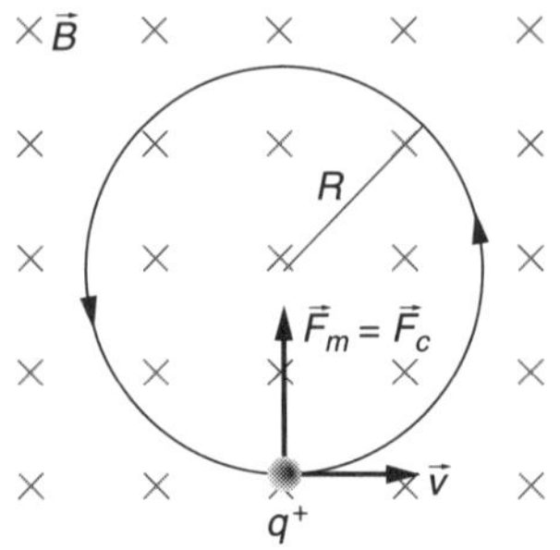

Esa fuerza magnética $\vec{F}_m$, perpendicular a la velocidad $\vec{v}$ del protón, le comunica a la partícula una aceleración centrípeta:

$$F_c = m \cdot \frac{v^2}{R}$$

$$F_m = F_c \rightarrow q \cdot v \cdot B \cdot sen\ 90° = m \cdot \frac{v^2}{R}$$

Despejando el radio, *R,* y sustituyendo valores:

$$R = \frac{m \cdot v}{q \cdot B \cdot sen\ 90°} = \frac{1{,}67 \cdot 10^{-27} \cdot 10^6}{1{,}6 \cdot 10^{-19} \cdot 10^{-4}} = 1{,}04 \cdot 10^2 \text{ m}$$

3 Esta cuestión pertenece al tema de la luz y sus propiedades.

a) La difracción es el cambio en la dirección de propagación que experimenta una onda; de esa forma, la onda puede superar una rendija o un obstáculo que está impidiendo el avance de una parte del frente de onda.

Según el principio de Huygens, los puntos alcanzados por el frente de onda se convierten en centros emisores de nuevos frentes de onda; de este modo, los puntos del frente de onda que no están tapados por el obstáculo logran bordearlo y propagarse detrás de él.

b) Para observar los efectos, el tamaño de la rendija o del obstáculo ha de ser del mismo orden de magnitud que la longitud de onda. Por eso, se observa más fácilmente en las ondas sonoras que en las luminosas.

Gracias a la difracción podemos oír el sonido producido por el claxon de un coche a la vuelta de la esquina aunque no podamos verlo.

También es un fenómeno de difracción el halo formado alrededor de un foco luminoso en un día de niebla.

Amplía la cuestión y analiza las ilustraciones en tu libro de texto.

4 **Esta pregunta pertenece al tema de campo gravitatorio.**

Consulta tu libro de texto para responder a esta cuestión.

Ejercicio 2

1 **Este problema pertenece al tema de campo gravitatorio.**

La fuerza que actúa sobre el planeta Mercurio es una fuerza central (son fuerzas centrales las que están dirigidas siempre al mismo punto; en este caso, al Sol); el momento de torsión $\vec{M}$ de esa fuerza es igual a cero ya que el ángulo que forman la fuerza y el radio vector es siempre de 0°:

$$\vec{M} = \vec{r} \times \vec{F}$$

$$|\vec{M}| = |\vec{r}| \cdot |\vec{F}| \cdot sen\,(\vec{r}, \vec{F}) =$$
$$= |\vec{r}| \cdot |\vec{F}| \cdot sen\,0°$$

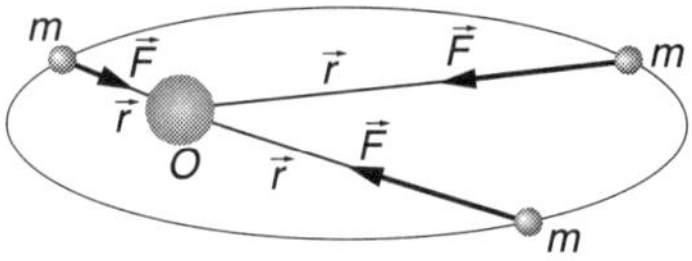

Por otra parte, recordemos que el momento lineal o cinético, $\vec{L}$, de una partícula de masa m que se mueve con velocidad $\vec{v}$ respecto a un punto O, viene dado por:

$$\vec{L} = \vec{r} \times \vec{p} = \vec{r} \times m \cdot \vec{v}$$

$$|\vec{L}| = |\vec{r}| \cdot |m \cdot \vec{v}| \cdot sen\,(\vec{r}, \vec{v})$$

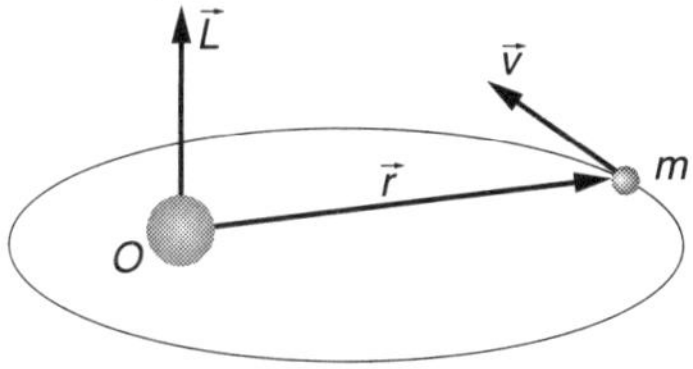

El vector $\vec{L}$ está aplicado en el punto O, es perpendicular al plano que forman $\vec{v}$ y $\vec{r}$ (perpendicular al plano de la órbita del planeta) y su sentido es el de avance del tornillo cuando va de $\vec{r}$ a $\vec{v}$ por el camino más corto.

Derivando L respecto al tiempo:

$$\frac{d\vec{L}}{dt} = \frac{d}{dt}(\vec{r} \times m \cdot \vec{v}) = \frac{d\vec{r}}{dt} \times m \cdot \vec{v} + \vec{r} \times m \cdot \frac{d\vec{v}}{dt} =$$
$$= \vec{v} \times m \cdot \vec{v} + \vec{r} \times m \cdot \vec{a} = \vec{r} \times \vec{F} = \vec{M}$$

ya que $\vec{v} \times m \cdot \vec{v} = 0$ por ser paralelos.

Se observa que la derivada del momento angular o cinético, $\vec{L}$, respecto al tiempo es igual al momento de la fuerza, $\vec{M}$.

Si, como en el caso de las fuerzas centrales, $\vec{M} = 0$, esto indica que $\vec{L}$ es constante (ya que la derivada de una constante es cero).

El vector $\vec{L}$ ha de ser constante en dirección; por tanto, la trayectoria orbital del planeta ha de estar siempre en el mismo plano ($\vec{L}$ y el plano orbital son perpendiculares; si uno no cambia, el otro tampoco).

$\vec{L}$ ha de ser constante también en sentido, de forma que la velocidad del planeta también va a tener el mismo sentido siempre.

Y, por último, $\vec{L}$ ha de ser constante en módulo. Como el problema solamente se refiere al afelio y perihelio:

$$|\vec{L}_p| = |\vec{L}_a|$$

$$|\vec{r}_a| \cdot m \cdot |\vec{v}_a| \cdot sen\ 90° = |\vec{r}_p| \cdot m \cdot |\vec{v}_p| \cdot sen\ 90°$$

$$|\vec{r}_a| \cdot |\vec{v}_a| = |\vec{r}_p| \cdot |\vec{v}_p|$$

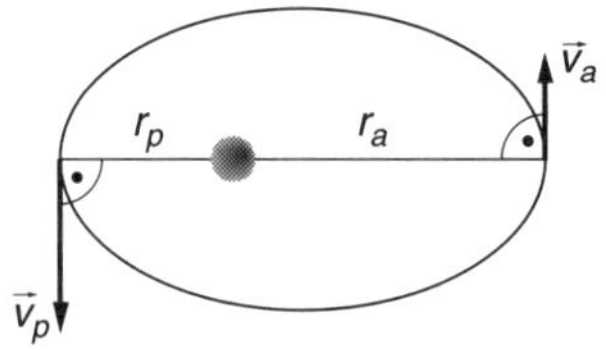

Despejando y sustituyendo valores, se obtiene la velocidad del planeta Mercurio en el afelio:

$$|\vec{v}_a| = \frac{59{,}7 \cdot 10^3 \cdot 46{,}5 \cdot 10^9}{70{,}5 \cdot 10^9} = 39{,}38 \cdot 10^3 \text{ m/s} = 39{,}38 \text{ km/s}$$

Se puede demostrar que $v_1 \cdot r_1 = v_2 \cdot r_2$ para cualquier otra pareja de puntos; esta demostración es un poco más laboriosa y puedes consultarla en tu libro de texto.

2 Este problema pertenece al tema de movimiento ondulatorio.

El movimiento armónico simple producido en el extremo de la cuerda tiene por ecuación:

$$y\ (t) = A \cdot sen\ (\omega \cdot t + \varphi_0)$$

donde la pulsación, ω, es igual a:

$$\omega = \frac{2 \cdot \pi}{T} = 2 \cdot \pi \cdot f$$

Ese movimiento armónico simple se transmite a todos los puntos de la cuerda. Así, todos los puntos se verán afectados por el mismo movimiento aunque un poco más tarde, ya que hay que tener en cuenta el tiempo que tarda en llegar la perturbación desde el extremo hasta cualquier punto.

El tiempo en llegar se calcula dividiendo la distancia al origen, x, por la velocidad de propagación:

$$t = \frac{x}{v}$$

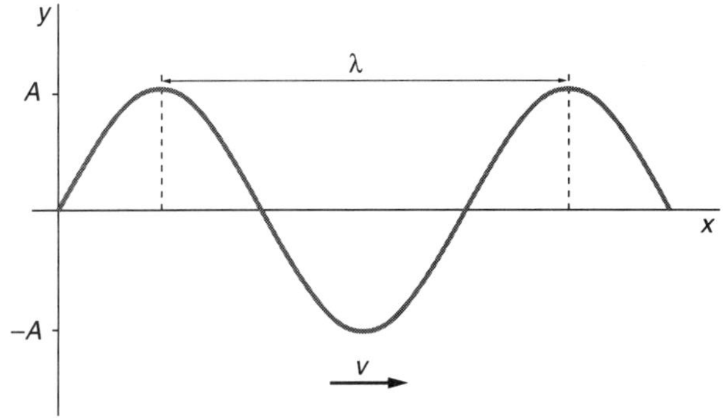

De este modo, la ecuación del movimiento ondulatorio que se extiende por la cuerda será:

$$y\,(x,\,t) = A \cdot sen\left[\omega \cdot \left(t - \frac{x}{v}\right) + \varphi_0\right]$$

Se puede escribir de varias formas:

$$y\,(x,\,t) = A \cdot sen\left[\frac{2 \cdot \pi}{T} \cdot \left(t - \frac{x}{v}\right) + \varphi_0\right] = A \cdot sen\left[2 \cdot \pi \cdot \left(\frac{t}{T} - \frac{x}{T \cdot v}\right) + \varphi_0\right] =$$

$$= A \cdot sen\left[2 \cdot \pi \cdot \left(\frac{t}{T} - \frac{x}{\lambda}\right) + \varphi_0\right] = A \cdot sen\,[2 \cdot \pi \cdot (f \cdot t - k \cdot \lambda) + \varphi_0]$$

donde se ha tenido en cuenta la relación que existe entre las magnitudes características de las ondas:

$$\lambda = v \cdot T = \frac{v}{f}$$

Del enunciado del problema no es posible calcular φ_0, así que lo tomaremos igual a cero. La ecuación del movimiento ondulatorio que se propaga por la cuerda será:

$$y\,(x,\,t) = 0{,}02 \cdot sen\left[2 \cdot \pi \cdot \left(5 \cdot t - \frac{x}{120}\right)\right]$$

ya que:

$$\lambda = \frac{600}{5} = 120 \text{ m}$$

3 Este problema pertenece al tema movimiento armónico simple.

a) Para calcular la indeterminación de los valores de T^2, tenemos en cuenta la definición de error o indeterminación de una función.

El error o indeterminación de una función $f(t)$ es:

$$\varepsilon\,[f(t)] = f(t \pm \varepsilon) - f(t)$$

En este ejercicio, la función es $f(t) = T^2$. Por tanto:

$$\varepsilon\,(T^2) = (T \pm \varepsilon)^2 - T^2 = T^2 + \varepsilon^2 \pm 2 \cdot T \cdot \varepsilon - T^2 \simeq \pm 2 \cdot \varepsilon \cdot T$$

En la tabla siguiente se muestran los valores obtenidos para T^2:

l (cm)	T_{50} (s)	T (s)	T^2 (s^2)	T^4 (s^4)	$l \cdot T^2$ (cm · s^2)
20 ± 1	45 ± 1	0,9 ± 0,02	0,81 ± 0,036	0,66	16,2
30 ± 1	57 ± 1	1,14 ± 0,02	1,30 ± 0,046	1,69	39,0
40 ± 1	66 ± 1	1,32 ± 0,02	1,74 ± 0,053	3,03	69,6
50 ± 1	71 ± 1	1,42 ± 0,02	2,02 ± 0,057	4,08	101
$\Sigma l_i = 140$		$\Sigma T_i = 4{,}78$	$\Sigma T_i^2 = 5{,}87$	$\Sigma T_i^4 = 9{,}46$	$\Sigma l_i \cdot T_i^2 = 225{,}8$

b) La representación gráfica de l frente a T^2 es la siguiente:

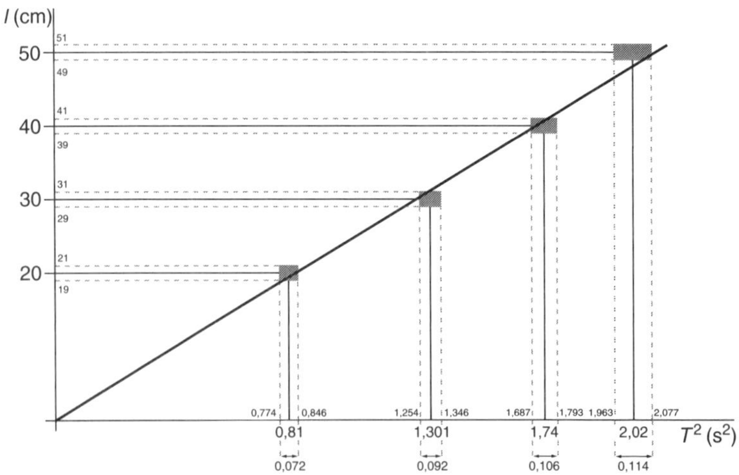

Para calcular la pendiente de la recta utilizamos el método de regresión lineal por mínimos cuadrados. La ecuación de una recta es:

$$y = b + m \cdot x$$

donde:

$$b = \frac{\sum (T_i^2)^2 \cdot \sum l_i - \sum (l_i \cdot T_i^2) \cdot \sum T_i^2}{n \cdot \sum (T_i^2)^2 - (\sum T_i^2)^2}$$

$$m = \frac{n \cdot \sum (l_i \cdot T_i^2) - \sum T_i^2 \cdot \sum l_i}{n \cdot \sum (T_i^2)^2 - (\sum T_i^2)^2}$$

En estas expresiones, n representa el número de datos utilizados para realizar el ajuste, y m la pendiente de la recta.

Al realizar los cálculos, obtenemos:

$$b = \frac{9{,}46 \cdot 140 - 225{,}8 \cdot 5{,}87}{4 \cdot 9{,}46 - 5{,}87^2} = \frac{1\,324{,}4 - 1\,325{,}4}{37{,}84 - 34{,}46} = \frac{-1}{3{,}38} = -0{,}30$$

$$m = \frac{4 \cdot 225{,}8 - 5{,}87 \cdot 140}{4 \cdot 9{,}46 - 5{,}87^2} = \frac{903{,}2 - 821{,}8}{3{,}38} = 24{,}08$$

Por tanto, la recta, en la que l se expresa en cm y T en s, es:

$$l = -0{,}30 + 24{,}08 \cdot T^2 \qquad [1]$$

c) El período de un péndulo está relacionado con su longitud y con la gravedad según la expresión:

$$T = 2 \cdot \pi \cdot \sqrt{\frac{l}{g}}$$

De donde se puede escribir:

$$T^2 = 4 \cdot \pi^2 \cdot \frac{l}{g} \quad \rightarrow \quad l = \frac{g}{4 \cdot \pi^2} \cdot T^2 \qquad [2]$$

Si comparamos esta expresión con la ecuación de la recta [1] obtenemos:

$$24{,}08 = \frac{g}{4 \cdot \pi^2} \quad \rightarrow \quad g = 4 \cdot \pi^2 \cdot 24{,}08 = 950{,}6 \text{ cm/s}^2 = 9{,}51 \text{ m/s}^2$$

La ordenada en el origen de la recta [1] es –0,30 y no cero, como en [2].

4 Esta pregunta pertenece al tema de campo eléctrico.

Consulta tu libro de texto para responder a esta cuestión.

PAÍS VASCO

16

PRUEBA DE SELECTIVIDAD

ACLARACIONES PREVIAS

Elige un bloque de problemas y dos cuestiones.

Cada cuestión, debidamente justificada y razonada, se valorará con un máximo de 2 puntos.

Cada problema, con una respuesta correctamente planteada, justificada y con solución correcta, se valorará con un máximo de 3 puntos.

Problemas

Bloque A

1 Un satélite artificial de 500 kg gira en una órbita circular a 5 000 km de altura sobre la superficie terrestre. Calcula:

a) Su velocidad.

b) Su energía total.

c) La energía necesaria para que, partiendo de esa órbita, se coloque en otra órbita circular a una altura de 10 000 km.

d) En este proceso, ¿cuánto cambia su momento angular?

Datos: $R_T = 6{,}37 \cdot 10^6$ m; $M_T = 5{,}98 \cdot 10^{24}$ kg; $G = 6{,}67 \cdot 10^{-11}$ N · m^2 · kg^{-2}.

2 Una fuente de radiación electromagnética monocromática emite una luz de frecuencia $f = 5{,}88 \cdot 10^{14}$ Hz, con una potencia de 10 W. Calcula:

a) La longitud de onda.

b) La energía de cada fotón.

c) El número de fotones emitidos por segundo.

Datos: $h = 6{,}63 \cdot 10^{-34}$ J · s; $c = 3 \cdot 10^8$ m · s^{-1}.

Bloque B

1 Dos placas paralelas separadas una distancia de 0,03 m están conectadas a los bornes de una batería de 900 voltios. Si suponemos que el campo eléctrico entre ambas placas es uniforme, calcula la intensidad de campo entre ellas.

Si se abandona un electrón en reposo en la placa negativa, ¿cuál será su velocidad al llegar a la placa positiva? Y si se abandona un protón en la placa positiva, ¿cuál será su velocidad al llegar a la placa negativa? ¿Qué relación existe entre las energías cinéticas finales de ambas partículas?

Datos: Carga del electrón = carga del protón = $1{,}6 \cdot 10^{-19}$ C.

Masa del electrón: $9{,}1 \cdot 10^{-31}$ kg.

Masa del protón: $1{,}67 \cdot 10^{-27}$ kg.

2 Una onda armónica transversal se propaga por una cuerda en la dirección positiva del eje *OX*. La amplitud es $A = 0{,}06$ m, la frecuencia vale $f = 10$ Hz y su velocidad es de $15 \text{ m} \cdot \text{s}^{-1}$:

a) Determina su longitud de onda.

b) Escribe la ecuación de la onda.

c) Calcula la velocidad y la aceleración máximas de un punto de la cuerda.

Cuestiones

1 Inducción electromágnética. Leyes de Faraday y Lenz. Pon un ejemplo.

2 Movimiento armónico simple. Define: amplitud, elongación, frecuencia y período. Escribe la ecuación del movimiento y deduce las ecuaciones de la velocidad y de la aceleración.

3 Describe el funcionamiento de un microscopio óptico. ¿Cómo se calculan los aumentos?

4 Describe el fenómeno de la radiactividad natural. Rayos α, β y γ. Leyes de Soddy y Fajans sobre la desintegración radiactiva.

País Vasco. Junio, 2006.

SOLUCIÓN DE LA PRUEBA

Problemas

Bloque A

1 Este problema pertenece al tema de campo gravitatorio.

a) Sobre el satélite, que gira alrededor de la Tierra, esta ejerce una fuerza gravitatoria que es perpendicular a la velocidad del satélite. La relación entre la fuerza gravitatoria y la velocidad del satélite la proporciona el segundo principio de la dinámica: $\vec{F} = m \cdot \vec{a} \rightarrow \vec{F}_g \equiv \vec{F}_n$.

Siendo:

$$F_g = G \cdot \frac{M_T \cdot m}{R^2}$$

$$F_n = m \cdot a_n = m \cdot \frac{v^2}{R}$$

Por tanto:

$$G \cdot \frac{M_T \cdot m}{R^2} = m \cdot \frac{v^2}{R}$$

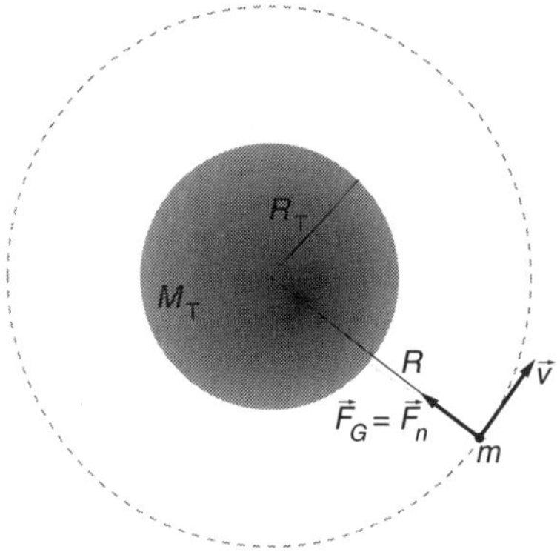

La velocidad del satélite en la órbita se obtiene despejando v:

$$v = \sqrt{\frac{G \cdot M_T}{R}}$$

Sustituyendo valores, se obtiene:

$$v_1 = \sqrt{\frac{6{,}67 \cdot 10^{-11} \cdot 5{,}98 \cdot 10^{24}}{6{,}37 \cdot 10^6 + 5 \cdot 10^6}} = 5\,922{,}9 \text{ m/s}$$

b) La energía potencial de un satélite en su órbita se corresponde con:

$$E_p = -\frac{G \cdot M_T \cdot m}{R}$$

Y su energía cinética es:

$$E_c = \frac{1}{2} \cdot m \cdot v^2 = \frac{1}{2} \cdot m \cdot \frac{G \cdot M_T}{R} = \frac{G \cdot M_T \cdot m}{2 \cdot R}$$

La energía mecánica total del satélite en la órbita será la suma de sus energías cinética y potencial:

$$E_m = E_p + E_c = -\frac{G \cdot M_T \cdot m}{R} + \frac{G \cdot M \cdot m}{2 \cdot R}$$

$$E_m = -\frac{G \cdot M_T \cdot m}{2 \cdot R}$$

Sustituyendo valores, obtenemos la energía total a 5 000 km de altura:

$$E_{m_1} = -\frac{6{,}67 \cdot 10^{-11} \cdot 5{,}98 \cdot 10^{24} \cdot 500}{2 \cdot (6{,}37 + 5) \cdot 10^6} = -8{,}77 \cdot 10^9 \text{ J}$$

c) La energía mecánica en la órbita a una altura de 10 000 km será:

$$E_{m_2} = -\frac{6{,}67 \cdot 10^{-11} \cdot 5{,}98 \cdot 10^{24} \cdot 500}{2 \cdot (6{,}37 + 10) \cdot 10^6} = -6{,}09 \cdot 10^9 \text{ J}$$

La energía necesaria para pasar el satélite desde la órbita 1 a la órbita 2 será igual a la energía en la órbita 2 menos la energía en la órbita 1:

$$E_m = E_{m_2} - E_{m_1} = -6{,}09 \cdot 10^9 - (-8{,}77 \cdot 10^9) = 2{,}68 \cdot 10^9 \text{ J}$$

d) El momento angular o cinético, $\vec{L}$, del satélite respecto al centro de la Tierra es el producto vectorial de su vector posición, $\vec{R}$, por su vector cantidad de movimiento o momento lineal, $\vec{p}$:

$$\vec{L} = \vec{R} \times \vec{p} = \vec{R} \times m \cdot \vec{v}$$

y su módulo:

$$L = R \cdot m \cdot v \cdot sen\,(\vec{R}, \vec{v})$$

Los vectores $\vec{R}$ y $\vec{v}$ son perpendiculares en la órbita circular y, por tanto, el seno del ángulo que forman es: *sen* 90° = 1.

El momento angular del satélite en la órbita a 5 000 km de altura vale:

$$|\vec{L}_1| = (6{,}37 + 5) \cdot 10^6 \cdot 500 \cdot 5\,922{,}9 = 3{,}37 \cdot 10^{13} \text{ kg} \cdot \text{m}^2 \cdot \text{s}^{-1}$$

Para calcular el momento angular del satélite en la órbita a 10 000 km de altura, hay que calcular previamente la velocidad del satélite en esa órbita:

$$v_2 = \sqrt{\frac{G \cdot M_T}{R_2}}$$

$$v_2 = \sqrt{\frac{6{,}67 \cdot 10^{-11} \cdot 5{,}98 \cdot 10^{24}}{(6{,}37 + 10) \cdot 10^6}} = 4\,936{,}2 \text{ m/s}$$

El momento angular en la órbita a 10 000 km de altura será:

$$|\vec{L}_2| = (6{,}37 + 10) \cdot 10^6 \cdot 500 \cdot 4\,936{,}2 = 4{,}04 \cdot 10^{13} \text{ kg} \cdot \text{m}^2 \cdot \text{s}^{-1}$$

El cambio en el momento angular del satélite al cambiar de órbita será:

$$|\vec{L}_2| - |\vec{L}_1| = 4{,}04 \cdot 10^{13} - 3{,}37 \cdot 10^{13} = 6{,}7 \cdot 10^{12} \text{ kg} \cdot \text{m}^2 \cdot \text{s}^{-1}$$

2 **Este problema pertenece al tema de física cuántica.**

a) La longitud de onda se calcula teniendo en cuenta que las ondas se propagan con movimiento uniforme ($s = v \cdot t$), y que, cuando avanzan una longitud de onda, el tiempo empleado es un período; debe tenerse en cuenta, además, que la frecuencia es la inversa del período:

$$\lambda = c \cdot T = \frac{c}{f} = \frac{3 \cdot 10^8}{5{,}88 \cdot 10^{14}} = 5{,}1 \cdot 10^{-7} \text{ m}$$

b) La energía de un fotón viene dada por la fórmula de Planck:

$$E = h \cdot f$$

Sustituyendo valores:

$$E = 6{,}63 \cdot 10^{-34} \cdot 5{,}88 \cdot 10^{14} = 3{,}90 \cdot 10^{-19} \text{ J}$$

c) La potencia es la energía por unidad de tiempo; la fuente de potencia de 10 W emite 10 J cada segundo. Como cada fotón tiene una energía de $3{,}90 \cdot 10^{-19}$ J, el número de fotones emitidos por segundo será:

$$n = \frac{10 \text{ J}}{3{,}90 \cdot 10^{-19} \text{ J/fotón}} = 2{,}56 \cdot 10^{19} \text{ fotones}$$

1 Este problema pertenece al tema de campo eléctrico.

La relación que existe entre un campo eléctrico uniforme y la diferencia de potencial es:

$$\Delta V = E \cdot d$$

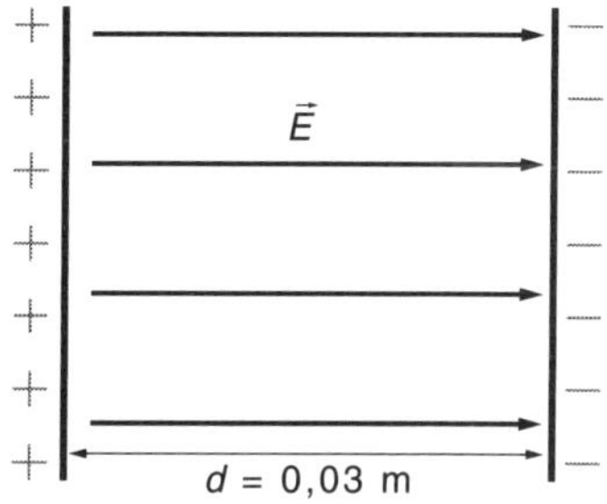

donde d es la distancia de separación entre las placas.

El valor del campo eléctrico en este caso será:

$$E = \frac{\Delta V}{d} = \frac{900}{0,03} = 3 \cdot 10^4 \text{ V/m}$$

El campo eléctrico es conservativo; cuando se deja en libertad una partícula cargada en un campo eléctrico, el trabajo realizado por el campo sobre la partícula se transforma en energía cinética de la partícula:

$$W = q \cdot \Delta V \quad \rightarrow \quad E_c = \frac{1}{2} \cdot m \cdot v^2$$

En el caso del electrón, sustituyendo valores y despejando la velocidad:

$$W = E_c$$

$$1,6 \cdot 10^{-19} \cdot 900 = \frac{1}{2} \cdot 9,1 \cdot 10^{-31} \cdot v_e^2$$

$$v_e = \sqrt{\frac{2 \cdot 1,6 \cdot 10^{-19} \cdot 900}{9,1 \cdot 10^{-31}}} = 1,78 \cdot 10^7 \text{ m/s}$$

En el caso del protón se obtiene:

$$v_p = \sqrt{\frac{2 \cdot 1,6 \cdot 10^{-19} \cdot 900}{1,67 \cdot 10^{-27}}} = 4,15 \cdot 10^5 \text{ m/s}$$

Las energías cinéticas del protón y del electrón son iguales, ya que tienen la misma carga, y su valor es:

$$E_{cp} = E_{ce} = q \cdot \Delta V = 1,6 \cdot 10^{-19} \cdot 900 = 1,44 \cdot 10^{-16} \text{ J}$$

2 Este problema pertenece al tema de movimiento ondulatorio.

a) Como se ha visto en el problema 2 del bloque A, se puede calcular la longitud de onda a partir de su velocidad y de su frecuencia:

$$\lambda = v \cdot T = \frac{v}{f} = \frac{15}{10} = 1{,}5 \text{ m}$$

b) La ecuación general de una onda armónica unidimensional es:

$$y\,(x,\,t) = A \cdot cos\left[2 \cdot \pi \cdot \left(\frac{t}{T} - \frac{x}{\lambda}\right) + \varphi_0\right]$$

donde A es la amplitud; λ, la longitud de onda; T, el período, y φ_0, la fase inicial. Sustituyendo valores, y teniendo en cuenta que la frecuencia es la inversa del período, se obtiene la ecuación de la onda:

$$y\,(x,\,t) = 0{,}06 \cdot cos\left[2 \cdot \pi \cdot \left(10 \cdot t - \frac{x}{1{,}5}\right)\right]$$

La fase inicial, φ_0, se toma igual a cero, ya que no hay datos sobre condiciones en algún instante del problema.

c) La ecuación de la velocidad transversal de un punto, x, de la onda en un instante, t, cualquiera, se obtiene derivando respecto al tiempo la ecuación de la onda:

$$v\,(x,\,t) = -0{,}06 \cdot 20 \cdot \pi \cdot sen\left[2 \cdot \pi \cdot \left(10 \cdot t - \frac{x}{1{,}5}\right)\right]$$

$$v\,(x,\,t) = -1{,}2 \cdot \pi \cdot sen\left[2 \cdot \pi \cdot \left(10 \cdot t - \frac{x}{1{,}5}\right)\right]$$

El valor máximo de la velocidad se dará cuando $sen\left[2 \cdot \pi \cdot \left(10 \cdot t - \frac{x}{1{,}5}\right)\right]$ sea igual a –1, y tendrá un valor:

$$v_{máx} = 1{,}2 \cdot \pi = 3{,}77 \text{ m/s}$$

La ecuación de la aceleración de un punto, x, de la onda en un instante, t, cualquiera, se obtiene derivando respecto al tiempo la ecuación de la velocidad:

$$a\,(x,\,t) = -24 \cdot \pi^2 \cdot cos\left[2 \cdot \pi \cdot \left(10 \cdot t - \frac{x}{1{,}5}\right)\right]$$

El valor máximo de la aceleración se tendrá cuando $cos\left[2 \cdot \pi \cdot \left(10 \cdot t - \frac{x}{1{,}5}\right)\right]$ sea igual a –1, y tendrá un valor de:

$$a_{máx} = 24 \cdot \pi^2 = 236{,}9 \text{ m/s}$$

Cuestiones

1 **Esta cuestión pertenece al tema de electromagnetismo e inducción electromagnética.**

La inducción electromagnética es un fenómeno mediante el cual se genera una corriente en un circuito al variar un campo magnético.

La ley de Faraday dice que la corriente inducida en una espira es producida por una fuerza electromotriz que es igual a la variación del flujo que atraviesa la espira con respecto al tiempo:

$$\varepsilon = \frac{d\Phi}{dt}$$

Si se trata de una bobina con N espiras, la expresión anterior toma la siguiente forma:

$$\varepsilon = N \cdot \frac{d\Phi}{dt}$$

La ley de Lenz se refiere al sentido de la corriente inducida, y dice que la corriente circula en un sentido tal que produce un efecto que se opone al fenómeno que la crea. De ahí el signo negativo con el que se escriben las fórmulas de Faraday-Lenz:

$$\varepsilon = -\frac{d\Phi}{dt} \quad ; \quad \varepsilon = -N \cdot \frac{d\Phi}{dt}$$

Como ejemplo, podemos imaginar una espira en el plano del papel y un campo magnético perpendicular al papel hacia dentro que aumenta su intensidad, $\vec{B}$; en ese caso, en la espira se creará una corriente como la indicada en el dibujo, para que el campo magnético, $\vec{B}'$, creado por esta corriente hacia fuera del papel se oponga al aumento del campo $\vec{B}$ hacia dentro:

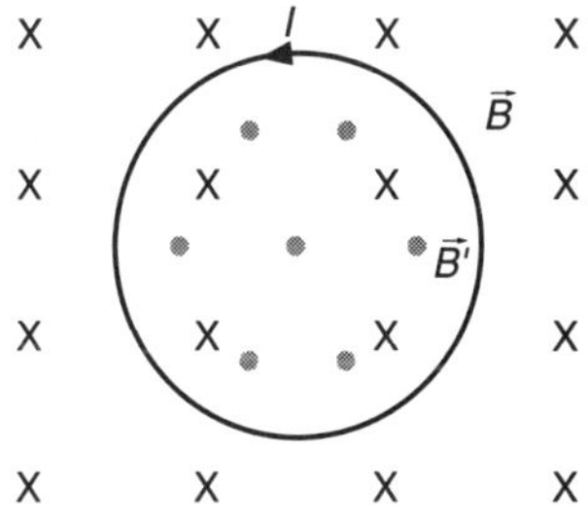

2 **Esta cuestión pertenece al tema de movimiento armónico simple.**

Consulta tu libro de texto o tus apuntes para responder a esta cuestión.

3 **Esta cuestión pertenece al tema de óptica geométrica.**

El microscopio óptico, como la lupa, permite ver mejor los objetos pequeños. Consta de dos lentes convergentes de pequeña distancia focal; una que se coloca cerca del objeto, *y*, llamada objetivo, que forma una imagen real, *y′*, del objeto dentro de la distancia focal de la otra lente, situada cerca del ojo, llamada ocular:

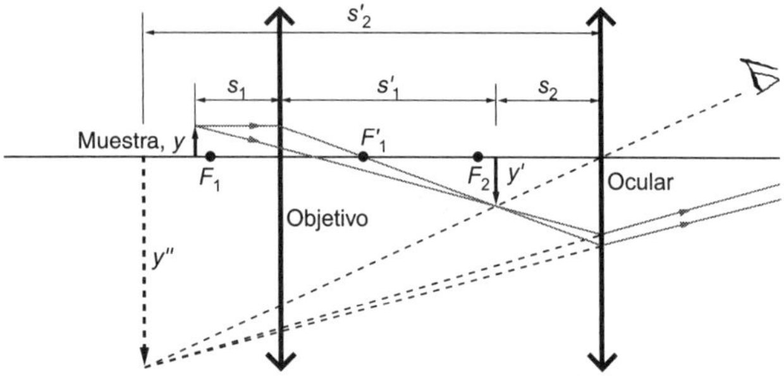

La imagen, *y″*, formada por el ocular es una imagen virtual, mayor y del mismo sentido que la imagen real que se había formado dentro de su distancia focal.

El aumento total del microscopio es:

$$M_L = -0{,}25 \cdot \delta \cdot P_1 \cdot P_2$$

donde δ es la distancia entre los focos, y P_1 y P_2, las potencias del objetivo y del ocular.

4 **Esta cuestión pertenece al tema de física nuclear.**

Consulta tu libro de texto o tus apuntes para responder a esta cuestión.

CLASIFICACIÓN DEL CONTENIDO DE LAS PRUEBAS

CLASIFICACIÓN DEL CONTENIDO DE LAS PRUEBAS DE 2006	1 ANDALUCÍA	2 ARAGÓN	3 ASTURIAS	4 BALEARES	5 CANARIAS	6 CANTABRIA	7 CASTILLA-LA MANCHA
FUERZAS CONSERVATIVAS Y NO CONSERVATIVAS	A.3 B.1					C	
CAMPO GRAVITATORIO		A.2 B.2	1.1 1.2	A.Q2 A.P1 B.Q1	A.C.1 A.C.3 B.P.1	2.1	A.3 B.2
MOVIMIENTO ARMÓNICO SIMPLE	B.2	A.1	6.1		A.C.2	1.1	A.4
MOVIMIENTO ONDULATORIO			2.1 2.2	A.Q1	B.C.2		B.1
ACÚSTICA				B.Q.3		A	
CAMPO ELÉCTRICO	B.3	A.3	4.2	B.Q2 B.P1	A.P.1 A.C.3	1.2	A.1 B.3
ELECTROMAGNETISMO E INDUCCIÓN ELECTROMAGNÉTICA	A.1	B.3	4.1	A.Q3	B.C.3	D	A.2 B.4
LA LUZ Y SUS PROPIEDADES	A.2	B.1					
ÓPTICA GEOMÉTRICA		A.4	3.1 3.2	A.Q4 B.P2	B.P.2	B	A.5 B.5
FÍSICA RELATIVISTA							
FÍSICA CUÁNTICA	B.4		5.1		A.P.2 B.C.4	E	A.6
FÍSICA ATÓMICA Y NUCLEAR	A.4	B.4	5.2	A.P2 B.Q4	A.C.4 B.C.1	2.2	B.6

8	9	10	11	12	13	14	15	16
CASTILLA Y LEÓN	COMUNIDAD VALENCIANA	EXTREMADURA	GALICIA	LA RIOJA	MADRID	MURCIA	NAVARRA	PAÍS VASCO
A.1	I.A I.B	A.3 B.1	1.P.1 2.C.2	1.P.B C.5	C.1 A.1	P.1	1.4 2.1	P.A.1
A.3	II.A	B.4		C.2	B.2		2.3	C.2
B.2	II.B	A.1	2.P.2	P.2.B	C.2	D.1	2.2	P.B.2
B.1	IV.A	A.2		P.1.A C.1	C.3 C.5		1.1 2.4	P.B.1
A.4	IV.B	B.5	1.C.1 2.C.1		B.1	C.2 P.2	1.2	C.1
B.3		B.2	1.C.3				1.3	
	III.A III.B	A.4	1.P.2 2.C.3	P.2.A C.3	C.4 A.2	P.3		C.3
				C.4				
A.2	V.A	A.5			C.5	C.1		P.A.2
B.4	V.B VI.A VI.B	B.3	1.C.2 2.P.1			D.2		C.4

ÍNDICE

ANOTACIONES

ANOTACIONES

ANOTACIONES

ANOTACIONES

Edición

Jorge A. Pimenta

Manuel Gil

Maquetación

Coral Muñoz

Ángel Guerrero

Isabel Pérez

Gráficos

Departamento gráfico
de Anaya Educación:

Julio Vázquez

Corrección

Daniel Díez

Mercedes Pérez

Diseño de cubierta

Miguel Ángel Pacheco

Javier Serrano

©Del texto: M.ª Luz García Álvarez, M.ª Paz Platero Muñoz, 2007.
©Del conjunto de esta edición: GRUPO ANAYA, S.A., 2007 - Juan Ignacio Luca de Tena, 15 28027 Madrid - Depósito legal: B - 1567 - 2007 - ISBN: 978-84-667-6224-3 - Printed in Spain
Imprime: Cayfosa-Quebecor - Carretera de Caldes, km 3 - 08130 Sta. Perpètua de Mogoda (Barcelona).